Oliver Gehrs

Der Spiegel-Komplex

**Wie Stefan Aust das Blatt
für sich wendete**

Droemer

Besuchen Sie uns im Internet:
www.droemer.de

Die Folie des Schutzumschlags sowie die Einschweißfolie sind
PE-Folien und biologisch abbaubar.
Dieses Buch wurde auf chlor- und säurefreiem Papier gedruckt.

Copyright © 2005 bei Droemer Verlag.
Ein Unternehmen der Droemerschen Verlagsanstalt
Th. Knaur Nachf. GmbH & Co. KG, München
Alle Rechte vorbehalten. Das Werk darf – auch teilweise –
nur mit Genehmigung des Verlages wiedergegeben werden.
Umschlaggestaltung: ZERO Werbeagentur, München
Umschlagabbildung: DPA-Picture Alliance
Bildredaktion: Margit Schulzke, Sylvia Sedlmeier
Reproduktion: Vornehm, München
Satz: Ventura Publisher im Verlag
Druck und Bindung: Ebner & Spiegel, Ulm
Printed in Germany
ISBN 3-426-27343-8

5 4 3 2 1

Für Karla und Oskar

»Er hatte das Pferd hereingebracht,
ohne wie ein alter Narr auszusehen.
Er hatte das Gefühl, als habe er irgendwie
teil an der Kraft des Hengstes.«

Tom Wolfe: *Ein ganzer Kerl*

Inhalt

Vorwort

Als ich für ein Zeitschriftenporträt über Stefan Aust recherchierte, wollte der Chefredakteur des *Spiegel* nicht mit mir sprechen. Als ich keine Anstalten machte, das Projekt zu beenden, bekam ich eines Tages einen Anruf. Am Apparat war Gabor Steingart, der Berliner Büroleiter des *Spiegel*. Er fragte mich, ob es stimme, dass ich über Aust schreiben wolle, was ich bejahte. Daraufhin machte Steingart eine lange Pause und sagte dann quasi ins Ausatmen hinein: »Ich würde es nicht machen.« Es war ein bisschen wie in dem Film *Der Pate*.

Aber eben nur ein bisschen. Der *Spiegel* ist nicht die Mafia, und Stefan Aust ist nicht Marlon Brando – eher schon ist er wie Rudolf Augsteins Liebling Buster Keaton: einer, der nie eine Miene verzieht, auch wenn es schwerfällt.

Ich habe das Angebot, nicht über Aust zu schreiben, nicht angenommen. Im Gegenteil. Nach dem Zeitschriftenporträt war meine Neugier so groß geworden, dass es mich zu diesem Buch gedrängt hat. Stefan Aust ist seit zehn Jahren an der Spitze des führenden Nachrichtenmagazins Europas, bei dem er so viel Macht hat wie noch nie jemand vor ihm. Seit Herausgeber Rudolf Augstein tot ist, ist Aust unbestritten die Nummer eins im Haus. Der mächtigste Journalist im Lande ist er schon lange.

Sein journalistisches Schaffen umfasst vier Jahrzehnte und ist ein Spiegel des Werdegangs der Gesellschaft. Aust hat sich mit sämtlichen Themen beschäftigt, die dieses Land nachhaltig politisiert haben. Dazu gehören die Auseinandersetzung mit der Nazi-Generation, der Protest gegen Vietnam, die 68er, die Apo, die RAF, die Antiatomkraft- und Ökologiebewegung, die

Gründung der Grünen, der Kampf gegen Franz Josef Strauß, die Öffnung der DDR, die Wiedervereinigung bis hin zum Reformprojekt von Rot-Grün. Austs Biographie ist auch eine Biographie der Bundesrepublik nach dem Krieg. Er hat, anders als Angela Merkel, keinen Grund zu der Aussage, dass man in diesem Land nie gegen irgend etwas sein musste. Im Gegenteil: Aust war gegen vieles: Er war gegen Springer, gegen die USA, gegen Brokdorf und gegen Franz Josef Strauß. Aust ist Chronist der Entwicklung der Republik hin zu dem Land, das sie heute ist. Er hat mit dem *Baader-Meinhof-Komplex* DAS Buch über den deutschen Terrorismus geschrieben, er hat ein Todesurteil im Archiv entdeckt, über das der baden-württembergische Ministerpräsident Hans Filbinger letzten Endes stürzte, er hat die Proteste von Brokdorf dokumentiert, er hat den Tod des Demonstranten Klaus-Jürgen Rattay, der am Rande einer Hausbesetzer-Demo starb, im Fernsehen gezeigt und ein Buch über den Geheimagenten Werner Mauss geschrieben, der jahrelang jenseits des Rechtsstaats operierte. Mit alldem hat sich Aust als Journalist wie kein zweiter um die Demokratie in diesem Land verdient gemacht.

Mit seinem Antritt beim *Spiegel* erlosch dieser Elan – der *Spiegel*, dem Hans Magnus Enzensberger schon früh eine »Von-Fall-zu-Fall-Meinung« attestierte, hat Aust politisch neutralisiert. Als Chefredakteur kämpft Aust für nichts mehr, es sei denn für eine höhere Auflage, und dennoch ist er sich treu geblieben. Aust ist ein unpolitischer Politikjournalist, ein Instinktmensch, der sich den Medien, bei denen er arbeitet, anverwandelt: Bei *Konkret* schrieb er über Dutschke, LSD und Sex. Bei den *St. Pauli Nachrichten* wetterte er gegen die »Faschisten« bei Springer und in Nixons Amerika. Bei *Panorama* enthüllte er mehr Skandale als jeder andere Reporter. Beim *Spiegel*, der keine Position bezieht, die länger als ein paar Wochen hält, bezieht auch Aust keine.

Er nutzt das Blatt zur Durchsetzung seiner persönlichen Interessen, sagen seine Kritiker und verweisen auf Geschichten über Pferde, über das Mühlenberger Loch vor Austs Haustür in Blankenese und über die Schatzsuche nach dem Bernsteinzimmer. Andere halten ihn für einen begnadeten Blattmacher, der ein Gefühl für den Leser hat und weiß, welche Titel und Themen sich verkaufen – von Hitler über den 11. September und Christoph Kolumbus bis hin zur provokanten Polemik gegen die Windkraft.

Mit ihm ist der *Spiegel* heute näher als je zuvor an einem Zustand, den Enzensberger 1957 in dem Satz zusammenfasste: »Wer dem Blatt [...] eine Basis von Überzeugungen zubilligen möchte, sieht sich fortwährend düpiert.«

Seit Rudolf Augstein tot ist, hat der *Spiegel* noch weniger Meinung. Gleichzeitig ist er Meinungsführer geblieben. Noch immer nehmen viele Leser das, was im *Spiegel* steht, als Blaupause für ihre eigenen Aussagen. Das Blatt bestimmt wesentlich, wie sie die Welt sehen. So gesehen hat der *Spiegel* eine gesellschaftliche Verpflichtung – auch wenn er sie am liebsten nicht hätte und nur gut geschriebene Reportagen liefern würde, egal zu welchem Thema.

Der *Spiegel* und Stefan Aust haben sich verändert, seit sie zueinanderfanden. Der *Spiegel* ist erfolgreich, aber er hat weniger Macht. Die Zeitungen machen ihm in seinem Kerngeschäft, der Recherche von Missständen, das Leben schwer. Zunehmend beschreibt der *Spiegel*, was ist, und nicht, was es bedeutet. Er passt in eine Zeit, wo links fast rechts ist und klare Haltungen selten sind, weil sie schnell unter Ideologieverdacht stehen. Stefan Aust wiederum hat sein Leben lang gegen die Mächtigen angeschrieben, nun ist er selbst an der Stelle, wo er den Verlockungen der Macht erliegt. Es reicht ihm nicht mehr, die vierte Gewalt zu sein, er wäre wohl ganz gern die erste. Die Macht, die die Regeln bestimmt, die Gesetze. »Ein gewichtiger Teil des Journalismus stellt am Beginn des 21. Jahrhunderts eine spätbürgerliche Elite dar, die mit anderen Kadern der Medienunternehmen sowie mit Machtgruppen aus Wirtschaft und Politik eng verflochten ist«, schrieb der Medienexperte Lutz Hachmeister bereits 2002 in der *taz*.

Die Bestätigung erfolgte zwei Jahre später, als der *Spiegel* ausgerechnet im Verbund mit Springer, den Aust wie wenig andere publizistisch bekämpft hat, die Rechtschreibreform zu kippen versuchte. Eine kleine Clique von Journalisten macht Politik, weiß, was das Volk denkt, und sagt, wie es in Zukunft zu schreiben hat. Dieser Schulterschluss hat viele befremdet, auch im *Spiegel* selbst.

Die Rechtschreibreform ist nur ein kleines Beispiel für die Veränderungen beim *Spiegel*. Die Sachpolitik ist zunehmend aus dem Blatt gefallen zugunsten einer ausführlichen Berichterstattung über die Gefahren des islamischen Terrorismus und eines Porträtismus, der oft genug in eine detailversessene Gewinner/Verlierer-Rechnung mündet, bei der man unter dem Strich oft nur erfährt, welcher Politiker in welchem italienischen Restaurant welche Flasche Wein geöffnet hat. Vor allem die schwächeren Bereiche der Gesellschaft kommen kaum noch vor, dafür die Topmanager aus Wirtschaft und Politik um so mehr. »Immer öfter ist Goliath der Gute«, sagt ein Redakteur, andere klagen, dass es nur noch wenige sind, die die Themen und Thesen bestimmen. Es gibt lange Gespräche mit TV-Moderatorinnen und noch mehr Hitler als zu Augsteins Zeiten.

Aust weiß, was sich verkauft. Und es verkauft sich nun mal besser, wenn Moslems zu finsteren Islamisten werden, wenn aus der Diskussion um regenerative Energien ein Kulturkampf gegen die Windmühlen wird und aus einem sinnvollen Gesetz zur Abschaffung der Dosen ein bürokratisches Tollhaus. So wie bei RTL verweist man auch beim *Spiegel* gern auf die Bilanz. Und in der Tat: Die »Einschaltquote« des Nachrichtenmagazins ist unter Aust sehr hoch, und es ist durchaus möglich, dass sie noch höher wird. Wenn die regionalen Tageszeitungen weiter an der journalistischen Qualität sparen und die Seiten mit

Agenturmeldungen füllen, könnte der *Spiegel* für die vernachlässigten Leser der günstigste Weg sein, sich noch ein bisschen vom Rest der Welt erklären zu lassen. Es wäre zu wünschen, dass dann auch das Verantwortungsgefühl beim *Spiegel* zunimmt.

Dieses Buch soll nicht nur den Weg des 68ers Stefan Aust durch die journalistischen Instanzen schildern, sondern auch, wie beim *Spiegel* unter ihm gearbeitet wird. Warum welche Geschichten ins Blatt finden, warum andere nicht. Warum viele Redakteure den *Spiegel* mittlerweile verlassen haben und warum Stefan Aust nach zehn Jahren im Amt dennoch unersetzlich zu sein scheint.

Ich habe mit Weggefährten aus der Apo-Zeit und mit ehemaligen Kollegen von *Konkret*, den *St. Pauli Nachrichten* und dem NDR gesprochen, mit Politikern und vielen Redakteuren vom *Spiegel*, die fast alle – aus nachvollziehbaren Gründen – nicht namentlich erwähnt werden wollen. Der Wahrhaftigkeit ihrer Aussagen tut das keinen Abbruch. Ihnen allen danke ich für ihre Auskünfte. Ohne sie wäre dieses Buch sinnlos gewesen.

Als Medienjournalist weiß ich, dass ausgerechnet die, die davon leben, Geschichten anderer Menschen zu veröffentlichen, besonders empfindlich sind, wenn es um sie selbst geht. Ich habe Stefan Austs Wunsch, sein Privatleben außen vor zu lassen, respektiert und es nur dort zum Thema gemacht, wo private und geschäftliche Dinge sich vermengen.

Die Von-Fall-zu-Fall-Meinung des *Spiegel* und von Stefan Aust habe auch ich zu spüren bekommen. Nachdem der *Spiegel*-Chef erst nicht mit mir reden wollte, traf ich ihn zweimal zum Gespräch; einmal durfte ich auch in die Redaktion von *Spiegel-TV* und wurde dort mit Videobändern und Daten über die Quote ausgestattet. Dann schrieb Aust einen Brief, in dem er darauf hinwies, dass dieses Buch ohne seine Mitarbeit entstanden sei. Das bestätige ich gern.

In einem letzten Schreiben teilte mir Stefan Aust mit, dass es keine weiteren Gespräche geben werde. Er fühle sich zu jung für eine Biographie, sein Leben sei nicht interessant genug. Und wenn denn unbedingt jemand ein Buch über ihn schreiben wolle, dann käme nur einer dafür in Frage: Stefan Aust.

I.
Vom linken Ufer

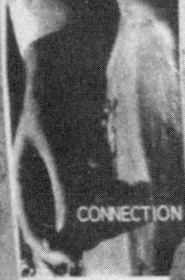

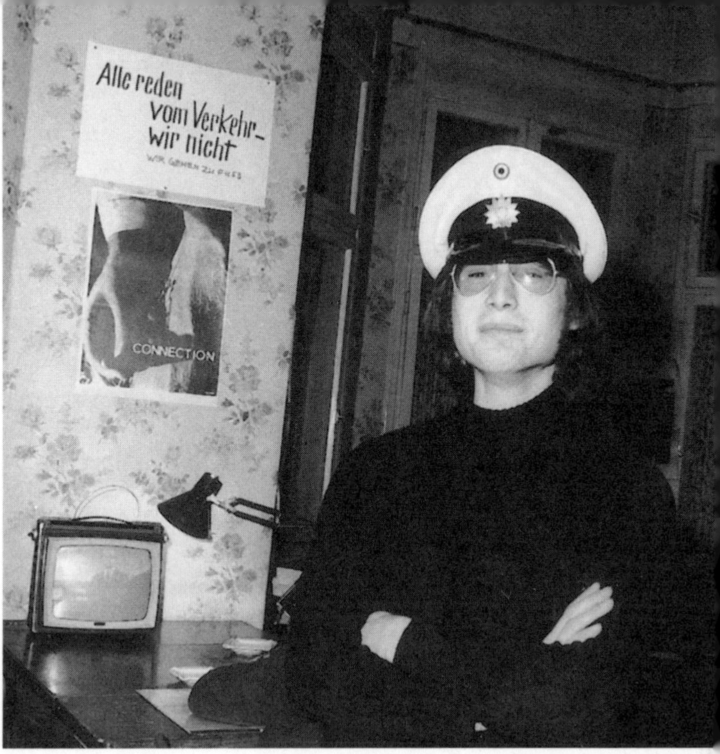
Alle reden
vom Verkehr-
wir nicht
CONNECTION

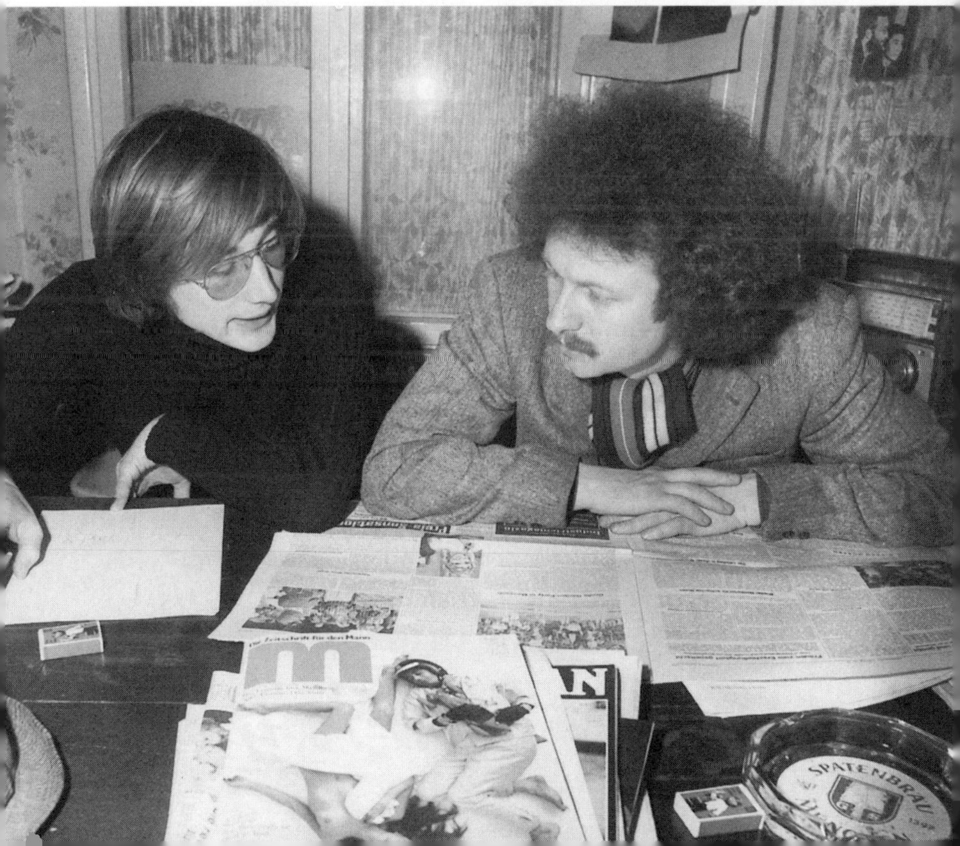
SPATENBRAU

1. Außer dem *Spiegel* sind alle Kreisklasse

Stefan Aust sieht alles. Wenn er aus seinen Fenstern im elften Stock des *Spiegel*-Hauses an der Hamburger Brandstwiete schaut, streift sein Blick weit über die Stadt. Zu den Kränen im Freihafen, zur Kirchturmspitze des Michel, hinab zu den roten Lagerhäusern der sanierten Speicherstadt. Und da unten im urigen Restaurant Zippelhaus finden immer die Bewerbungsgespräche statt, bei denen die Ressortleiter den nervösen Neuen erklären, dass sie bald in der Champions League spielen und nicht mehr in der Kreisklasse. Kreisklasse ist beim *Spiegel* alles außer dem *Spiegel*.

Wenn Stefan Aust seinen schwarzen Chefsessel um hundertachtzig Grad dreht, dann sieht er, was mit seinem Blatt so los ist. Hinter seinem Schreibtisch hängt eine große Magnettafel mit vielen kleinen Bildchen drauf, die um eine Linie tanzen. Die Bildchen sind die *Spiegel*-Titel der vergangenen Monate, die Linie ist die durchschnittliche Auflagenzahl des Vorjahres. Es ist so etwas wie die Lebenslinie des *Spiegel,* das Kardiogramm des Nachrichtenmagazins. Wenn die Bildchen drüber sind, ist es gut, darunter ist schlecht. Wenn mehrere Bildchen hintereinander unter die Linie fallen, dann sinkt bei Aust die Stimmung.

Oft kommt das nicht vor. Denn Aust hat die Auflage des *Spiegel* merklich gesteigert, und selbst die Krise, unter der alle Medien in Deutschland gelitten haben, hat dem *Spiegel* wenig anhaben können. Im Gegenteil: Je mehr Redakteure bei den Zeitungen entlassen werden, desto mehr Menschen greifen zum Hamburger Nachrichtenmagazin, weil ihnen ihr ausgezehrtes

Regionalblatt nicht mehr genügend Lesestoff bietet. Und selbst seine Kritiker bestätigen Aust ein besonderes Händchen für Titelthemen. Ehrfürchtig erzählt man sich beim *Spiegel* die Geschichte, wie in den USA landesweit die Lichter ausgingen und Stefan Aust mal eben auf dem Bahnsteig zwischen zwei wichtigen Terminen einen passenden Titel mit Schlagzeile erdachte: »Weltmacht ohne Strom«, und dazu ein Bild von der Freiheitsstatue mit Kerze.

Sehr gut verkaufte sich auch der Titel »Lachnummer Deutschland«, eine Geschichte, die für den neuen *Spiegel* steht. Ein launiges, gut geschriebenes Stück mit vielen Pointen und dem Fazit, dass die deutschen Politiker Pappnasen sind. Gleich dreizehn *Spiegel*-Autoren hatten sich über das Land lustig gemacht und beschrieben, dass im Grunde nichts läuft: das Mautsystem, die BahnCard, die Pendlerpauschale, das Gesundheitssystem – alles bürokratischer Irrsinn. Danach waren viele Leserbriefe gekommen, in denen stand, dass das alles mal gesagt werden musste und man als Leser oft gelacht habe.

Auch der Titel über das Dosenpfand lief gut. Auch darüber mussten viele lachen. Darin stand, dass das rot-grüne Lieblingsprojekt ein überflüssiger Wahnsinn sei und dringend abgeblasen gehöre. In den Jahren zuvor hatte der *Spiegel* schon mal eine andere Meinung gehabt – ganz am Anfang fand er das Dosenpfand sogar mal richtig gut. Es heißt, ein Pferd von Stefan Aust habe sich auf den Reitwegen im Alten Land bei Cuxhaven an einer herumliegenden Dose verletzt, woraufhin Aust einen Redakteur beauftragt habe, über die Notwendigkeit des Dosenpfands zu schreiben. Der Redakteur hieß Gerd Rosenkranz, damals taufte man ihn intern Dosenkranz. Aust sagt natürlich, das sei Unsinn.

Inzwischen funktioniert das Dosenpfand ganz gut. Die Dosen sind weitgehend aus den Regalen verschwunden, auf den Straßen und im Wald liegen sie auch nicht mehr herum, aber darüber liest man im *Spiegel* nichts mehr.

Generell laufen Geschichten gut, die sich flüssiger lesen als die politischen *Spiegel*-Artikel von früher und den Leser nicht mit Tiefgang quälen, sondern ihm spannende Details berichten. Zum Beispiel, welches After-shave Mohammed Atta aufgetragen hat, bevor er sich auf den Weg zum Flughafen machte, oder dass der Redenschreiber von Gerhard Schröder genau um 5 Uhr 36 ins Bett geht. Das klingt so, als wüssten *Spiegel*-Redakteure einfach alles.

Im Jahr 2003 fand Stefan Aust die Agenda 2010 noch gut und den Kanzler mutig. Das hat sich geändert. Wer den *Spiegel* aufmerksam liest, weiß, dass Deutschland nicht wie das Land werden soll, das Gerhard Schröder sich wünscht, sondern so eins wie England, das einst von Margaret Thatcher ohne soziale Sentimentalitäten auf Vordermann gebracht wurde. Das wäre dann ein Land, in dem die Gewerkschaften nichts mehr zu melden haben, die Bahn aber auch nicht besser funktioniert und die Menschen monatelang auf medizinische Versorgung warten. Ein Land, das aber – von Hamburg, Brandstwiete 19, aus gesehen – irgendwie moderner und besser wirkt.

*

Stefan Aust trägt ein blauweiß gestreiftes Hemd, eine gelockerte Krawatte, eine helle Jeans und braune Segelschuhe mit grober Gummisohle und einem Lederriemen, der sich wie eine Reling um den Schuh windet. Es sind Schuhe für Menschen, die gern draußen sind. Und Aust ist oft draußen bei seinen Pferden, fährt mit dem Trecker über das platte Land und wuchtet mit der Mistgabel Heuballen. Arbeit an der frischen Luft tut gut, sagt er, auch wenn er sich manchmal nach einem Wochenende auf seinem Gestüt so fühlt, als bräuchte er Urlaub. Die Pferdezucht sei halt kein Hobby mehr, sagt Aust, es sei ein kleines Wirtschaftsunternehmen mit vielen Angestellten. Es gibt Jahre, da verdient er sogar Geld damit.

Ideen für Geschichten kommen ihm da auch, denn zuweilen schnurren die Probleme des Landes im Reitstall zusammen, und das Komplizierte stellt sich plötzlich ganz einfach dar. Da geht es wie beim Dosenpfand um den Umweltschutz, um die Sozialversicherungssysteme (wenn für die Stallburschen Abgaben fällig werden) oder auch um das Verschwinden deutscher Qualitätsarbeit: Als Austs Anhängerkupplung zu klappern anfing, nervte er seine Redakteure über Wochen damit, sie sollten mal bei VW anfragen, was da los sei. Als es niemand machte, weil jeder dachte, der Chef spinne, rief er selbst an. Tatsächlich stellte sich heraus, dass ein Konstruktionsfehler vorliegt.

Auch im Büro beim *Spiegel* sind Austs Ärmel hochgekrempelt, auch da will er immer zupacken. Auf dem Schreibtisch liegen Stapel von Büchern, Dokumenten und Zeitungen. Für einen, von dem es heißt, er lese nicht mal sein eigenes Heft, sind die Stapel recht hoch. Eine Serviererin klopft an und serviert ein Kännchen Kaffee. Das ist kein Privileg des Chefredakteurs, das kriegen alle hier im Haus.

Aust steht, schaut auf Hamburg und telefoniert. Es geht um den Krieg im Irak, genauer gesagt um einen freien Fernsehjournalisten, der von dort Bilder mitbringen will, auch für *Spiegel-TV*, dessen Geschäftsführer Aust immer noch ist und an dem sein Herz hängt. Aust selbst schickt Mitte April 2004 niemanden in den Irak, es ist zu gefährlich. Dabei muss viel passieren, damit es für *Spiegel-TV*-Leute zu gefährlich ist. Es ist ihr Image, immer dort zu sein, wo es brenzlig wird. Und wenn es mal nicht so brenzlig ist, zum Beispiel beim Interview mit einem Bundespolitiker, dann wackelt der Kameramann mit der Kamera, und der Reporter stellt freche Fragen, bis der Politiker mit der Hand die Kamera wegschiebt. Das sieht dann wenigstens gefährlich aus.

Aust ist die Verantwortung anzusehen. Er schaut jetzt nicht mehr auf die Kräne im Hafen, sondern darüber hinaus, zum Horizont. Es geht um die Einschaltquote, um gute Bilder, die mitreißen und die Zuschauer vergessen lassen, dass sie auch *Sabine Christiansen* schauen könnten. *Christiansen* läuft am Sonntagabend zur selben Zeit, sie hat oft doppelt so viele Zuschauer wie *Spiegel-TV*. Im *Spiegel* stand mal, dass sie beim Moderieren oft angeschickert wirke und glasige Augen habe. Christiansen hat danach lange nicht mit dem *Spiegel* gesprochen. Sie glaubte ziemlich genau zu wissen, warum der Autor so über sie hergefallen war.

Aber es geht nicht nur um die Quote, es geht um Leben und Tod: Wenn Aust dem freien Journalisten verspricht, ihm Bilder aus dem Irak abzukaufen, macht er sich mitschuldig, falls ihm etwas zustößt. Verzichtet er auf die Bilder, ist er vielleicht der einzige, der sie nicht hat.»Eine Entführung reicht mir«, sagt Aust in Anspielung auf den Chinakorrespondenten des *Spiegel,* Andreas Lorenz, der im Sommer 2000 auf der philippinischen Insel Jolo entführt worden war und wochenlang im Dschungelcamp eines gewissen»Commmander Robot« lag. Zusammen mit den Wallerts.

Das sind die Fragen, die Austs Stirn zerfurchen und ihm beim Blick aus dem elften Stock etwas Staatsmännisches verleihen. Denn so ist die Welt eingeteilt: hier der konzentrierte Blattlenker, der kühlen Herzens Entscheidungen treffen muss, dort weit hinter dem Horizont die verrückten Muslime, die von ihrem Glaubenskrieg nicht lassen wollen, was wiederum dem *Spiegel* schöne Auflagen beschert. So kauften im Jahr 2003 so viele Menschen wie lange nicht das Nachrichtenmagazin – auch dank des Konflikts im Irak. Über 300 Millionen Euro hat der Verlag umgesetzt, schätzungsweise eine Million davon wurde Aust überwiesen.

2. Kampf gegen Windmühlen

Aust will wie jeder Unternehmer nur das eine: keine Probleme. Er hat genug davon, denn der Krieg tobt nicht nur im Irak, sondern auch im *Spiegel*. Es ist ein Krieg, in dem die Sprengsätze aus dem Faxgerät kriechen, in dem die Gegner sich mit süffisanten Mails eindecken und die Kombattanten über die Gänge schleichen, ohne zu wissen, wem sie vertrauen können und wem nicht. »Beim *Spiegel*«, sagt ein Redakteur, »sind die Intrigen hochkomplexe Gebilde, die man nicht kommen sieht.«

Im Grunde geht es um zwei Fragen. Die erste lautet, ob Aust das Blatt für sich instrumentalisiert und Geschichten druckt, die ihm selbst nützen. Es ist die Frage nach der journalistischen Unabhängigkeit.

Die zweite Frage dreht sich darum, ob der *Spiegel* politisch bedeutungslos geworden ist, oberflächlich mal diesen, mal jenen lobt und untergründig eine neoliberale Gesellschaftsordnung anstrebt, ohne Sicherheiten für die Arbeitnehmer und mit möglichst viel Freiheiten für die Konzerne. Es ist die Frage, ob das Wirtschaftsressort im Haus die Macht übernommen hat.

Als der *Spiegel* im Frühjahr 2004 mit einer Titelgeschichte über den »Windmühlenwahn« an den Kiosk kommt, eskaliert der Streit um die journalistische Qualität im Blatt. Das Stück sei »Desinformation und Propaganda«, kritisiert ein Redakteur in einer Konferenz im Berliner Büro. Tatsächlich wird die Windenergie in der Titelgeschichte über viele Seiten hinweg in Bausch und Bogen verdammt – in erster Linie mit dem geschmäcklerischen Argument, dass die Windkrafträder die Landschaft zerstören. Ansonsten ist die Faktenlage dünn – kein Wunder, denn mit dem Stück wurden nicht die für die Energiepolitik der Bundesregierung zuständigen Fachredakteure aus dem Ressort Deutschland 1 (D1) betraut, sondern zwei Kräfte aus dem Wirtschaftsressort, einer davon kümmert sich sonst um Medien und die Bahn. Einmal hat er darüber geschrieben, dass die Züge zwischen Hamburg und Cuxhaven überaltert und verschmiert seien. Hamburg – Cuxhaven, das sind im Grunde die Pole, um die sich Austs Leben dreht.

Eine unschöne »Verspargelung« der Landschaft haben die Autoren der Anti-Windkraft-Geschichte ausgemacht, Bürgerinitiativen werden zitiert, die für eine unberührte Natur kämpfen, und der Schriftsteller Botho Strauß darf klagen, dass die Windräder nicht nur den Lebensraum der Menschen bedrohen, sondern »auch tiefreichende Erinnerungsräume«. Dass die Landschaft also irgendwie kein Heimatgefühl mehr vermittle, wenn so viele Windmühlen darin herumstehen.

Kaum ein Wort fällt hingegen darüber, dass die Windenergie zu den Zukunftsbranchen im Land gehört und zu den wenigen Wirtschaftszweigen, in denen Arbeitsplätze entstehen. Kein Wort über den gesellschaftlichen Konsens, aus der Atomenergie auszusteigen, keine Zeile über den Versuch der großen Energiekonzerne wie RWE oder E.on, kleinere Anbieter zu verdrängen und einen verbraucherfreundlicheren Markt zu verhindern. Eine Woche später fragt der *Spiegel* noch einmal bei seinen Lesern nach, ob sie »für den Ausbau der Windenergie sind oder dagegen«. 62 Prozent sprechen sich dafür aus, nur 33 Prozent dagegen. Das Ergebnis wird nie im *Spiegel* veröffentlicht.

In Teilen der Redaktion herrscht nach Erscheinen des windigen Titels Kopfschütteln, auch die Leserbriefseiten sind voll mit erbosten Zuschriften. »So viele Abbestellungen hat es selten gegeben«, sagt ein Redakteur. Ein Leser möchte die Autoren der umstrittenen Titelgeschichte gern zu einem Spaziergang nach Biblis am Rhein einladen, damit sie »das wunderschöne Flair eines Atomkraftwerks« bewundern können, wie es sich »nahtlos in die Rheinauenlandschaft einfügt«.

In der Woche des Erscheinens wird im Bundestag über das

Gesetz für Erneuerbare Energien verhandelt. Die CDU-Politiker, von denen plötzlich viel mehr als bei der letzten Lesung dagegen sind, beziehen sich auf Argumente, die sie im *Spiegel* gelesen haben. Da lachen die Grünen auf ihren Bänken und halten den aktuellen *Spiegel* hoch. Auf dessen Rückseite ist eine Anzeige von Ruhrgas, einer Tochter des Stromgiganten E.on, der durch die Windkraft eine Menge Geld verliert.

Vielen *Spiegel*-Redakteuren gilt der Kampf gegen die Windmühlen als ein weiterer Beleg dafür, dass im *Spiegel* wider besseres Wissen Artikel lanciert werden, deren Ergebnis bereits vor der Recherche feststeht. »Die Themen und die Thesen werden von oben durchgegeben«, klagt ein Redakteur.

Über die Motivation, das Stück über die Windkraft ins Blatt zu heben, wird munter spekuliert. Chefredakteur Aust habe bei seinem Reiterhof im Alten Land selbst ein paar Windräder vor der Tür stehen, deren Anblick ihn beim Ausritt ärgere, heißt es. Der Präsident des Bundesverbandes Windenergie, Peter Ahmels, schreibt in einer Stellungnahme unverblümt von persönlichen Interessen des Chefredakteurs, und die *Süddeutsche Zeitung* recherchiert, dass Austs Nachbar Vorsitzender einer Bürgerinitiative gegen einen neuen Windpark ist. Aust selbst weist solche Vorwürfe als lächerlich zurück. Er habe kein Windrad vor der Haustür, der Artikel sei auch nicht bestellt gewesen, sondern das richtige Stück zur richtigen Zeit.

Doch ganz so einfach lassen sich die Gemüter nicht beruhigen. Brisanz gewinnt die Angelegenheit dadurch, dass beim *Spiegel* seit Monaten eine weitere Titelgeschichte zum Thema Energiewirtschaft vorliegt, die nicht gedruckt wird. In ihr werden faktenreich völlig andere Thesen vertreten und detailgenau beschrieben, wie die großen Konzerne RWE und E.on mit brachialen Methoden ihr Duopol verteidigen, vor allem gegen die freche Windbranche. Man erfährt in dem Stück, wie die Verbraucher letztlich nicht wegen der Ökosteuer höhere Preise zahlen, sondern wegen der überteuerten Durchleitungsgebühren der Konzerne. Autoren der Fleißarbeit: die etablierten Redakteure Harald Schumann und Gerd Rosenkranz.

Als der Windmühlen-Titel erscheint, zieht Schumann die Konsequenzen und kündigt. Er könne, so teilt er einem Bekannten noch am selben Tag telefonisch mit, seinen Kindern keinen aufrechten Gang beibringen, wenn er beim *Spiegel* bleibe. In einem Brief an den Personalchef Eike Mahlstedt schreibt Schumann, dass er nach siebzehn Jahren beim *Spiegel* nur schweren Herzens kündige, sich aber umgehend wieder bewerben werde, wenn die Ära Stefan Aust »in nicht allzu ferner Zukunft zu Ende« gehe. »Die gründliche Recherche und die erzählerische Schreibe entsprachen genau dem, was ich mir unter gutem Journalismus vorstelle […] Unter den derzeitigen Bedingungen bin ich hier allerdings nutzlos.«

Der Fall bleibt natürlich nicht innerhalb der Redaktion, sondern findet sich umgehend auf den Medienseiten der Tageszeitungen wieder. Die innere Pressefreiheit beim *Spiegel* sei in Gefahr, die Stimmung schon lange auf dem Tiefpunkt, heißt es.

Unter dem Eindruck dieser Kritik äußert sich auch Aust. Es gebe im *Spiegel* »zu vielen wichtigen gesellschaftlichen Themen oft unterschiedliche Auffassungen und manchmal auch recht kontroverse Dispute«. Zudem sei es »natürlich grundsätzlich Aufgabe der Chefredaktion, unsinnige oder nicht der Realitätsprüfung standhaltende Geschichten nicht zu drucken« – darin unterscheide sich der *Spiegel* nicht von anderen Redaktionen.

Das mit dem Unsinn aber will Redakteur Schumann nicht auf sich sitzen lassen. Dieser Vorwurf entspreche »leider dem Niveau, mit dem beim *Spiegel* zur Zeit politische Kontroversen ausgetragen werden«, sagt er gegenüber der *Netzeitung*. Statt es bei dieser kleinen Spitze zu belassen, stellt er den abgelehnten Text ins Internet, so dass nun jeder nachlesen kann, dass der *Spiegel* lieber eine industriefreundliche Luftnummer druckt als eine Kritik an der Energielobby.

Aust schäumt, schließlich kommt die Veröffentlichung interner Texte einem Sakrileg gleich, und dass ihm ein Redakteur öffentlich widerspricht, erlebt er auch nicht oft. Viele Redakteure wundern sich. Nicht über Aust, sondern über den widerspenstigen Kollegen: Wie kann man nur auf all die Privilegien und die schöne jährliche Gewinnbeteiligung verzichten? Doch Schumann bleibt nicht der einzige, der lieber verzichtet, als weiterzumachen, und das tut, was beim *Spiegel* früher kaum vorkam, inzwischen aber recht häufig passiert – kündigen. Auch Rosenkranz, der eben erst mit der höchsten journalistischen Auszeichnung des Landes, dem Egon-Erwin-Kisch-Preis, bedacht wurde, verlässt wenige Wochen später das Blatt.

Ganz wohl ist Aust bei der Geschichte offenbar nicht. Der *Spiegel*-TV-Sender XXP, bei dem jeden Montagabend die zuständigen Redakteure über die Titelgeschichte sprechen, ändert kurzfristig sein Konzept – die Autoren des Titels erscheinen nicht auf dem Bildschirm..

Aust weiß, dass der *Spiegel* aus der Angelegenheit längst eine große Geschichte gemacht hätte, wenn es nicht um ihn selber ginge. Dann wären die investigativen *Spiegel*-Kräfte bei der Suche nach einer Antwort auf die Frage, ob Aust mit dem Abgesang auf den Ökostrom vielleicht persönliche Interessen verfolgt, in der Heimat des Chefredakteurs gelandet. Sie hätten herausgefunden, dass es in der Nähe von Austs Anwesen in Lamstedt bei Cuxhaven zwar tatsächlich keine Windräder gibt, aber gleich zwei Windparks in Planung sind – einer davon in der Nähe von Austs Pferdewiese, ein anderer vor der Haustür seiner Schwester. Die wohnt ganz in der Nähe und besucht schon mal ein Treffen einer Bürgerinitiative. Sie hätten herausgefunden, dass die »norddeutsche Kommune«, von der im *Spiegel* die Rede war und in der es »zweifelhafte Absprachen« zwischen Windradbetreibern und Politikern gegeben haben soll, in Wirklichkeit die Gemeinde Lamstedt ist, wo Aust wohnt.

Und sie hätten erfahren, dass Aust hier der einzige ist, der Wind macht, und dass das immer schon so war.

3. Die Früchte des Zorns

Den Ort, in dem Stefan Aust aufgewachsen ist, gibt es nicht mehr. Er wurde irgendwann von der Chemieindustrie ausradiert, einfach von der Landkarte gewischt. Brunshausen, in dem das Bauernhaus seiner Eltern lag, war einfach nur im Weg.

Heute wohnt Stefan Aust, wenn er nicht gerade auf seinem Landsitz ist, in Hamburg-Blankenese in einer schönen Villa im Treppenviertel, die früher seinem Großvater gehörte. Albert Aust, der Sohn eines Uhrmachers aus St. Pauli, hatte es Anfang des 20. Jahrhunderts mit Fleiß und Hang zum unternehmerischen Risiko zu gewissem Reichtum gebracht und war vom Ansichtskarten- und Fotoalbumhändler zum Privatreeder aufgestiegen. Dazu hatte er sich kurzerhand eine ganze Reihe von schmucken Elbdampfern zugelegt, die bei genauerem Hinsehen eine ziemlich marode Flotte waren.

Die Herren der »Stade-Altländer Dampfschiffahrts- und Rhederei-Gesellschaft« freuten sich, als Aust die Firma 1905 für viel zu viel Geld übernahm. Der frischgebackene Reeder träumte von einem florierenden Geschäft und legte sich gleich noch die englische »Halcyon« zu , die fortan als »großer Express-Salondampfer Cuxhaven« Hamburger Ausflügler für 2 Mark und 5 Pfennig zum Bad an die Elbmündung fuhr.

An der unteren Elbe sah es damals aus wie auf dem Mississippi: Auf Dampfern mit riesigen Schaufelrädern, in die zum Entsetzen der Sommerfrischler schon mal ein Lebensmüder sprang, schipperten die Menschen nach Stade, Cuxhaven und manchmal bis nach Helgoland – die lange Anna gucken. Und am Ufer saßen die Jungs und fühlten sich ein bisschen wie Tom Sawyer.

Über Jahre versucht Albert Aust als Privatreeder gegen die teilweise vom Staat subventionierte Konkurrenz zu bestehen – letztlich erfolglos. Als er seine Gesellschaft 1929 schweren Herzens verkauft, sind die Schiffe hoffnungslos überaltert. Der Erlös aber sichert ihm einen ruhigen Lebensabend im feinen Blankenese und die Möglichkeit, sich gegenüber der Familie im armen Stade weiterhin als Tyrann aufspielen zu können – besonders gegenüber seinem Sohn Reinhard, der von einem ganz anderen Schlag ist als er selbst.

Reinhard Aust träumt 1945 davon, ein Trapper zu sein. Ein freier Mann, der durch die nordamerikanische Wildnis zieht, Tiere erlegt und aus Bäumen Boote baut. So wie er es schon einmal gemacht hat, während in Europa das Unheil seinen Lauf nahm.

Nun lebt Aust in einer anderen Wildnis – einer, die weit weniger romantisch ist. Deutschland ist nach dem Krieg zerstört, die Städte liegen in Trümmern, die Verwüstungen der Seele werden unter dem unbedingten Willen zum Wiederaufbau begraben. Aust erlegt keine Bären in den Rocky Mountains, er sammelt Obst im Alten Land im Norden Niedersachsens: Äpfel, Birnen und Kirschen. Frei ist er auch nicht, denn strenggenommen fährt er die Ernte seines Vaters ein, der ihm einen Bauernhof in der Nähe von Stade überlassen hat – einer Stadt, nur hundert Kilometer nördlich von Hamburg, aber Welten davon entfernt.

Immerhin hat sich das provinzielle Stade im Krieg ein bisschen nützlich machen können für die elbaufwärts liegende Großstadt. So bewährten sich die Stader als treffsichere Vorhut, die so manchen englischen Bomber vom Himmel holte, bevor er Hamburg erreichen und zerstören konnte. Nachts geschah das meist, und wenn am nächsten Morgen so ein kaputtes Flugzeug mit dem Zeichen der Royal Air Force (RAF) am Rumpf auf dem Feld lag, war man schon ein bisschen stolz, und die Kinder hatten was zu klettern. Hamburg ging natürlich trotzdem in Flammen auf.

Nach dem Krieg wird versucht, nach vorn zu schauen, was nicht leicht fällt in dieser Gegend, die aussieht, als hätte sich der amerikanische Finanzminister Henry Morgenthau mit seinem Plan von einer Agrarisierung Deutschlands durchgesetzt: Es gibt keine Industrieansiedlungen, sondern nur weites Land, auf dem Obst angebaut wird, das mit Pferde- und Ochsenkarren auf die Märkte gebracht wird. Und mittendrin in dieser landwirtschaftlichen Idylle steht ein letzter gigantischer Bunker, der »Sokrates« heißt und unter großer Anteilnahme der Bevölkerung gesprengt wird. Am meisten klatschen die Flüchtlingsfamilien, die schon während des Krieges nach Stade kamen – zum Schutz vor Bombardierungen oder auf der Flucht vor der vorrückenden Roten Armee.

Kurz nach dem Krieg, am 8. Oktober 1945, heiratet Reinhard Aust die fast zwanzig Jahre jüngere Ilse Hartig aus Hamburg-Bergedorf, die zum Arbeiten aufs Land gekommen ist, weil es in der großen Stadt außer Trümmern nicht mehr viel gab. In dem kleinen Ort Brunshausen – zum größten Teil eine Ansammlung von Arbeiterwohnungen für die Belegschaft der nahen Ziegelei – bewirtschaften sie gemeinsam den Bauernhof. Das Obst müssen sie teilweise nach Blankenese schaffen, mit dem Schiff über die Elbe hin zu Reinhards Vater Albert, der – ganz Patriarch – darin vor allem den Ertrag seines eigenen Schaffens sieht und den Sohn auch sonst behandelt, als schulde der ihm was. Reinhard Aust sieht in dem Ablass eher die Früchte seines Zorns.

Als Stefan Aust am 1. Juli 1946 zur Welt kommt, ruhen die schönsten Hoffnungen auf ihm – und vor allem die, dass mehr aus ihm wird als aus seinem Vater. Er ist das erste von insgesamt fünf Kindern. Seine Schwester Elisabeth wird 1948 geboren, sein Bruder Christian 1951, seine Schwester Sybille 1952 und der Jüngste, Martin, 1954. Und obwohl es so allmählich eng wird im Bauernhaus, steht die Tür für andere immer offen, zum Beispiel für Flüchtlinge aus dem Osten, die aus Dankbarkeit bei der Arbeit mit anpacken. Die Zeit ist hart, man hilft sich gegenseitig, und besonders gern helfen die Austs, daran erinnern sich die ehemaligen Nachbarn heute noch gern. Die Austs geben Obst an die Nachbarn, auch Milch von den Kühen, die sie haben. Das ist in der damaligen Zeit ein kleiner Reichtum – aber der ist arg vergänglich.

Das Dorf Brunshausen liegt nur wenige Kilometer entfernt von den Deichen an der Elbe, und als die am späten Abend des 16. Februar 1962 brechen, hat es das Wasser nicht weit. Eine Sturmflut, wie es sie noch nie gegeben hat, bricht los und lässt den Fluss auf fast sechs Meter anschwellen, normal sind zwei. In Niedersachsen, Bremen und Hamburg gibt es dreihundertvierzig Tote. Die Elbkate, ein beliebtes Ausflugslokal am Elbanleger in Stader Sand, läuft voll bis unters Dach, die Wiesen hinter den Deichen gleichen riesigen Seen, auch der Bauernhof der Austs säuft ab. Das Wasser steht in den unteren Zimmern und ruiniert das Fundament. Die Kühe sind am nächsten Morgen tot.

Es folgen harte Jahre, denn der Hof ist nicht mehr recht bewohnbar. Und die Kühe fehlen natürlich auch. Einen Lichtblick gibt es erst wieder, als Großvater Albert hochbetagt in Blankenese stirbt und seinem Sohn ein Haus in Stader Sand vererbt, das der flugs in ein Hotel umbauen lässt, was eine ganz schlechte Idee ist. Ein Architekt überredet ihn zu kostspieligen An- und Umbauten, doch zahlende Gäste bleiben aus. Am liebsten kommen die Freunde der Kinder, bedienen sich in der Speisekammer und finden es überhaupt ganz toll, dass alles so locker ist. Eben anders als zu Hause: Überall liegen Bücher herum, und man kann ungestraft Krach machen. Jahre später wird man das mal antiautoritäre Erziehung nennen.

4. Das erste Blatt

Weder das Hotel noch das Obstpflücken sind etwas für Stefan Aust. Als einziger der drei Söhne geht er nach der Grundschule aufs Gymnasium. Am Athenaeum, das nur von Jungen besucht wird, arbeitet eine Reihe stockkonservativer Lehrer. Stramme Studienräte, die jeden Schüler, der mit einer Freundin im Arm durch die Stadt spaziert, fragen, ob sich ein deutscher Primaner so benehme. Im Dritten Reich war das nämlich anders. Am Gymnasium gibt es auch eine Schülerzeitung, die *Wir*. Die haut mit mäßig spannenden Berichten über die Bundesjugendspiele und die Vertriebenenproblematik keinen vom Hokker, nicht mal im Lehrerzimmer, wo man vor allem froh ist, dass es keine subversiven publizistischen Umtriebe an der Schule gibt. Doch das ändert sich, als Stefan Aust im Alter von zwölf Jahren zu seiner ersten Blattübernahme ansetzt.

Noch aber ist es nicht soweit. Noch ist Aust nur einer von vielen Schülern, die versuchen, einen Artikel ins Blatt zu bekommen. Zum Beispiel über das Staatswesen von Finnland oder die Gefühle eines Zwölfjährigen in einer Handarbeitsausstellung, und die sind natürlich zwiespältig. Angesichts von lauter Topflappen, Deckchen und Tischläufern lässt Aust sein journalistisches Frühwerk in ein Stoßgebet münden: »Danke, lieber Gott, dass ich ein Junge bin.«

Als Junge macht Aust damals schon das, was Jungen ein Leben lang gern machen: andere Jungen verdrängen. Zum Beispiel den Herausgeber der *Wir* – das wird irgendwann er selbst. Und als solcher verlegt er sich auf das, was er weitaus besser kann als schreiben – das Blattmachen: Anzeigen herbeischaffen, Autoren gewinnen und knallige Schlagzeilen ausdenken. Damit ist er einer der wenigen, die mit sechzehn beruflich schon am Ziel sind.

Der Wechsel an der Spitze der Stader Schülerzeitung *Wir* ist gedeihlich: Nicht nur, dass plötzlich viel mehr Werbung im Blatt ist – selbst für die Bundeswehr, denn die ist mit vielen Arbeitsmöglichkeiten für junge Menschen vor Ort –, auch das journalistische Niveau nimmt zu. Die Berufswünsche der Abiturienten werden zwar immer noch gedruckt, sind aber nicht mehr die Hauptsache. Statt dessen wird Politik gemacht. Wolfgang Röhl, damals ein Mitschüler von Aust und heute Redakteur beim *Stern,* schreibt eine Erlebnisreportage über deutsche Jugendherbergen, in denen er Pfadfindern begegnet, die an die Hitlerjugend erinnern, und »christlichen jungen Männern«, die wirken, als würden sie vorm Zubettgehen gern das »Horst-Wessel-Lied« anstimmen.

Da ist zum ersten Mal richtig was los auf der Leserbriefseite, und Eltern fragen entgeistert beim Schulleiter an, ob man denn diese linken Gammler nicht von der Schule werfen könne. Spätestens als Stefan Aust den Jubel über den Besuch John F. Kennedys in Berlin mit der Massenhysterie der Nazi-Zeit auf eine Stufe stellt, kommt das Blatt bei den Lehrern auf die schwarze Liste. Und die Nachbarn der Austs fangen langsam an, Stefan Austs Mutter zu bemitleiden. So einen linken Sohn hat sie nicht verdient.

Doch es geht Aust wohl weniger um die Politik als darum, Aufsehen zu erregen und Auflage zu machen. Schon früh ist er fasziniert von den Medienmächtigen, zum Beispiel von Axel Springer, der damals mit Zeitungen und Zeitschriften den Markt beherrscht. »Dem *Hamburger Abendblatt* ist es gelungen, die Frauen für die Politik zu gewinnen«, schwärmt Aust in der Schülerzeitung, die *Hörzu* sei »zum Familienblatt der Bundesrepublik geworden«. Akribisch rechnet er den Umsatz des großen Verlegers vor und schließt mit der hellsichtigen Ferndiagnose: »Axel Springers Ambitionen liegen auf einem anderen Gebiet: Dem des Fernsehens [...] Er möchte ein privates Fernsehen unter seiner Regie.« Das ist genau das, was Aust irgendwann auch mal möchte und im Gegensatz zu Springer auch bekommt.

Ein gewisser Henryk M. Broder schreibt in der ambitionierten *Wir* über die Protestmusik in den USA. Aust hat den Gleichaltrigen in einer anderen Schülerzeitung entdeckt und angesprochen. Rolv Heuer, der schon mit achtzehn ein begnadeter Lyriker ist und nur zehn Jahre später viel zu früh stirbt, dichtet in der *Wir* gegen den Vietnamkrieg an und gegen die Sehnsucht nach einem Schlussstrich unter die dunklen Kapitel deutscher Geschichte. Schließlich gibt es auch in Stade immer noch Ewiggestrige, die im Heiratsannoncen-Teil des *Tageblatts* nach einem »tatfrischen Mädchen mit erbgesundem Wesen« suchen – »von der Erscheinung her vorwiegend nordisch«.

In Amerika werden junge Protestmusiker wie Joan Baez und Bob Dylan gefeiert, in der DDR lässt die SED die ersten Aufführungen des kritischen Films *Spur der Steine* mit Manfred Krug niederschreien, in Westdeutschland streitet man über die Verjährung von NS-Verbrechen, und in Stade macht Stefan Aust unbeirrt sein Blatt – auf dessen Titelbild so schön mitbestimmerisch »Jugendeigene Zeitung« steht. Als hätte die Jugend irgendwas zu sagen. Hat sie natürlich, nur hören möchte es keiner.

An der West-Berliner FU finden 1965 erste Veranstaltungen des Sozialistischen Deutschen Studentenbunds (SDS) zum Vietnamkrieg statt – aber die Freie Universität und Berlin sind weit. In Stade ist von Protest nicht viel zu spüren, die Jugend trägt Sakkos und schmale Krawattenknoten und fühlt sich existentialistisch, wenn sie im Café eine schwarze Brühe für zwanzig Pfennig die Tasse trinkt und dazu starke Zigaretten raucht, die man einzeln am Kiosk kaufen kann. An guten Tagen spielen abends irgendwo die Blizzards – eine Stader Band, die es sogar zu einem Auftritt im Fernsehen gebracht hat. Wenn es schlecht läuft, guckt man nur Fernsehen – ohne die Blizzards drin.

»Ihr Väter und Mütter, lasst eure Kinder in Ruh', kritisiert nicht, was ihr nicht versteht«, singt Bob Dylan, von dem Aust findet, dass er auf eine »wunderbare Art nicht singen kann«, womit auch das Genre Plattenkritik in Austs journalistisches Œuvre Eingang findet. »Die Wege, auf die ihr eure Söhne und Töchter schickt, sind alt und ausgetreten«, singt Dylan weiter, und so sehen es auch die Jungjournalisten bei der *Wir,* die sich abends zu Redaktionssitzungen treffen, die natürlich nicht so genannt werden, sondern »social evenings«, auf denen man im Keller von Oma Aust diskutiert, welche Wege man denn gehen soll, wenn die alten nicht in Frage kommen.

Besonders oft führt der Weg in dieser Zeit nach Hamburg, das gerade zum Nabel der Beatbewegung wird. Im Star-Club in St. Pauli treten im Februar 1962 vier Engländer auf die Bühne und singen »Hippy, hippy, shake«: die Beatles, in deren Sog Künstler wie Little Richard und Fats Domino nach Hamburg kommen – oder Bill Haley, der allerdings mitten im Song ein Softeis ins Gesicht bekommt. Den Leuten ist inzwischen mehr nach Beat- als nach Rockmusik.

Ähnlich turbulent geht es auch in den einschlägigen Hamburger Lokalen zu wie dem Blauen Engel, dem Herz Dame oder der Haiti Hafenbar, wo sich gerade Halbwelt und Künstlertum vermischen. Mit dem DKW seiner Eltern fährt Aust seine Freunde auf den Kiez, der auch journalistisch ergiebiger ist als die Innenstadt von Stade. So erfahren nun auch die Leser der *Wir,* dass man nicht wie Freddy Quinn Heimweh nach St. Pauli haben muss, weil man dort eh nur Kriminelle und Betrunkene antrifft, die auf die Straße pinkeln.

Solch defätistische Erlebnisreportagen, die Spießer und Antispießer gleichermaßen aufs Korn nehmen, kommen vor allem aus der Feder von Austs Freund Wolfgang Röhl, dessen älterer Bruder in Hamburg ein Blatt leitet, das mit linker Polemik damals in Deutschland Furore macht: *Konkret.* Klaus Rainer Röhl, Gründer und Herausgeber, schaut öfter mal bei den Eltern in Stade vorbei und lernt über seinen kleinen Bruder dort auch Stefan Aust kennen. Der umtriebige Junge imponiert ihm, den ein oder anderen Artikel aus der *Wir* druckt er sogar in *Konkret* nach. Umgekehrt landen *Konkret*-Artikel in der Stader Schülerzeitung.

Die Zeichen stehen auf Expansion, und tatsächlich wird die Schule in Stade als Bühne für Aust bald zu klein. Als die *Wir* verboten wird, tauft Aust die Schülerzeitung einfach um – in *Das junge Journal* – und verkauft sie für ein paar Groschen vor der Schule. Der Anlass für den Eklat ist eher mickrig. In einer Glosse hatte ein Autor kritisiert, dass der Stader Fritz-Reuter-Platz in Berliner Platz umbenannt werden sollte, woraufhin die Schulleitung den Artikel aus dem Heft warf und zudem eine Vorzensur einführen wollte. Dagegen aber ziehen die Schülerzeitungsredakteure zu Felde. Sie verlegen die Redaktion kurzerhand in den Keller von Austs Oma und verkaufen die Zeitung in Bücherläden und sogar in Hamburg vor dem Park Planten un Bloomen, wohin die Zeitungspacken mit dem Lieferwagen von Austs Eltern gebracht werden. Soviel Ehrgeiz ist sogar dem Fernsehmagazin *Panorama* einen Beitrag wert, für das Aust später mal arbeiten wird.

Panorama prangert gleich das ganze Schulsystem an, das offenbar darauf ausgerichtet sei, statt mündiger Bürger obrigkeitstreue Individuen auszubilden. Es geht also um das große Ganze – um das im Grundgesetz verankerte Recht auf Meinungsfreiheit. Entsprechend weihevoll geben sich die Stader Schüler vor der Kamera. Mit Schlips und weißem Hemd, bedächtig an Zigarettenspitzen und Pfeifen saugend, stellen Aust und seine Kollegen der Gesellschaft ein schlechtes Zeugnis aus: Die Lehrer wollten offensichtlich die Lebensbereiche außerhalb der Schule kontrollieren, weswegen das Blatt nun autark erscheinen müsse. Auf die Kühlerhaube des Lieferwagens klebt Aust ein Titelbild – ein Fanal gegen die Zensur.

Als Jugendlicher schreibt Aust die Meinungsfreiheit groß und verspürt wenig Lust auf die Knute der Schule. So sind denn auch Schüler und Lehrer froh, als endlich das Abitur ansteht, das Aust mit schlechtem Notendurchschnitt besteht, obwohl die Mitschüler immer gern bei ihm abgeschrieben haben, weil er den Deutschaufsatz anging wie einen Artikel, den man möglichst vielen Lesern verkaufen muss. Mit schönen Überschriften und knackigen Formulierungen.

Auf dem Zeugnis aber stehen am Schluss fast nur Vieren, wenige Dreien und nur eine Zwei – in Deutsch. Die Deutschprüfung legt Aust über ein Stück des linken Schriftstellers Peter Weiss ab, der später in *Konkret* fordern wird: »Schafft ein, zwei, drei, viele Vietnams.« Zu der Zeit arbeitet Aust schon bei *Konkret* – als eine Art Mädchen für alles.

In der Abiturakte werden Aust »gewisse geistige Fähigkeiten« bescheinigt, die er nutzt, als ihn die Bundeswehr einberufen will. Er besorgt sich ein Attest. Was heute normal ist, führt damals in der Kleinstadt zu gehässigen Kommentaren. Doch Austs Mutter, eine resolute Person, steht hinter ihrem Größten.

Und dann endlich geht es raus aus Stade.

5. Eine Art politischer Pubertät

Nur einen Tag nach seinem Abitur beginnt Aust bei der Zeitschrift *Konkret* ein Verlagsvolontariat. Laut der behördlichen Ummeldung zieht er am 1. August 1966 offiziell nach Hamburg in den Alten Steinweg 35 und ist den etablierten Medien damit schon ganz nah. Die *Zeit* residiert gleich um die Ecke, *Stern* und *Spiegel* sind auch nicht weit entfernt, am nächsten aber liegt *Konkret*, das damals in der Kaiser-Wilhelm-Straße unter dem Dach residiert und Ende 1966 im Grunde nur von drei Leuten gemacht wird: Röhl, Aust und einer Sekretärin.

»Volontariat« trifft die Sache daher nicht so ganz. In Wirklichkeit engagiert ihn der *Konkret*-Herausgeber Klaus Rainer Röhl als Allzweckwaffe, schließlich kennt er den Schulfreund seines Bruders von den Besuchen in Stade als tatkräftigen jungen Mann, der selbst eine Schülerzeitung so geschäftig betreibt, als gelte es dem *Spiegel* Konkurrenz zu machen.

Konkret ist die einzige Publikumszeitschrift, die in linken Kreisen etwas gilt – mal abgesehen vom noch nicht so satirischen *Pardon,* bei dem Günter Wallraff auf erste Undercover-Touren geht. Aber auch der landet bald bei *Konkret* und steuert schon mal eine Geschichte bei, die sehr viel später, im Jahr 2004, in den Ruch gerät, von der Stasi fingiert worden zu sein.

1967 sieht Röhl seine publizistische Kreation, die er 1955 noch als Studentenkurier gegründet hat, nach finanziell unsicheren Zeiten endlich als auflagenstarkes »Sprachrohr der Protestbewegung«, die sich an den Universitäten formiert. In den Jahren zuvor war *Konkret* erst von finanzieller Unterstützung der DDR abhängig und dann unter der Chefredaktion von Röhls Frau Ulrike Meinhof zum linken Kampforgan geworden – auf Kosten der Auflage. Nun aber kommt auch der Protest nicht mehr nur in Form schwer lesbarer Manifeste daher, sondern mit publikumswirksamen Sponti-Aktionen wie dem (gescheiterten) Pudding-Attentat auf den US-Vizepräsidenten Hubert H. Humphrey oder nackter Kommunarden-Gaudi, wie sie die »Tupamaros« Rainer Langhans und Fritz Teufel besonders mögen. Das gefällt dem Blattmacher schon besser.

Die politische Aufbruchstimmung im Land sorgt in den sechziger Jahren von ganz allein für auflagenstarke Themen: Von Antibabypille über Partnerwechsel bis hin zu alternativen Lebensformen in der WG drängt vieles ins Blatt, worüber sich gerade junge Leser Aufklärung versprechen. Dazu kommen lange Reportagen über den Vietnamkrieg, dessen Unverhältnismäßigkeit und Grauen den Bundesbürgern gerade bewusst wird, und über die Rassenunruhen in den USA, die mit großer

Härte niedergeschlagen werden. Innerhalb weniger Jahre gibt es gleich vier politische Morde, die weltweit Schlagzeilen machen: Martin Luther King, Malcolm X, John F. Kennedy und Robert Kennedy.

In dieser politisch bewegten Zeit kann Röhl einen wie Aust gut gebrauchen – einen, der nicht selbst verquaste Abhandlungen über das »Schweinesystem« schreibt, sondern allem Theoretischen eher abhold ist und die Sache sportlich sieht. Die Frage für Aust lautet nicht: Wie kann ich die Verhältnisse ändern?, sondern: Wie viele Texte kann ich an einem Tag redigieren, und fallen mir anschließend noch genügend Überschriften ein? Da das Blatt so gut läuft wie lange nicht, ist auch genügend Geld da, um Aust so fürstlich zu bezahlen, dass er gern von morgens bis abends in der Redaktion sitzt, Artikel bestellt, Schlagzeilen ersinnt und am Titelbild feilt, auf dem meist eine halbnackte Revolutions-Amazone lasziv ins Ungefähre schaut.

Sex und Politik sind ein schönes Paar, das findet auch Aust, der in seiner ersten Zeit bei *Konkret* zu einer Art frühen Dr. Sommer wird und in Sachen Liebe durch die Welt jettet. Natürlich immer streng journalistisch.

So reist er an die bulgarische Schwarzmeerküste, die zu dieser Zeit als Rote Riviera bekannt ist und allen, die aus Protest gegen den ausschweifenden Kapitalismus nicht an die Côte d'Azur fahren können, eine lauschige Alternative bietet. Dort angekommen, recherchiert Aust vor allem im FKK-Bereich für die mehrseitige Geschichte »Die Nackten und die Roten«, bei der für die *Konkret*-Leser nichts Tiefgründigeres herumkommt, als dass »diese Bulgarenjungs einen Riecher haben« – was Aust nicht phänotypisch meint, sondern aufs Zwischenmenschliche bezogen. Er selbst – auch da muss der Leser durch – lernt eine Frau mit »beachtlicher Figur kennen« und eine, die auch nicht schlecht aussieht, aber leider sächselt. So etwas wird Aust erst sehr viel später schätzenlernen.

Auch geht der Jungreporter der Frage nach, was mit »Sex

und Liebe in Schweden« los ist, ob »Mini-Röcke dumm machen« und »wie frei Deutschlands Mädchen wirklich sind«. Seine mehrteilige ethnologische Entdeckungsreise lässt Aust mit dem tröstlichen Fazit enden: »An die Stelle der teutonischen Walküre ist ein langbeiniges, kesses Gör getreten.« Und da man für so ein hochpolitisches Magazin wie *Konkret* natürlich nicht nur über Petting schreiben kann, fragt der mitten in einer Art politischer Pubertät steckende Reporter noch nach, was den jungen deutschen Mädchen der Name »Ho Tschi Minh« sagt. Nicht viel, lautet das Ergebnis, und beim Stichwort Ohnesorg fällt manchem »kessen Gör« fälschlicherweise glatt das Hamburger Volkstheater mit Heidi Kabel ein.

Dabei steht doch der Name Ohnesorg für eine Zäsur. Am 2. Juni 1967 wird in Berlin unweit des Rathauses in Schöneberg der Student Benno Ohnesorg von einem Polizisten in, so heißt es, »putativer« Notwehr erschossen – am Rande einer Demonstration gegen den Schah. Der hat für seinen Staatsbesuch in der Bundesrepublik eigens aus Teheran eine Spezialtruppe seines gefürchteten Geheimdienstes mitgenommen, die – von den deutschen Polizisten unbehelligt – mit langen Holzlatten auf die Protestierenden einschlägt. Und während die Demonstranten reihenweise blutig zu Boden gehen, sitzen der Schah, seine Frau Farah Diba – der Liebling der deutschen Regenbogenpresse – und Berlins Polizeipräsident in der Deutschen Oper und hören Mozart.

Die Demonstration gegen den Schah ist auch publizistisch vorbereitet worden. Während die *Neue Revue* Farah Diba von der persischen Küste am Kaspischen Meer schwärmen lässt (»Der Sommer ist im Iran sehr heiß«), erscheint im März vor dem Schah-Besuch im Rowohlt-Verlag das Buch von Bahman Nirumand *Persien, Modell eines Entwicklungslandes oder Die Diktatur der freien Welt*. Darin ist nicht die Rede vom herrlichen Leben am Hof des Schahs und den Ausflügen an die Riviera oder zum Skilaufen nach St. Moritz, sondern von Folter und Verfolgung politischer Gegner. Der Programmleiter von Rowohlt, Fritz Raddatz, lässt auf Bitten des Dichters Peter Rühmkorf, der aus Austs Heimatstadt Stade stammt, fünfhundert Exemplare des Buches kostenlos unter den Studenten verteilen.

Auch Ulrike Meinhof setzt sich in *Konkret* mit dem Schah-Besuch auseinander und schreibt einen offenen Brief an Farah Diba, in dem es heißt: »Sie erzählen da … wie die meisten Perser reise auch ich mit meiner Familie an die Persische Riviera am Kaspischen Meer. Wie die meisten Perser – ist das nicht übertrieben? In Balutschestan und Mehran zum Beispiel leiden die ›meisten Perser‹ – 80 Prozent – an erblicher Syphilis. Und die meisten Perser sind Bauern mit einem Jahreseinkommen von weniger als 100 Dollar.« Und dann schreibt Meinhof noch, wie Gefangenen in persischem Gewahrsam die Augen ausgerissen oder sie auf kochendheiße Herdplatten gesetzt werden.

Da mit friedlichem Protest gegen den Despoten kaum zu rechnen ist, bereitet sich auch die Polizei vor und studiert die Taktik, die die amerikanischen Kollegen erfolgreich gegen renitente Studenten einsetzen und die der Berliner Polizeipräsident für sich so interpretiert: »Immer feste druff.« Das sind die Vorzeichen für diesen Schah-Besuch, und da nimmt es kaum wunder, dass es am Ende des Tages den ersten toten deutschen Demonstranten gibt und Deutschland in diesen Tagen so gar nicht das Land ist, gegen das man nie protestieren musste – wie es Angela Merkel fünfunddreißig Jahre später behaupten wird, als rauskommt, dass Außenminister Joschka Fischer in Frankfurt Steine gegen Polizisten geworfen hat. Aber Merkel geht zu dieser Zeit noch in die Schule und macht mit ihren Eltern Urlaub im Riesengebirge.

Die Studenten fühlen sich mit Hingabe missverstanden und stürzen sich tatendurstig auf ihre Rolle als außerparlamentarische Opposition: Nicht nur Ohnesorgs Tod trägt zum Gefühl der moralischen Überlegenheit bei, sondern auch, dass im Lehrapparat, in der Justiz und der Politik noch etliche Altnazis beschäftigt sind und sich die meisten Bundesbürger vor allem um ihr Eigenheim und das Auto davor scheren und jungen Leuten, die ihre Haare länger tragen, zurufen, dass es so was bei Adolf nicht gegeben habe. Gerade Berlin erweist sich als Ort, in dem ein Miteinander kaum möglich scheint. Die als Frontstadtkadaver verhöhnten alteingesessenen Berliner sehen in Vietnam auch ihre Freiheit gegen die Kommunisten verteidigt und würden die gammeligen Zugezogenen, die in den Kneipen das Berliner Privileg der fehlenden Sperrstunde auskosten, am liebsten aus ihrer schönen Frontstadt treiben.

Der Protest gegen diese als Spießer-Mief denunzierte Einstellung kommt zum Erschrecken der ordentlichen Bürger mit Fusselbart und Sandalen daher und sitzt an den Universitäten im einst von der SPD gegründeten Sozialistischen Deutschen Studentenbund. Die Mitglieder rufen »Ho-ho-ho-Tschi-Minh« und »Alle Macht den Räten«, »sie schauen auf zu Rosa Luxemburg und Lenin und pfeifen auf Kurt Georg Kiesinger und Helmut Schmidt«, staunt der *Spiegel*, in dem die studentische Linke kaum sieben Jahre nach den Solidaritätsbekundungen während der *Spiegel*-Affäre 1962 (als der *Spiegel* von der Bundesregierung wegen Landesverrats angeklagt wurde, weil er über ein Nato-Manöver berichtet und somit vermeintliche Wehrgeheimnisse veröffentlicht hatte) mittlerweile schon eine »Bild am Montag« sieht, die als Mittel gegen den Überdruss an den etablierten Parteien die Gründung einer neuen Partei empfiehlt und bei der einige Altnazis in gehobener Position ihren Dienst versehen. Aber das weiß in diesen Jahren noch niemand, und das ist auch besser so.

Auch Röhl arbeitet sich gern am *Spiegel*-Herausgeber Rudolf Augstein ab, der zu diesem Zeitpunkt schon längst Multimillionär ist, wenig später aber einen Akt praktizierenden Kommunismus vollzieht, den sich ein Kritiker wie Röhl gar nicht leisten kann oder auch nicht leisten will: Er schenkt den halben

Verlag seinen Mitarbeitern. Nicht aus Nächstenliebe, sondern um den lauter werdenden Ruf nach Mitsprache im Keim zu ersticken.

Immerhin lässt Augstein auch Dutschke und dessen Kombattanten finanzielle Unterstützung zukommen – darunter 5000 Mark für den Anti-Springer-Kongress – und stellt sich so, weitgehend unbemerkt von seinen Parteifreunden in der FDP, gegen die Mehrheit der Deutschen, die den Studentenprotest als ruhestörend empfinden, schließlich geht's dem Land so gut wie noch nie. Revolutionen – das ist was für die Verdammten dieser Erde, und dazu gehört man nun wirklich nicht. Doch der Protest richtet sich gegen die politische Lethargie – manifestiert in der Großen Koalition aus SPD und CDU – und gegen ein inhaltsloses Leben, in dem der einzelne für sein Kleinbürgerglück zum Teil eines »seelenlosen Apparates gemacht wird und nur noch aus Reproduktion der Arbeitskraft besteht«, wie der Philosoph Ernst Bloch sagt. In der neuen Welt, so formuliert es der SDS-Führer Bernd Rabehl, hätten die Firmeninhaber und Aktionäre keinen Platz mehr. Sie dürften aber in die letzten kapitalistischen Oasen auswandern – also zum Beispiel in die Schweiz, wo sie den Kampf für eine weniger technisierte und gegen eine überentwickelte Welt nicht weiter stören. Man gibt sich menschlich.

Doch nicht alle sind so politisiert, und das Bild der deutschen Jugend, das der rasende Reporter Aust von seinen Reisen mitbringt, wirkt in der *Konkret*-Redaktion doch eher ernüchternd. Die meisten Jugendlichen lesen kein *Konkret*, selbst den *Spiegel* eher selten, statt dessen *Twen* und *Bild*. Sie sind für intime Beziehungen vor der Ehe und hören kommunistisch angehauchte Radiosender, aber nur der Musik wegen. Obwohl auch Musikhören in dieser Zeit ein politischer Akt sein kann, wenn es sich dabei um die Protestsongs amerikanischer Folksänger handelt.

Durch die USA schwappt die Hippiebewegung, man pilgert

48

zu Konzerten, auf denen gegen den Vietnamkrieg und für die Black-Power-Bewegung protestiert wird, und Jimi Hendrix leckt an seiner Gitarre und zerlegt die amerikanische Nationalhymne nach allen Regeln der Kunst. Timothy Leary predigt die heilsame Kraft von LSD, Marokko wird gerade unter Schriftstellern zum Kifferparadies, und in Deutschland malt die Jugend Klosprüche wie »High sein, frei sein – ein bisschen Terror muss dabei sein« oder, ähnlich sinnfrei: »Terror, Haschisch, Meskalin – für ein freies West-Berlin.«

Da will auch Aust nicht länger abseits stehen, wo es anscheinend mächtig Bedarf nach Stoff gibt – sei es nun in reiner Form oder als Objekt der Berichterstattung. Jedenfalls sind es neben dem Sex die Drogen, die es Aust in frühen Journalistenjahren angetan haben. Während sich Tausende von deutschen Jugendlichen Gedanken machen, woher sie den Trip für ein schönes Wochenende bekommen, veröffentlicht Aust in *Konkret* Mitte 1967 netterweise das Rezept für LSD: »Man nehme Lysergsäure (die nicht allzu schwer zu besorgen ist), versetze diese mit flüchtigem Diäthylamin (das zum Vulkanisieren von Gummi gebraucht wird) und friere das Ganze ein. Beide Stoffe verbinden sich dann zu dem gewünschten LSD, das anschließend mit Hilfe von Chloroform, Waschbenzin oder einer einfachen Vakuumpumpe herausgezogen wird.« – »Für einen tüchtigen Chemiker«, so Aust, »mit einer mittleren Laborausrüstung kein Problem.«

Ein Rezept, das in Münchener Szenekreisen hundert Mark kostet – für die rund zweihunderttausend *Konkret*-Leser gibt es das ganz umsonst. Die Polizei sieht es natürlich nicht so gern, schließlich werden Herstellung, Verbreitung und Besitz von LSD mit bis zu drei Jahren Freiheitsstrafe geahndet.

Immerhin ist der Artikel ansonsten journalistisch sauber. Ein Jugendlicher, der erzählt, wie er auf dem Teppich kleine Radfahrer fängt, kommt genauso zu Wort wie offizielle Stellen, die ein riesiges Suchtpotential ausgemacht haben. Ob der sachkundige Aust selber mal einen Trip eingeworfen hat, bleibt leider offen.

Den Hammer hebt sich Aust bis zum Schluss des Artikels auf: Laut seinen Informationen kommt das billigste und beste LSD ausgerechnet aus der DDR. Dort, so Aust, werde in den Laboratorien der Humboldt-Universität fleißig an bewusstseinserweiternden Substanzen geköchelt – wohl unter staatlicher Aufsicht, schließlich könnte der Drogenexport in die BRD eine durchaus destabilisierende Wirkung im Westen haben. Ein Kracher wie aus einem Satiremagazin, der aber leider weitgehend unerhört von den restlichen Medien verhallt.

Damit hat Aust sein Pulver jedoch noch lange nicht verschossen. Es folgen längere Stücke über »LSD« und »Sex«, über Liebe unter Drogen also, womit sich Austs Lieblingsthemen aufs schönste vereinen.

6. Mit Dutschke in Prag

Zwar lernt Aust in dieser Zeit viele der Protagonisten der späteren RAF-Zeit kennen, darunter Horst Mahler und Otto Schily, aber die begegnen dem jungen Redakteur eher reserviert, schließlich macht der keinen Hehl aus seiner Abneigung gegen den politischen Überbau vieler Texte. Was ich nicht verstehe, versteht auch kein Leser, sagt sich Aust, und er versteht in dieser Zeit so einiges nicht. Zum Beispiel, dass Sebastian Haffner in *Konkret* einmal Ulbricht und dann wieder Adenauer zum erfolgreichsten deutschen Politiker kürt.

Er habe wirklich alles machen müssen, wird Aust in Erinnerung an seine *Konkret*-Tage später sagen, und tatsächlich ist sein Chef Röhl, der das Blatt etliche ermüdende Jahre lang leitet, in dieser Zeit auch gern mal auf Sylt Privatmann, anstatt in der Redaktion Dienst zu schieben. »Genießt den Kapitalismus – der Sozialismus wird hart« lautet sein Wahlspruch, und er weiß natürlich, dass ein gutbezahlter Workaholic wie Aust besser ist als vier Volontäre, die für weniger Geld eine ruhige Kugel schieben und auf Röhl gemünzte Reime dichten: »Das Kollektiv kommt mit der Straßenbahn, der Chef reist mit dem Porsche an.«

Dabei ist ja was Wahres dran: Zu dieser Zeit gehören Röhl und seine Ehefrau Ulrike Meinhof längst zum Hamburger Medienestablishment, das über alle ideologischen Grenzen hinweg Party macht und besonders die geheimnisvolle Meinhof gern dazu einlädt. Da werden dann aus Kindergeburtstagen ausschweifende Feste, auf denen prominente Liberale wie Gerd Bucerius oder Rudolf Augstein mit Konservativen wie Marcel Reich-Ranicki und eben der linken *Konkret*-Kolumnistin im eleganten Abendkleid Gedanken über die Notstandsgesetze austauschen und die ein oder andere Sektflasche leeren. Eine Art »Revolutionskasperle« sei sie gewesen, wird Meinhof über diese Partyjahre einmal sagen, in denen sie gemeinsam mit Röhl sogar einen Bausparvertrag abschließt, um sich ein schönes Haus in Blankenese zu kaufen.

Bei diesen illustren Runden ist Aust natürlich noch nicht dabei, der ackert sich ja gerade erst hoch. Er kümmert sich um Röhls und Meinhofs Zwillingstöchter Bettina und Regine, wenn die in der Redaktion auftauchen (weshalb ihn Röhl halb liebevoll, halb spöttisch Onkel Aust nennt), und verinnerlicht Röhls Gleichung, wonach man zur Politik Sex and Crime mischen muss, um Auflage zu machen. Aust ist der Macher, während der Star Ulrike Meinhof nur in die Redaktion kommt, um die Texte und ihre Verachtung für Aust abzuliefern. Dabei schmeißt der den Laden ganz allein, ist lieb zu Röhls Töchtern – und also irgendwie schon wieder Chef. Wie bei der Schülerzeitung.

Der Klassenfeind der *Konkret* steht natürlich rechts, was in diesem Fall bereits den linken Flügel der SPD mit einschließt. Das Heft ist in dieser Zeit voll mit Schauergeschichten über US-Soldaten, die Vietnamesen Nadeln unter die Fingernägel treiben, und mit Reportagen aus deutschen Knästen, in denen laut *Konkret* Methoden wie im KZ angewendet werden. Die Auschwitzkeule wird eh sehr gern geschwungen bei *Konkret,* selbst im Schwabinger Karneval entdeckt der Autor faschistische Elemente – es ist Rolv Heuer, den Aust schon früher gern in der Schülerzeitung gedruckt hat.

Ein bisschen Schülerzeitung ist auch die *Konkret* – etwa wenn sie anlässlich eines Druckvertrags zwischen *Spiegel* und Springer eine Parodie darüber bringt, dass der Springer-Verlag den *Spiegel* schluckt, und Ulrike Meinhof Augstein spielt und in seinem Namen ein Editorial schreibt, in dem die Springer-Korrespondenten gelobt werden. »Politische Science Fiction« nennt das Herausgeber Röhl – nicht ganz klar erkennbare Satire also, die prompt eine Einstweilige Verfügung des *Spiegel* nach sich zieht, woraufhin der *Stern* dichtet: »Augstein glaubt, er darf allein / zynisch und satirisch sein / und verträgt als kleiner Gott / an sich selber keinen Spott.«

Tatsächlich fühlt man sich bei *Konkret* berufen, dem *Spiegel* Konkurrenz zu machen. Das Titelbild sieht mit seiner roten Umrandung und dem kleinen querliegenden Ankündigungsbalken in der unteren rechten Ecke schon ganz so aus wie das Nachrichtenmagazin, das nun öfter mal über Querelen bei der linken Zeitschrift schreibt, denn die Zeiten werden ungemütlicher bei *Konkret*. Röhl und Meinhof gehen auseinander, nachdem sie sich fremd geworden sind. Die spätere Terroristin zieht von Blankenese nach Berlin in die Kufsteiner Straße – zum Leidwesen der sechs Jahre alten Zwillingstöchter, die gern im idyllischen Hamburger Vorort geblieben wären. In Berlin müssen sie nun regelmäßig mit demonstrieren gehen und bekommen – es geht ja schließlich auch im Kinderzimmer gegen überkommene Rollenmodelle und das andere Unrecht auf der Welt – neues Spielzeug: Carrerabahn und Negerpuppen. Kinder sind, dieses Mao-Tse-tung-Wort wird im Berliner Kinderladen-Milieu gern zitiert, »weiße Blätter, auf die man die schönsten Schriftzeichen malen kann«. Ob die Kinder das schön finden, spielt keine Rolle. Immerhin kommt öfter mal Onkel Aust vorbei.

Anfang 1968 wird der Ton der konservativen Presse heftiger, machen die Zeitungen mobil gegen die Studenten, fallen die Blätter des Springer-Konzerns, allen voran *Bild* und *B.Z.*, über die »Polit-Gammler« her, die die bestehende Ordnung gefährden. Kaum ein Tag vergeht, an dem nicht schaurig geschildert wird, wie an den Universitäten die Revolution geprobt wird und Pläne geschmiedet werden, wie sich der Kommunismus im freien Westen entfalten soll. Wer in diesen Tagen behauptet, dass *Bild* lügt, und deshalb von Springer verklagt wird, hat gute Chancen, recht zu bekommen.

So verquast intellektuell die Debatte um den Freiheitskrieg in der Dritten Welt und die studentische Mitbestimmung an den Universitäten in Blättern wie *Konkret* geführt wird, so schlicht ist die Auseinandersetzung auf der Straße. Junge Leute mit längeren Haaren und Vietnam-Solidaritäts-Buttons an der Jacke werden als »Kommunistenschweine« beschimpft, als Penner, die ins Arbeitslager gehören. Beliebt ist auch die Empfehlung: »Geh doch nach drüben.« Drüben, das ist die verhasste DDR, der Springer seinen Freiheitswillen zeigt, indem er in Berlin ein Verlagshochhaus direkt an die Mauer setzt und bei der Grundsteinlegung die Worte »Einigkeit und Recht und Freiheit« einmauern lässt. Aber von Einigkeit kann keine Rede sein. Selbst der Westen ist gespalten wie nie.

Die Protagonisten der Protestbewegung probieren neue Spielarten der Provokation aus und landen prompt vor Gericht. Rainer Langhans und Fritz Teufel bekommen es wegen mehrerer Flugblätter mit der Justiz zu tun, auf denen der Brüsseler

Kaufhausbrand, bei dem zweihunderteinundfünfzig Menschen sterben, zum politischen »Großhappening« (»Neue Demonstrationsformen in Brüssel erstmals erprobt«) geadelt wird. Andreas Baader, Gudrun Ensslin, Horst Söhnlein und Thorwald Proll werden vor Gericht gestellt, weil sie gleich selbst Kaufhäuser anzünden.

Die Stimmung wird unversöhnlicher. Im Frühjahr 1968 glaubt das Springer-Blatt *Welt* den Studentenführer Rudi Dutschke in der DDR, bei Verhandlungen mit den Kommunisten. In Frankfurt findet derweil ein Studentenkongress statt, auf dem sechzehn Delegierte den Antrag stellen, den allzu mächtigen »Chefideologen« Dutschke auszuschließen. Der ist allerdings weder in der DDR noch in Frankfurt, sondern in Prag, wo in diesen Monaten ebenfalls Tausende Studenten auf die Straße gehen, um gegen die Regierung zu demonstrieren, und wo Alexander Dubček mutige Reden hält. Dutschke will schauen, ob die Belange der tschechischen Jugend denen der deutschen ähnlich sind oder aber kontrarevolutionäre Züge tragen. Schließlich gilt ihm das sozialistische Ausland bislang als die bessere Welt.

Dutschke ist nicht allein in Prag, an seiner Seite reisen seine Frau Gretchen, sein kleiner Sohn Hosea Che und Stefan Aust. Dutschke soll für *Konkret* eine große Geschichte über den Prager Frühling schreiben. Gemeinsam schlendert man durch die Stadt, trifft die Anführer der rebellierenden Studenten, tafelt die ganze Nacht im besten Hotel Prags und lässt sich beim Bummel über den Wenzelsplatz fotografieren: der Blattmacher, dessen Zeit noch kommt, und der Studentenführer, der sie schon fast hinter sich hat. Sie seien eine verschworene Gemeinschaft gewesen, erinnert sich Dutschkes Frau Gretchen an diese Tage im Prager Frühling. Dutschke selbst hat der Ausflug wohl weit weniger beeindruckt, in seinen veröffentlichten Tagebuchaufzeichnungen findet sich jedenfalls kein Eintrag.

Aust fährt mit dem Auto von Prag nach Hamburg zurück, fliegt aber wenige Tage später wieder nach Berlin, um mit Dutschke die Geschichte zu besprechen – allmählich drängt die Zeit. Nach ihrem Treffen macht sich Dutschke auf, die benötigten Unterlagen aus dem SDS-Haus am Ku'damm zu holen, zu dem in dieser Zeit längst Jugendliche aus ganz Deutschland pilgern, um »die Gesichter aus der Zeitung und die Gesten aus dem Fernsehen im Original zu sehen«, wie der Reporter Wolfgang Büscher später die Szenerie beschreibt.

Aust fährt derweil zum Flughafen Tempelhof, wo – kaum angelangt – sein Name ausgerufen wird. »Bitte sofort zur Information ...«, scheppert es aus den Lautsprechern. Aust eilt zum Schalter und nimmt den Hörer entgegen. Am Apparat ist Clemens Kuby, Mitglied des SDS, der atemlos in den Hörer schreit. »Es ist etwas Fürchterliches passiert. Jemand hat Rudi niedergeschossen. Er ist im Krankenhaus. Wir wissen nicht, ob er noch lebt ...«

Dutschke lebt, aber er wird sich von dem Attentat nicht mehr erholen. Der Arbeiter Josef Erwin Bachmann, den *Bild* am nächsten Tag ohne weitere Hinweise, aber natürlich mit Kalkül als irren Rechtsradikalen bezeichnen wird, hat ihn an diesem 11. April 1968 unweit der Gedächtniskirche vom Fahrrad geschossen, und als sich Dutschke, der schon auf der Straße liegt, wehrt, schießt er gleich noch mal: in die Schulter und in den Hinterkopf. Passanten, die die Schüsse zunächst für die Fehlzündung eines Autos halten, kümmern sich um den blutüberströmten Studentenführer, der zunehmend wirrer vor sich hin murmelt. »Er ist tot ... lasst ihn leben ... Vater, Mutter ... ich muss zum Friseur.« Eine ältere Frau, die daneben steht, sagt: »Ach, das ist ja der Dutschke. Sieh mal an, na, wenn's ans Sterben geht, ruft auch der nach Vater und Mutter.« Und ein junger Mann fügt hinzu: »Man braucht ja nicht gleich zu schießen, aber dass der mal einen Denkzettel gekriegt hat, ist ganz gut.« Einer der Denkzettel in Form einer Kugel steckt tief im Kiefer und wird in einer stundenlangen Operation im Krankenhaus Westend entfernt.

Als Aust am Kurfürstendamm Nr. 140 ankommt, sieht er auf dem Asphalt zwei Kreidekreise, darin Dutschkes Wildlederschuhe. Ein paar Meter weiter liegt das rostrote Fahrrad, daneben schimmert eine Blutlache in der Sonne. Zu Hause in Dutschkes Schreibmaschine steckt der unvollendete Reisebericht aus Prag, den Dutschke mit Aust verabredet hatte. Überschrift: »Von der Liberalisierung zur Demokratisierung.« Und weiter: »Der sich im Kampf mit der herrschenden Klasse herausbildende neue Mensch hat neue Interessen, neue Bedürfnisse und auch neue Leiden.«

Tatsächlich sitzt der neue Mensch an diesem fatalen Gründonnerstag gleich in Massen leidend und fassungslos im Berliner SDS-Zentrum herum und weint hemmungslos, weil das Gerücht die Runde macht, Dutschke sei tot.

Andere schreiten schon zur Tat und verfassen Flugblätter, auf denen die Schuld am Attentat nicht dem Arbeiter Bachmann gegeben wird, sondern dem Springer-Konzern, vor dessen Sitz sich noch am selben Abend um 23 Uhr fünftausend Demonstranten einfinden, die nicht nur »Enteignet Springer« rufen, sondern Steine gegen die Fassade des Verlagshauses prasseln lassen und rote Fahnen hissen. Auch Aust hat sich schockiert und aufgebracht in die Reihen der Demonstranten eingereiht.

Um 0 Uhr 30 wird die Auslieferung druckfrischer *Bild*-Zeitungen verhindert, Lieferwagen werden in Brand gesetzt. Andere Demonstranten blockieren mit ihren Autos die Zufahrt, darunter auch Ulrike Meinhof, die mit Aust da ist und ihren Wagen so parkt, dass er von der Polizei nicht abgeschleppt wird, aber auch irgendwie zur Barrikade gehört. Das Eigentum gilt auch den Protestierern als schützenswert, solange es ihnen selbst gehört.

Ein paar Demonstranten dringen mit einem Bauwagen als

56

Rammbock durch die Drehtür ins Springer-Haus vor, woraufhin der im »Wagen befindliche Nachtwächter beim Anprall gegen die Hauswand einen Nervenzusammenbruch« erleidet, wie der spätere Polizeibericht nüchtern feststellt. Doch im Gebäude warten schon einige Angestellte vom Wachdienst mit Knüppeln, von denen sie so herzhaft Gebrauch machen wie die Polizisten draußen.

Beobachtet wird die ganze Szenerie nicht nur von den Verlagsmanagern, die aus dem gediegenen Journalistenclub mit Holzvertäfelung und gehobener Speisekarte im achtzehnten Stock auf die Leute herabschauen, sondern auch vom Innensenator Kurt Neubauer, der vom Hochhausdach aus die Operationen der Polizei steuert. Die geht mit besonderer Härte vor. Mit Wasserwerfern wischt sie die Protestierenden von der Straße, selbst arglose Passanten werden verprügelt und müssen ärztlich versorgt werden. Der Polizeispitzel Peter Urbach verteilt unten vor dem Haus Molotowcocktails, damit die Randale nicht abreißt.

Auch am nächsten Tag geht Aust demonstrieren. Auf dem Ku'damm stürmen Tausende auf die Polizisten los, die sie nicht durchlassen wollen, obwohl der Rechtsanwalt Horst Mahler freien Durchzug fordert und Gewaltverzicht versichert. Es gibt zahlreiche Schädelprellungen, Platzwunden und Knochenbrüche, selbst junge Mädchen werden von den Beamten zusammengeknüppelt, die sogar besonders gern. Ein Demonstrant klettert auf einen Wasserwerfer und richtet die Kanone auf die Polizei, woraufhin der Fahrer seine Pistole zieht und durch die Windschutzscheibe zielt. Aber diesmal wird nicht geschossen.

Die Presse staunt über die neuen Taktiken der Studenten, die einzelne Beamte in Diskussionen über die Demokratie verwickeln und Polizisten nach Kripo-Art fotografieren. Andere setzen auf Hippiemethoden und Flower-Power: Lächelnde Mädchen überreichen den jungen Beamten Blumen, und im

Hintergrund skandiert ein Chor von Demonstranten: »Eins, zwei, drei – liebt die Polizei.«

Nicht nur in Berlin, auch in anderen großen Städten – allen voran Hamburg – wird es ein Osterfest, wie es das Land noch nie erlebt hat und das selbst Menschen, die nicht zur Radikalisierung neigen, aufbegehren lässt. »Der brutale Einsatz der Staatsgewalt zugunsten eines übermächtigen Konzerns hat vielen zum Bewusstsein gebracht, dass nur kalkulierter und dezentraler Widerstand zum Erfolg führen kann.« Diese Worte dekretiert nicht Dutschke vom Krankenbett aus, Aust schreibt sie in der nächsten Ausgabe von Konkret und bemächtigt sich erstmals der Diktion der Bewegung, dieser Mischung aus Generalstabston und moralischer Anklage. Die politische Pubertät scheint abgeschlossen.

Bei den Unruhen werden deutschlandweit vierhundert Demonstranten teils schwer verletzt, zwei Teilnehmer sterben: der Student Rüdiger Schreck und der Fotograf Klaus Frings – einer durch einen Steinwurf von Demonstranten, der andere durch einen Schlag mit einer Holzlatte. Im Bundestag wird festgestellt, dass fast die Hälfte der Festgenommenen Angestellte und Arbeiter waren, von Studentenunruhen also eigentlich nicht die Rede sein kann.

In den nächsten Wochen ist der Zustand des Studentenführers Dutschke ein bestimmendes Thema in den Medien und auch in der Konkret-Redaktion, für die er lange Zeit gearbeitet hat und wo man nun die Verlautbarungen der Kriminalpolizei herumreicht. Am 17. April 1968 heißt es da: »Dutschke macht sich mit seiner Umgebung vertraut«, und am 2. Mai: »Dutschke steht zweimal täglich für 15 Minuten auf«, was alle seine Freunde etwas entspannt, aber natürlich dürftig ist für einen, der bei Demonstrationen nicht mal Angst vor den Polizeipferden hatte, sie statt dessen am Schwanz packte, um sich von ihnen zwanzig Meter über den Ku'damm ziehen zu lassen.

Entwarnung gibt es erst, als der Philosoph Herbert Marcuse, einer der verehrten Vordenker der Bewegung, Dutschke im Krankenhaus besucht und danach vor dreitausend Studenten im Audimax der Freien Universität berichtet, dass er sich mit dem Niedergeschossenen »hochpolitisch« unterhalten habe. »Ich war verblüfft. Ich fand mich einem geistig wie motorisch höchst beweglichen Mann gegenüber.«

7. Allein gegen die Apo

Angesichts der zwei Toten, die die Protestbewegung zu beklagen hat, wird der Ton radikaler, auch in *Konkret*. Nicht nur Aust empfiehlt jetzt den »dezentralen Widerstand«, wobei er wohlweislich offenlässt, ob der aus gewaltsamen Aktionen bestehen soll. Unter der Überschrift »Gewalt in den Metropolen« schreibt Peter Schneider: »Wir sind auf die Straße gegangen, und die Polizei hat uns niedergeknüppelt. Wir haben größere Demonstrationen gemacht, und es wurde auf uns geschossen. Jetzt sind zwei Menschen bei unseren Demonstrationen ums Leben gekommen. Halten wir fest, es sind Steine geflogen, nachdem zum zweitenmal auf uns geschossen worden ist. Solange Springer seine Mordhetze, die schon zwei Mordanschläge zur Folge hatte, weiterverbreiten darf, solange sich die Parteien hinter Springer stellen, handeln wir in Notwehr [...] In prinzipieller Hinsicht endet die Frage nach der Gewalt in der Frage, ob wir entschlossen sind, unsere Ziele zu erreichen. Wir wollen endgültig verhindern, dass die Menschen hier an Geist und Körper zu Krüppeln geschlagen werden, die nur noch arbeiten, kaufen und hassen können. Wir werden damit nicht warten, bis noch eine Generation und noch eine Generation kaputtgemacht wird, sondern wir wehren uns jetzt. Den Sozialismus werden wir nur bekommen, wenn wir unsere Feinde wissen lassen, dass wir alle Mittel anwenden werden, die nötig sind, ihn zu bekommen.« Diese Sätze im Kopf, wird der *Konkret*-Herausgeber Röhl ein paar Jahre später bekennen, er habe nicht gewusst, dass »Worte direkt in 9-mm-Geschosse übergehen können«.

Tatsächlich ist Schneiders Aufsatz das Manifest einer zunehmend radikaleren Strömung innerhalb der Bewegung, aber das Gefühl, etwas tun zu müssen gegen diesen Staat, anstatt nur zu reden und zu schreiben, das spüren viele. Auch Ulrike Meinhof, die mit ihrem saturierten Journalistenleben und mit ihrer vermeintlichen Bedeutungslosigkeit hadert und in eine fast kindliche Bewunderung für die Tatmenschen Baader und Ensslin verfällt, die in Frankfurt vor Gericht stehen. Nach einem Knastbesuch bei Ensslin schreibt Meinhof in *Konkret:* »Das progressive Moment einer Warenhausbrandstiftung liegt nicht in der Vernichtung der Waren, es liegt in der Kriminalität, im Gesetzesbruch.« Schöner hätte es Ensslin auch nicht ausdrücken können und Baader sowieso nicht.

Zunehmend wird Meinhof bewusst, dass sie die Welt mit ihren Kolumnen nicht verändern wird – vor allem wenn sie inmitten einer Mischung aus Sex und Crime, aus poppigem Hippietum und packenden Kriegsreportagen erscheinen. Das alles erhöht zwar merklich die Auflage – über zweihunderttausend Exemplare sind es jetzt –, ist aber nicht mehr ihre publizistische Heimat.

Auch der harte Kern der Apo wünscht sich *Konkret* als Organ der Gegenöffentlichkeit und nicht als journalistische Wundertüte, die der alsbald zum geschäftsführenden Redakteur aufgestiegene Aust in ihren Augen daraus gemacht hat und in der man schon mal mittels eines Tests erfahren kann, ob man ein Sexmuffel ist oder ein toller Hecht. Darin wird gefragt: »Haben Sie schon mal mit Ihrem Bruder geschlafen und denken Sie an Geschlechtsverkehr, wenn Sie ein Gewehr sehen?«

Angesichts solcher Fragen fühlt sich eine schon lange nicht mehr stimuliert, noch weiter mitzuarbeiten: Ulrike Meinhof missfällt der Weg zum Massenblatt, sie will keine Zugeständnisse an den Erfolg machen. Die *Konkret* ist für sie zum »Pornoblatt« geworden. Je weicher die Themen im Blatt werden, desto härter gerät ihre Kolumne.

Vom stetigen Wachstum der Studentenbewegung befeuert, fordern die Vertreter der Apo nun sogar Sendezeit bei den etablierten Medien – etwa beim Sender Freies Berlin (SFB). Zwanzig Minuten am Tag wollen sie unzensiert Programm machen, manche fordern sogar eine Stunde, natürlich zur Primetime. Noch forscher gehen sie bei *Konkret* vor, jener Zeitschrift, die sie als ihr natürliches Terrain betrachten und bei deren Herausgeber sie irgendwann im Wohnzimmer sitzen, um bei gutem Rotwein zu besprechen, wie die Interessen der Apo noch stärker und vor allem unzensiert ins Blatt kommen. Irgendwann erscheinen sie auch mal, als er gar nicht zu Hause ist, werfen seine Möbel aus dem Fenster und zertrümmern ein paar Sachen. Ins Ehebett von Röhl und Meinhof, die gerade ihre Trennungszeit durchleben, pinkeln sie aber nicht, auch wenn das noch Jahrzehnte später gern geschrieben wird.

In der *Konkret*-Redaktion tauchen nun immer mehr Leute auf, die zwar nicht schreiben können, aber eine klare Vorstellung haben, wie so ein Blatt auszusehen hat. Nämlich ohne Zugeständnisse an den Massengeschmack, ohne Sex und knallige Verbrechergeschichten. Redakteure, die sich uneinsichtig zeigen, werden in stundenlange Diskussionen verwickelt, die vor allem einen Zweck haben: sie von der Arbeit abzuhalten.

Der Kampf in der Redaktion wird härter. Auf der einen Seite der Herausgeber und der von ihm protegierte Aust – laut Röhl ein »Hansdampf in allen Gassen, unentbehrlicher Kritiker und unerbittlicher Verfechter eines auf Lesbarkeit bedachten

Illustriertenkurses« –, auf der anderen Seite die Vertreter der Apo: Gaston Salvatore, Bahman Nirumand, Peter Schneider und Hans Magnus Enzensberger, die sich Berliner Kollektiv nennen und in *Konkret* in »kollektiver Schreibweise Zusammenhänge zwischen der antiautoritären Rebellion in der Bundesrepublik und in West-Berlin und dem globalen antiimperialistischen Kampf« untersuchen wollen, »um daraus die Möglichkeiten der zukünftigen Strategie des antiautoritären Lagers zu entwickeln«. Das klingt so unlesbar, wie es ist, und natürlich sind Röhl und Aust die seitenlangen Abhandlungen im Heft ein Grauen.

Im Juni 1968 erscheint aus der Feder des »Redaktionskollektivs« ein Sammelsurium an Artikeln, deren Quintessenz in einen Satz passt: »Erst seit wir zaghaft damit beginnen, die Sprache des Systems zu sprechen, werden wir den Arbeitern verständlich und (für) Springer eine Gefahr: diese Sprache ist die Gewalt.«

Ulrike Meinhof ist derweil in Berlin recht unglücklich. Denn dort besteht das gesellschaftliche Leben nicht mehr aus schönen Gartenpartys mit Sekt und geistreichen Gesprächen, sondern aus Abenden, an denen im Schneidersitz und bei Spaghetti diskutiert wird. Auch die Zwillingstöchter sind in der neuen Umgebung fremd und sehnen sich ins schöne Hamburg zurück. In einem Prozess wegen ihrer Beteiligung an den Osterunruhen wird Meinhof freigesprochen, auch weil Stefan Aust sie mit seiner Zeugenaussage entlastet.

Noch bleibt Meinhof der *Konkret* verbunden und steuert ihre Kolumnen zum Zeitschriftenerfolg bei – jede für die schöne Summe von 1500 Mark. Doch Anfang 1969 kommt ein Text, den möchte man in der Redaktion am liebsten gar nicht drucken, auch wenn man noch so viel dafür bezahlt hat. Überschrieben ist der Artikel mit dem Wort »Kolumnismus«, und darin rechnet Ulrike Meinhof mit *Konkret* ab. »Die Kehrseite der Kolumnistenfreiheit ist die Unfreiheit der Redaktion. Da müssen Artikel ›durchgeschrieben‹ sein, müssen verkäuflich sein, müssen Leserbedürfnisse platt befriedigt werden. Da wird auf Termin gearbeitet: in einer Woche ein Kommune-Artikel, von heute auf morgen über die Gerichtsverfahren, die in Teheran anstehen [...] Mao-Zitate für Sex-Fotos montiert, ein paar Worte mit Biermann gewechselt.« So schreibt die von Starallüren nicht freie Meinhof und unterstellt der Redaktionsleitung, die Kolumnistin als Feigenblatt zu benutzen, um die Linie um so ungestörter durchdrücken zu können.

»Ein guter Journalist ist auf Zack«, ätzt Meinhof weiter, »schafft das, schafft alles, schreibt auch, wenn er nichts hat, schreibt auch, wenn er noch nicht fertig nachgedacht hat, schreibt auch, ohne die notwendigen Bücher vorher gelesen zu haben. Da sind die linken Studenten einfach zum Kotzen: Die halten keine Termine, die können sich nicht kurz fassen: nicht ausmären, immer dies Wenn und Aber, quatsch nicht soviel, mach zu, die Setzerei wartet, die Druckerei wartet, die Grossisten warten.« Unter dieser Fixierung auf die Auflage, so Meinhof, sei aus einer linken Zeitschrift in den vergangenen drei Jahren ein »opportunistisches Blatt« geworden. Drei Jahre, ungefähr so lange ist Aust an Bord.

Der Artikel ist eine Anklageschrift, und auf der Anklagebank sitzen Röhl und Aust, denn der macht ja das Blatt, das lange Jahre Meinhofs publizistische Heimat gewesen ist und das sie nun nicht mehr wiedererkennt – ja, aus dem sie sich systematisch vergrault fühlt. Sie kritisiert die Methoden der bürgerlichen Verlagswelt, die bei *Konkret* Einzug gehalten haben: Leserbefragungen und Terminjournalismus, knallige Überschriften auf Kosten der ideologischen Trennschärfe der Texte, Anbiederung an die Industrie durch Anzeigenverkauf. Wie man das Blatt ohne Anzeigen finanzieren soll, sagt Meinhof nicht.

Röhl antwortet im selben Heft. Zwischen die beiden Texte wird – wie zum Hohn – eine mit Frauen im Bikini bebilderte

Anzeige vom Club Méditerranée gesetzt, der seit neuestem für die Reichen nette Animationsurlaube im südlichen Ausland anbietet. »Ach Ulrike …«, beginnt Röhl seine Gegenrede, um Meinhof zunächst beckmesserisch einige formale Fehler vorzuhalten, dann aber nicht zu Unrecht zu fragen, wie das denn gehe: ein Blatt ohne Terminjournalismus und Rücksicht auf die Leser, ohne Anzeigen und Einhalten der Vertriebstermine. »Die Zeitschrift muss verbessert werden, vergrößert werden, sie muss gründlicher arbeiten, aber noch lockerer geschrieben sein, noch interessanter sein für die Leser und doch die Interessen der Leser vertreten. Ulrikes Kritik wird uns dabei helfen«, so schließt Röhl versöhnlich, um seine Ex-Frau mit dem Schlusssatz ganz en passant zum Weitermachen zu verdonnern. Meinhofs Kolumnen, so Röhl, werden »weiter in *Konkret* erscheinen. Wo auch sonst?«

Tatsächlich macht Meinhof weiter, nur ein anderer, der hat keine Lust mehr. Aust ist kaputt, kann nicht mehr, will nicht mehr bleiben – weder mit noch ohne Meinhof. Er scheide aus, teilt er Röhl mit. In Röhls Erinnerung lief das Gespräch so, dass Aust nach einer letzten mehrstündigen Diskussion mit Meinhof selbst nicht mehr gewusst habe, ob er die letzten Jahre wirklich nur Mist gebaut habe, wie es ihm andere weismachen wollten.

Aust selbst mag sich daran nicht erinnern. Drei Jahre seien halt lang für einen jungen Menschen, sagt er heute, und er habe Lust gehabt, endlich mal etwas anderes zu machen. Studieren, rumfahren – was man so macht mit gerade mal zweiundzwanzig Jahren.

8. Nachrichten aus St. Pauli

Das Studieren beschränkt sich bei Aust auf so wenige Vorlesungen im Fach Soziologie, dass man nicht mal von einem abgebrochenen Studium reden kann. Das Rumfahren aber, das betreibt er fleißig. Kaum hat er *Konkret* den Rücken gekehrt, fliegt Aust in die USA, kauft sich in Florida einen alten VW-Käfer und fährt damit in drei Monaten Tausende von Kilometern. Die Reise führt ihn im Süden einmal quer durchs Land, auch ins Hippiezentrum San Francisco. Unweit davon, in der Universitätsstadt Berkeley, wird gerade die moralische Maxime formuliert, die auch für die Linken in Deutschland zum Leitmotiv wird:»Es ist nicht so wichtig, einen Platz in der Gesellschaft zu finden, als die Gesellschaft so zu gestalten, dass man in ihr auch einen Platz haben möchte.«

Austs Platz ist nach seiner Rückkehr einstweilen bei einem Blatt, das mit Geschichten über Sex und Crime nicht nur kein Problem hat, sondern gar nicht genug davon bekommen kann: Die *St. Pauli Nachrichten (SPN)* erfreuen mit einer Art Porno-Kommunismus den Hamburger Kiez und erscheinen vom Februar 1970 an als Tageszeitung, um der drohenden Indizierung durch die Bundesprüfstelle für jugendgefährdende Schriften zu entgehen. Schließlich ist das Blatt voll mit nackten Frauen und Borderline-Schlagzeilen wie»Keuschheitsgürtel mit Dynamit gesprengt«oder»Verlegersfrau entführt, zerhackt, verfüttert«.

»Die geschlechtliche Betätigung darf nicht Mittel zur Genusserziehung sein«, steht in der Begründung der Bundesprüfstelle für das drohende Verbot der *St. Pauli Nachrichten,* woraufhin die Nachrichtenmacher vom Kiez mit dem Spruch reagieren:»Darum täglich eine Nummer.« Außerdem verweisen sie darauf, dass schon der französische Außenminister Aristide Briand seinem deutschen Verhandlungspartner Gustav Stresemann 1925 in Locarno einen Zettel zugeschoben habe mit den Worten: »Ich habe Lust.« Womit er freilich die Lust auf Frieden meinte.

Gegründet wurden die *SPN* von dem *Spiegel*-Fotografen Günter Zint und dem Hamburger Antiquitätenhändler Helmut Rosenberg. Zint hatte in London eine Zeitung entdeckt, deren Titelschlagzeile sich die Leser wünschen konnten. »Zint had tea with the queen«, stand auf Zints Exemplar, das quasi zur Blaupause für die *St. Pauli Nachrichten* avancierte, die am Hans-Albers-Platz in einem Trödelladen verkauft wurden und für deren Kopfzeile man einfach die Buchstaben von Springers *Hamburger Abendblatt* ausgeschnitten hatte. Als man dann noch die Plattenfirma Metronom dafür gewinnen konnte, in dem Blatt für Künstler wie Ben E. King zu werben (und das Blatt an den Kneipentheken zusammen mit einem schmackhaften »Soul-Ei« für eine Mark anbot), wurde aus dem Jux plötzlich ein richtig gutes Geschäft. Bereits im Juli 1968 verkauften die *SPN* zwanzigtausend Exemplare – vor allem der Heiratsmarkt, der unter der Überschrift »Seid nett aufeinander« firmierte, erfreute sich großer Beliebtheit. Heiraten wollte zwar niemand, aber zotige Kurztexte lasen viele gern.

Die Nacktbilder, die die *SPN* veröffentlichten, wurden teilweise in der Apo-Press-Kommune in der Annenstraße aufgenommen – mit Kajalstift und dem exzessiven Einsatz von Schwarzweißfilmen wurden die Pin-up-Plattheiten ins Sphinxhaft-Geheimnisvolle uminterpretiert. Hier wohnten Künstler, *Spiegel*-Redakteure und SDS-Aktivisten – und wenn Ulrike Meinhof die Nase voll hatte von ihrem bürgerlichen Leben mit Klaus Rainer Röhl im vornehmen Blankenese, dann kam sie dort unter.

Die Auflösung des Intimbereichs und die Befreiung der Sexualität wurde als Teil des politischen Kampfs deklariert, und so hob man auch in der Apo-Press-Kommune die Toiletten- und die Schlafzimmertüren aus den Angeln. Den Sex, von dem man vorgab, ihn befreien zu wollen, hatten zwar viele der Bewohner gar nicht, aber das Gefühl, an einer nicht unwichtigen Unterdisziplin der Revolution teilzunehmen, waberte dennoch durch die Räume. Einmal sorgte immerhin eine kiezbekannte Prostituierte für Erleichterung, als sie nach einem weinseligen Abend in die Hände klatschte und die anwesenden Männer ins Nebenzimmer bat:»So, Jungs, ich geb einen aus.«

Der Sex und die Liebe waren also etwas, das unbedingt runderneuert gehörte, und diesem Drang gaben die *St. Pauli Nachrichten* Ausdruck, die natürlich nicht zum theoretischen Diskurs der Intellektuellen beitrugen, sondern vor allem von den einfachen Arbeitern gelesen wurden, denen Mao nicht viel sagte, dafür aber»Rudelbumsen«, wie Gruppensex zwanghaft beiläufig und locker genannt wurde. Den fanden natürlich alle unterstützenswert.

Die Anzeigen seien für»sexuelle Spezialisten wie Homophile, Lesbierinnen, Sadisten, Masochisten oder Leute, die Partnertausch oder Gruppensex betreiben wollten, oft tatsächlich die einzige Möglichkeit, Kontakte zu gleich Veranlagten zu knüpfen«, heißt es in dem Buch *Seid nett aufeinander. Anatomie eines Lustmarktes,* in dem sich auch Beiträge von Henryk M. Broder finden, damals eine Art publizistischer Erotomane mit Jesusfrisur und Rauschebart.

Auch für die Hamburger Schüler sind die *St. Pauli Nachrichten* Anfang der Siebziger eine feste Anlaufstelle. Wer Wut auf einen Lehrer hat, geht einfach in die Redaktion, die sich eine schöne Schlagzeile ausdenkt. Zum Beispiel»Studienrat langweilt Schüler zu Tode«. Die wird dann in kleiner Auflage gedruckt und im Klassenzimmer verteilt.

Die einkalkulierte Empörung über die *St. Pauli Nachrichten* bleibt natürlich nicht aus. So werden Kioskverkäufer vom Springer-Verlag angehalten, das Busenblatt aus dem Sortiment zu nehmen, falls ihnen daran liegt, die *Hörzu* weiter verkaufen zu können. Irgendwann beschlagnahmt die Polizei sogar die komplette Kartei der Heiratsmarktinserenten, da laut Amtsgericht die Anzeigen »dazu bestimmt sind, unzüchtigen Verkehr herbeizuführen«.

Letztendlich haben die Aktionen der Polizei dem Blatt aber nur zu ungeahnter Publizität verholfen und zu einem riesigen Absatzmarkt weit über Hamburg hinaus. Als die *SPN* im Februar 1970 fast verboten werden und deswegen als Tageszeitung erscheinen, hat die Wochenendausgabe mit dem Heiratsmarkt bereits eine Auflage von 1,2 Millionen. Das ermöglicht Verleger Rosenberg, der nun plötzlich nicht nur anzügliche Annoncen, sondern auch täglich Nachrichten und politische Artikel veröffentlichen muss, das Anwerben erfahrener Kräfte – darunter Stefan Aust, der bei den *SPN* gleich zu den Spitzenverdienern gehört. Schließlich hat er sich bei *Konkret* einen Namen gemacht. Für Aust wiederum muss der Wechsel von der dogmatischen *Konkret* zum Spaßblatt eine befreiende Wirkung haben.

Die Redaktion zieht in eine riesige Altbauwohnung in der Hein-Hoyer-Straße und dichtet unter dem teilweisen Einfluss bewusstseinserweiternder Drogen die ersten Schlagzeilen. Gleich in der ersten Ausgabe wird über Atombomben spekuliert, die die Amis angeblich auf deutsche Städte werfen wollen, auch die Zeitschrift *Konkret* sei von der CIA unterwandert. Schon da beginnt das Rätselraten bei Politikern, Jugendschutzbehörde und Richtern, worum es sich bei den *SPN* eigentlich handelt: Um Satire? Um Porno? Oder eben doch um ein Boulevardblatt, das die *Bild*-Zeitung mit ihren eigenen Mitteln links überholt?

Bis morgens um sechs basteln die Journalisten an der ersten Ausgabe, trinken Bier und rauchen Kette, und als am nächsten Morgen die ersten Exemplare druckfrisch auf dem Tisch liegen, da kommen selbst Reporter vom *Spiegel* und Emissäre von Gruner + Jahr, um den Anarchohaufen zu inspizieren, der seine

Kritik am Vietnamkrieg und den bundesdeutschen Politikern fröhlich mit Anzeigen für Magazine kreuzt, in denen »Neger, Südseeinsulaner und Asiaten in aufreizender Nacktheit« gezeigt werden.

Die täglichen SPN sind der letzte mediale Schrei und Ausdruck eines umfassenden Alles-ist-möglich-Gefühls: Die Amis sind auf dem Mond, Bundeskanzler Willy Brandt redet mit dem DDR-Staatsratsvorsitzenden Willi Stoph, in den USA gelingt es einem Sechsundzwanzigjährigen zum ersten Mal, ein Gen zu isolieren, und in Hamburg kreuzen eben ein paar Journalisten die *Bild*-Zeitung mit der *Konkret*.

Selbst die Pin-ups gelten in der Redaktion als Mittel des Klassenkampfs. Durch das »gegenläufige Betexten der Miezen«, so die Macher mit an Hybris grenzendem Selbstbewusstsein, solle die Rolle der Frau als »sexuelles Futtermittel« in Frage gestellt werden. Das sieht dann zum Beispiel so aus, dass eine Nackte mit Salatgurke abgebildet wird und daneben steht, dass man Gurken auch melken kann. »Sie geben die sogenannte Gurken-Milch.«

9. Die linke Bügelfalte

Für den politischen Furor im Gaudiblatt sorgt Stefan Aust, der in den *St. Pauli Nachrichten* unter dem Pseudonym »Hein« schreibt – zusammen mit Horst Tomayer, der sich »Fietje« nennt. Gemeinsam schießen sie auf alles, was im Verdacht steht, die Bundesrepublik so erhalten zu wollen, wie sie ist, vor allem auf Axel Springer, der – damals noch der große Antipode zu Rudolf Augstein – fast täglich in den *St. Pauli Nachrichten* lesen kann, was er für einen Saftladen leitet. »Wer von rechts kommt wie Springer, hat nicht das Recht, recht zu haben. Wir sind gegen Springer, weil wir alles, was er anstellt, verneinen« – mit dieser Haltung macht sich Aust zu einem der Hauptfeinde des Medienkonzerns.

Dabei ist die Anti-Springer-Haltung in dieser Zeit so modern wie sonst nur noch der Drogenkonsum – nur tritt sie bei Aust erstaunlich radikal hervor. »Peter Boenisch traut sich nicht, in offener faschistischer Weise zum Pogrom gegen die Außerparlamentarische Opposition aufzurufen«, schreiben die SPN über den Chefredakteur der Bild. Axel Springer ist natürlich auch schuld, als am 24. Februar 1970 der zu sieben Jahren verurteilte Dutschke-Attentäter Josef Bachmann mit einer Plastiktüte über dem Kopf tot auf seiner Pritsche im Gefängnis gefunden wird – auch das ist keine Minderheitsmeinung, sondern linker Mainstream. »Ihr hetzt schon genauso wie Springer«, beklagt sich ein Leser am Sorgentelefon, aber das sieht man in der Redaktion anders.

Die Entführung des deutschen Botschafters Karl Graf von Spreti durch Guerillas in Guatemala feiert die Redaktion als »tollkühnes Ding«. Als Spreti umgebracht wird, erinnern Aust und Tomayer daran, dass die Revolutionäre nur ihr Land befreien wollen und der wahre Schuldige der Machthaber ist, dem der Graf seine Ernennungsurkunde überreicht hat. »In einem Land, wo legale Opposition liquidiert wird, müssen Revolutionäre – ob sie wollen oder nicht – zu Gewaltmaßnahmen greifen. Das bestehende System ist etablierte Gewalt, der nur mit Gegengewalt begegnet werden kann.« So rechtfertigen Aust und Tomayer die Totschlagpolitik der Terroristen, nachdem auch noch in Brasilien ein deutscher Diplomat verschleppt worden ist.

Aust kämpft zwar nicht in Lateinamerika für den Kommunismus und die Befreiung von der Diktatur, aber in Hamburg-St. Pauli sieht er sich schon als eine Art Speerspitze im medialen Klassenkampf. Er schreibt sich frei – und wird den Kollegen suspekt. »Die linke Bügelfalte« nennen sie ihn, weil er immer so ordentlich angezogen ist, seine Haare gewaschen hat und sich statt der bodenständigen Mädchen vom Kiez lieber eine Moderedakteurin vom *Stern* zur Freundin nimmt. Auch dass er zuweilen die rechte Hand statt der linken zur Kommunistenfaust ballt, bleibt nicht unbemerkt.

Aber Aust spielt seine Rolle perfekt: Als der *Spiegel* die *St. Pauli Nachrichten* ein »linkes Schmutzblatt« nennt, setzt er sich persönlich an die Schreibmaschine und kartet zurück: »Haben Sie die *SPN* je aufmerksam gelesen? Wissen Sie, wer wir sind? Wissen Sie, wie wir schreiben? Wissen Sie, was wir wollen? Müssen wir uns, nur weil Sie geschlafen haben, wiederholen? [...] Müssen wir Ihnen noch einmal sagen, dass wir auf der Seite der Ausgebeuteten stehen? Dass wir als ersten Schritt der sozialen Revolution die Forderung nach Mitbestimmung der Arbeiter in den Betrieben unterstützen? [...] Einem Redakteur des rechten *Spiegel* mag das höchst links vorkommen [...] Aber: was ist daran schmutzig?«

Tatsächlich kommt es anschließend zu einer Solidaritätsgeste aus dem *Spiegel,* allerdings eher satirischer Natur. Neununddreißig Redakteure bezeugen mit ihrer Unterschrift, dass der *Spiegel* doch links sei und der Autor des inkriminierten Artikels zum Empfangschef im *Spiegel*-Hochhaus degradiert werde, was wiederum die *SPN* auf der Titelseite veröffentlichen. Alles scheint ein großes mediales Happening zu sein, und tatsächlich verstehen sich die Medienschaffenden vom seriösen Nachrichtenmagazin und dem unseriösen Linksblatt recht gut, wenn sie sich beim Italiener Cuneo treffen, wo die *Spiegel*-Leute zahlen müssen, während die von den *SPN* ihre Essensmarken für »Pasta satt« eintauschen. Eine Mark sechzig kosten die Nudeln nur.

Über die Jahre wird das Cuneo in der Davidstraße (das schon seit 1905 existiert und die Nazizeit unbeschadet überdauerte, weil die deutschen Beamten von der benachbarten Davidwache so gern Spaghetti aßen) so etwas wie die Kantine des deutschen Journalismus, in der sich abends die Chefredakteure treffen, um echtes und vorgeschütztes Herrschaftswissen auszutauschen.

Das große Wort führt Aust nicht nur im Blatt, sondern auch in der Redaktion. Es gibt ein Foto aus dieser Zeit, auf dem sitzt er, obschon wieder einmal einer der Jüngsten (dreiundzwanzig und ledig, wie die Zeitung vermerkt), ganz selbstverständlich in der Mitte der Redaktion, die sich stehend um ihn schart. Und auf den Partys, die man natürlich oft und gern feiert – besonders in den verruchten Schuppen auf der Großen Freiheit –, hat Aust immer die schönsten Frauen auf dem Schoß. Auch das ist wichtig für die Hackordnung.

Für Aust sind die *St. Pauli Nachrichten* »frisch wie Kernseife und unabhängig wie der Wind«. Tatsächlich haben alle Beteiligten einen Mordsspaß. Geschrieben wird auf neuesten Kugelkopfschreibmaschinen, getrunken wird Scotch der Marke Vat 69 oder italienischer Silberadler, und vor der Tür steht eine Armada Velosolex-Mofas für den ganz schnellen Einsatz.

Seine Funktion als Kolumnist beschreibt Aust den Lesern so: Man wolle sich einsetzen für »soziale Gerechtigkeit in den Betrieben und also für die Mitbestimmung der Arbeiter in den Betrieben der Unternehmer, für die völkerrechtliche Anerkennung des anderen Teils Deutschlands, [der] DDR [...] und für die Befreiungsbewegungen in den Kolonialländern, insbesondere für die Ächtung des imperialistischen Kriegs in Vietnam seitens der Bundesregierung«. Das klingt im Grunde wie das Programm von Ulrike Meinhof, und von der scheint Aust in der Tat mehr gelernt zu haben, als man bei *Konkret* je gedacht hat.

So findet sich die unversöhnliche Haltung der späteren Terroristin auch in den Kommentaren von Aust und Tomayer wieder, teilweise im selben Straßenkämpferjargon: Das »amerikanisch-faschistische System« sei am Ende, schreiben sie, Mao Tse-tung »der Größte« und das deutsche »Resozialisierungssystem bis auf die verkalkten Knochen asozialer als [...] alle Mörder, Kindesverführer, Huren und Loddel zusammen«. Und dem »beschränktesten Bierdimpfl Bayerns«, Franz Josef Strauß, rufen die Kommentatoren zu: »Wir fordern die Todesstrafe für all diejenigen, die die Todesstrafe fordern.« Als Strauß zumindest schon mal die Prügelstrafe erhält und in New York von zwei Prostituierten vermöbelt wird, dichten die CSU-Feinde aus Hamburg: »Strauß kam aus dem Wienerwald, da stellten ihn die Nutten kalt.«

Endgültig den Entrechteten dieser Welt verbunden fühlt sich Aust, nachdem ihn in einer Döner-Bude auf dem Kiez eine Art Schlüsselerlebnis ereilt: Gerade hat er sich gemeinsam mit einem Kollegen vor einen Teller mit gemischtem Kebab gesetzt, als plötzlich eine Prostituierte hereinstürmt und mit Blick auf Aust (der in diesen Jahren gern eine Pilotenbrille mit einem schulterlangen Pilzkopf kombiniert) ruft: »Die Gammler kriegen gleich was zu fressen, ich kann ja warten. Da guck dir bloß mal die ungepflegten Typen an mit ihren langen Haaren, könnte einem ja gleich übel werden.«

Schon wenige Tage später erscheint Austs Kolumne mit einem frischen Foto, aber mehr noch als die verletzte Eitelkeit macht ihm die fehlende Solidarität der Straßenmädchen zu schaffen, die er doch eigentlich wie alle, die gegen die spießbürgerliche Ordnung aufbegehren, zu seinen Kombattanten zählte. Schließlich erfüllen sie die für ihn wichtige gesellschaftliche Funktion, Ventil für die aufgestauten Triebe der Männer zu sein, die das kleinbürgerliche Idealbild von einer intakten Familie erzeugt, in die Sexualität einzig der Fortpflanzung dient. Als dann auch noch eine Prostituierte bei einem von den *SPN* veranstalteten Huren-Hearing über südlich-schwarzhaarige Typen klagt, schwant Aust, dass die Proletarierinnen aus der Horizontalen womöglich nicht für die soziale Revolution taugen.

Auch die Leser sind traurigerweise mehr an der Rubrik »Pornorama« und dem großen Sextest (»Haben Sie schon mal eine Frau gebumst, ohne dass Sie es eigentlich wollten?«) als an politischen Statements interessiert. Die mit Kontaktanzeigen vollgestopfte Wochenendausgabe verkauft sich denn auch über eine Million Mal, während an den Wochentagen nur einige tausend Exemplare über die Theke gehen. Die Tagesausgabe wird vom Überschuss der Wochenendnummer finanziert, jeden Tag verliert Verleger Rosenberg 6000 Mark damit.

Dennoch feiert Rosenberg seine rasenden Reporter Aust und Tomayer zum zweijährigen Geburtstag seines Blatts als die meistgelesenen deutschen Kolumnisten, nach Sebastian Haffner, aber vor Günter Gaus und Rudolf Augstein. Auch wenn Mickys Monkeys auf der Feier im Admiral Nelson daraufhin einen Extra-Tusch spielen, ist das natürlich Quatsch. Denn gelesen werden in den *SPN* vor allem die sekretreichen Zusendungen der Leser, die sich Erlebtes und Ausgedachtes von der Seele schreiben, für die Rubrik »Fotografieren Sie Ihren Liebling« die nackte Schwiegermutter unterm Gummibaum einreichen und beim Aufruf, sich andere Wörter für »ficken« auszudenken, glatt dreihunderteinundsiebzig Vorschläge machen, darunter »einzipfeln«, »bommeln« und »reinwürgen«.

Säckeweise erreicht solche Post die Redaktion, und deren Lektüre lässt manchen Mitarbeiter allmählich ahnen, was da Dumpfes hinter der Fassade der sexuellen Aufklärung gärt. So fühlt sich Austs alter Bekannter aus Schülerzeitungstagen, Henryk M. Broder, durch die sadomasochistischen Phantasien schon mal an »die ehrbaren Bürger« erinnert, »die in den KZs Aufseherdienste versahen«.

In solch einem entsicherten Umfeld schreibt es sich auch für Aust gleich viel offenherziger, zumal er in seiner Zeit bei den *SPN* nie unter seinem richtigen Namen publiziert. Während die Bundesprüfstelle in Bad Godesberg im Sommer 1970 erwägt, nun auch die tägliche Nummer zu verbieten, rechnet Aust im Verbund mit Tomayer jetzt mit allem und allen ab: Nixon,

Präsident der »United-SA«, sei ein »gemeingefährlicher Irrer«, *Bild*-Chef Boenisch »ein erklärter Faschist«, und der ehemalige Bundeskanzler Kurt Georg Kiesinger habe »Spaß an KZs« gehabt: Ihn »begeisterte die Endlösung der Judenfrage mit Gas und Genickschuss«. Die Biographie von Hildegard Knef sei ein »scheißreaktionärer, sentimentaler Schinken«, geschrieben von einer Frau, »die von faschistischen Schullehrern versaut und mit Durchhalteparolen vollgestopft worden sei«. Es gilt also damals auf St. Pauli nach einem Wort des Satirikers Wiglaf Droste die alte Faustkeilregel: Wer zuerst Fascho sagt, hat gewonnen.

Endlich bekommt auch die Schule, unter der Aust in Stade so gelitten hat, ihr Fett ab. »Pennäler, die sich noch vor Jahren jeden langweiligen Unterricht, jede autoritäre Disziplinarmaßnahme, jede Maßregelung, schlechte Zensuren aufgrund kritischer Bemerkungen, Vorzensur für Schülerzeitungen oder politische Beeinflussung gefallen ließen, ergreifen heute Gegenmaßnahmen«, schwärmt Aust über das *Kleine rote Schülerbuch,* das im April 1970 erscheint und in Teilen in den *SPN* abgedruckt wird – neben pädagogisch wertvollen Schlagzeilen wie »Hund verstümmelt sich selbst« oder »Hitler war ein Steuerbetrüger«. »Molotow-Cocktails sind gut«, schreiben die *SPN,* »Zeitbomben sind besser. Noch besser ist das *Kleine rote Schülerbuch,* die Mao-Bibel für antiautoritäre Schüler, das Handbuch für Subversion im Klassenzimmer.«

Dabei ist die Subversion längst raus aus dem Klassenzimmer und auf den Straßen. In den USA feuert die Polizei bei einer Protestdemonstration in eine Menge von dreitausend Jugendlichen und erschießt vier Studenten. Daraufhin fragen die *SPN* am 11. Mai 1970: »Ist das die Weltrevolution?« und berichten begeistert davon, »dass es überall kracht«, dass in Washington, London, Paris, Rom, Berlin und Hamburg »Pflastersteine auf Polizisten geworfen« und »Universitätsgebäude angezündet« werden. Bilanz allein der Unruhen in Berlin, wo fünfzehntausend Demonstranten durch die Straßen ziehen: zweihunderteinundsechzig verletzte Polizisten; zwei von Steinwürfen getroffene Polizeipferde müssen erschossen werden. Andere Teile der Subversion sitzen bereits im Gefängnis. Baader, Ensslin und Proll waren wegen der Brandstiftung in einem Frankfurter Kaufhaus am 31. Oktober 1968 zu je drei Jahren Zuchthaus verurteilt worden. Als Andreas Baader am 14. Mai 1970 während eines Freigangs aus der Haft befreit wird und bei der Aktion im Institut für Soziologie in Berlin-Dahlem der Institutsangestellte Georg Linke schwerverletzt zurückbleibt, ist auch Ulrike Meinhof dabei. Für Aust ist die Befreiung insgesamt eine enttäuschende Sache: Von Baader sei zu verlangen gewesen, schreibt er mit Tomayer in den *St. Pauli Nachrichten,* »dass er die insgesamt drei Zuchthausjahre nach dem Vorbild Lenins, Bebels, Luxemburgs und anderer Revolutionäre diszipliniert absitzt, um sich die Möglichkeit weiterer legaler politischer Arbeit nach der Entlassung nicht zu nehmen«. Hier hat Aust, der später immer wieder und wohl zu Recht behaupten wird, er sei nie ein Linker, sondern eher ein Bürgerlich-Liberaler gewesen, endgültig seine mediale Rolle verinnerlicht, die des journalistischen Chefideologen mit fester Arbeitszeit.

Die Möglichkeit zu legaler Betätigung ist nun nicht nur Baader genommen. Weil der unbedingt rausmusste, ist nun auch Austs alte Bekannte Ulrike Meinhof auf der Flucht, und ihre beiden Töchter sind drei Monate später in Gefahr, von Italien aus in ein palästinensisches Waisenlager in Jordanien abgeschoben zu werden, wo die Terroristen an Schießständen im Wüstensand für das Konzept Stadtguerilla üben.

Auch Austs Leben bewegt sich in diesen Tagen mächtig in Richtung Illegalität: Am 5. Juni 1970 droht den *SPN* die Dauerindizierung, trotz des dialektischen Wirkens der Anwältin Gisela Wild, die schon mal im Minirock vor Gericht erscheint und später ausgerechnet den *Emma*-Prozess gegen den *Stern* und

76

dessen sexistische Titelbilder führen wird, der ihr daraufhin eine »tiefe innere Wandlung« attestiert.

Nach der Anfrage eines CDU-Abgeordneten im Bundestag sind Bundesprüfer und Staatsanwälte diesmal gewillt, das Blatt ganz zu verbieten. Unter den Politikern kursieren auch Austs Texte, darunter die politischen Tiraden, aber ebenso dessen zotige Träumereien wie die von »Venushügeln, so groß wie das Matterhorn-Massiv«.

Dieser Traum lässt sich nicht so leicht realisieren, ein anderer schon: der vom Ausbruch aus der Redaktionsstube und vom Eintauchen in die Kriminalgeschichte.

10. Von Baader gejagt

Stefan Aust steht mit seiner radikalen Rhetorik nicht allein. Die schwärmerische Solidarität mit den arbeitenden Massen, die Identifizierung mit den Unterdrückten in der Dritten Welt, der Kampf gegen die »faschistoiden« Methoden der Presse und die »United-SA«, das wütende Aufbegehren gegen den Vietnamkrieg der Amerikaner und dessen Duldung durch die Bundesrepublik – das alles ist eine Position vieler junger Menschen, die der gefühlten Kollektivschuld an den Naziverbrechen eine romantisierende Verbrüderung mit den Entrechteten der Welt entgegensetzen.

Andere starten den Versuch, mit Drogen und Musik aus dem Kleinbürgermief auszubrechen und eine Kulturrevolution durchzusetzen. Schon im August 1969 hatte sich eine halbe Million Jugendlicher in Woodstock im Bundesstaat New York versammelt, um drei Tage lang Rockmusik zu hören, zu kiffen und »love not war« zu machen. Ein Polizeioffizier erklärte später, noch nie »so viele Menschen gesehen zu haben, die sich auf so engem Raum so friedlich verhielten«. Und der *Spiegel* sieht damals »eine Schallmauer von hunderttausend Elektrogitarren«, die »einen Großteil der heute 14- bis 25jährigen von allem, was ihren erfolgreichen Vätern wertvoll erscheint, trennt«. Wobei das Wort »erfolgreich« suggeriert, dass die Väter so unrecht ja nicht haben mit ihrem Lebensmodell. Doch das Leben seines Vaters will Aust nicht führen. Sein publizistisches Engagement ist neben der zielgenauen Entdeckung journalistischer Marktlücken auch eine Flucht aus der politischen Agonie seines Elternhauses, in dem es politische Gespräche nie gab. Und ganz sicher ist es der Versuch, sich besonders gegenüber der Mutter als Tatmensch zu beweisen, der die Verhältnisse formt und nicht nur hinnimmt – im Gegensatz zu seinem Vater, der ein Stück Land bewirtschaften durfte, das nicht ihm gehörte, und sich lieber in Träume vom Trappertum flüchtete, als aufzubegehren gegen die festgefügte Ordnung. Auch Stefan Aust träumt vom Abenteuer – aber auf eine andere Art.

»Der Wahnsinn dieser Tage hatte mich erfasst«, so wird es Stefan Aust später einmal ausdrücken, wenn er an das Jahr 1970 zurückdenkt. Aus den Studentenprotesten ist Anfang der Siebziger irgendwie die Luft raus. Die Theoretiker an den Universitäten werden ausgepfiffen oder von barbusigen Frauenrechtlerinnen empfangen, der SDS löst sich auf. Gefeiert werden nun alle, die nicht nur reden, sondern etwas tun. Ein paar dieser Tatmenschen geben sich schon sehr bald ein eigenes Logo – einen fünfzackigen Stern mit einer Heckler & Koch-Maschinenpistole in der Mitte. Erst da schwant einigen, dass man auch das Falsche machen kann – aber erst mal ist die Sympathie groß.

Dass Ulrike Meinhof von heute auf morgen» keine angesehene Journalistin mehr ist, sondern eine wegen Mordversuchs steckbrieflich gesuchte Kriminelle, wollen viele nicht begreifen, vor allem nicht die, die sie als sensible, verletzliche Person in Erinnerung haben. In der Presse wird sie plötzlich als Rädelsführerin präsentiert, die laut *Bild* in »schmuddeligen Apo-Apartments gastierte« und aus deren Wohnung in der Kufsteiner Straße in Berlin »mangels überzeugender Argumente rohe Eier auf Passanten geworfen wurden«. Und der Müll einfach in den Hausflur. *Bild* weiß sogar, dass die »hochnervös-intelligente« Meinhof nach ihrer Gehirnoperation häufig abwesend war, umgeben von einem leichten »touch von Ungepflegtheit«.

Diese Lust an der Denunziation und an der Abrechnung mit der linken Journalistin ist für alle schwer zu ertragen, die Meinhof kennen, und Aust kennt sie ja schon lange. Das erste Mal hat er sie in Stade getroffen, als sie mit ihrem Mann Klaus Rainer Röhl dessen Familie besuchte. Eine vornehme, zurückhaltende Person, die etwas Trauriges umgab. Später traf er sie in der *Konkret*-Redaktion wieder – auch da kam es ihm vor, als neige sie zu Depressionen. Fast beschwörend berichten die *St. Pauli Nachrichten* nach der Baader-Befreiung, dass ja gar nicht bewiesen sei, ob Meinhof dabeigewesen ist oder nicht.

Peter Homann, zeitweilig Liebhaber von Ulrike Meinhof und Freund von Stefan Aust und wochenlang mit den Flüchtenden in einem Lager in Jordanien, wird später behaupten, dass Ulrike Meinhof die Rolle als »Stimme der RAF« von Gudrun Ensslin und Andreas Baader mehr oder weniger oktroyiert worden sei. Anders als Ensslin, die ihren kleinen Sohn Felix für das Bonnie-and-Clyde-Leben mit Baader im Stich ließ, hätte sich Meinhof nur schwer von ihren beiden siebenjährigen Zwillingen getrennt. Aber getan hat sie es doch.

Dass nicht alles üble Nachrede der Springer-Presse ist, müssen auch die Bekannten und Freunde von Ulrike Meinhof erkennen, als die sich erstmals aus dem Untergrund meldet. Auf einem Tonband, das dem *Spiegel* über eine französische Journalistin zugespielt wird, macht sie klar, dass es kein Zurück mehr gibt. »Der Typ in Uniform ist kein Mensch, und so haben wir uns mit ihm auseinanderzusetzen. Das heißt, wir haben nicht mit ihm zu reden, und es ist falsch, überhaupt mit diesen Leuten zu reden, und natürlich kann geschossen werden [...] Was wir machen und gleichzeitig zeigen wollen, das ist: dass bewaffnete Auseinandersetzungen durchführbar sind, dass es möglich ist, Aktionen zu machen, wo wir siegen und nicht wo die andere Seite siegt.«

Als die Transkription des Tonbands erscheint, sind Baader, seine Befreier und noch einige andere per Haftbefehl gesuchte Mitkämpfer bereits im Nahen Osten, wo der ehemalige Kommunarde Dieter Kunzelmann schon länger den Befreiungskampf übt. Der Fluchtweg führt mit der U-Bahn nach Ost-Berlin und von dort mit einer Interflug-Maschine in den Libanon, wo es mit kurzer Verzögerung weiter nach Jordanien geht. Hier hilft die palästinensische Befreiungsbewegung El-Fatah den Deutschen gern dabei, Maschinengewehre und Handgranaten richtig bedienen zu lernen, empfiehlt ihnen dann aber flugs die Heimreise, als sie merkt, wie ungeschickt sich die Stadtguerilla aus Berlin und Hamburg anstellt.

Nur mit den Worten, da sind sie natürlich nach wie vor stark. »Wenn wir endlich gelernt haben, die faschistische Ideologie Zionismus zu begreifen, werden wir nicht mehr zögern, unseren simplen Philosemitismus zu ersetzen durch eindeutige Solidarität mit El-Fatah, die im Nahen Osten den Kampf gegen das Dritte Reich von gestern und heute und seine Folgen aufgenommen hat«, schreibt Dieter Kunzelmann in einem Brief aus Amman, der in dem linken Szeneblatt *Agit 883* veröffentlicht wird.

Auch Austs *St. Pauli Nachrichten* schreiben unter der knalligen Überschrift »Jetzt zittert Israel: Die Rote Ulrike bei den Guerillas«: »Vielleicht wird man (dann) auch etwas darüber erfahren können, wie Ulrikes, Baaders, Mahlers und Gudruns politische Arbeit in der nächsten Zeit aussehen soll. Werden sie sich in irgendwelcher schein-revolutionärer Schreibtischarbeit betätigen, oder wollen sie aktive Guerillas werden? Nach allem was sie auf die Beine gestellt haben, Gnade Gott Israel (oder den Guerillas)!« Das klingt, oberflächlich gelesen, nach großem Familienrat, aber kaum verhüllt auch nach jenem seltsamen Antizionismus der Linken.

Aust bekommt kurz nach der Baader-Befreiung vom NDR-Magazin *Panorama* den Auftrag für ein Porträt über Ulrike Meinhof, schließlich weiß man im Sender, dass er die Flüchtige gut kennt. Prompt macht er sich auf die Suche nach Peter Homann, Meinhofs ehemaligem Geliebten, findet ihn aber nicht. Kein Wunder, Homann, gegen den ein Haftbefehl vorliegt, ist untergetaucht und robbt gemeinsam mit Mahler, Baader und Ensslin in Jordanien durch den Wüstensand. Er bricht mit der Gruppe, als er hört, dass er liquidiert werden soll, weil ihn die anderen für einen Spion der Israelis halten. Homann erfährt auch, dass die Töchter von Ulrike Meinhof in ein palästinensisches Waisenlager gebracht werden sollen, damit sie nicht zu ihrem Vater Klaus Rainer Röhl kommen. Der gilt in diesen Kreisen längst als verabscheuungswürdiger Salonkommunist.

Röhl lässt seine Kinder bereits per Interpol suchen; in Hamburg kursieren Zettel, mit denen er nach den Zwillingen fahndet. Noch am Tag der Baader-Befreiung lässt er sich das Sorgerecht für seine Töchter übertragen und reist nach Bremen, wo seine Kinder bei einem Freund Ulrike Meinhofs untergebracht waren. Doch Röhl kommt zu spät. Die Zwillinge sitzen schon in einem Auto Richtung Süden, erst über die grüne Grenze nach Frankreich, dann über eine verschneite Passstraße weiter nach Italien. Dort angelangt, werden sie von Freunden von Andreas Baader in einem Barackenlager für Erdbebenopfer auf Sizilien empfangen, wo man abends revolutionäre Lieder zur Gitarre anstimmt und die Kinder Brot in eine große Tonne mit Olivenöl tauchen, um satt zu werden. Ulrike Meinhof, die, weit entfernt von diesem seltsamen Idyll, große Sehnsucht nach ihren Zwillingen hat, tröstet sich derweil mit dem Gedanken, dass es den Kindern in Vietnam noch viel schlechter geht.

Als Homann aus dem Lager in Jordanien flüchtet und nach Hamburg reist, erfahren er und Aust von dem Plan der RAF-Leute, die Kinder zu den Palästinensern zu bringen. Der entschließt sich, nach Italien zu fliegen, wo Ulrike Meinhofs Töchter Bettina und Regine mittlerweile von zwei deutschen Hippies betreut werden. Das Geld für die Aktion leiht er sich bei Rudolf Augstein, den er über eine Freundin kennengelernt hat und der Aust für einen talentierten Journalisten hält. Ein bisschen links vielleicht, aber schön ehrgeizig.

Aust fliegt nach Italien, um den RAF-Leuten zuvorzukommen; halb treibt ihn wohl alte Verbundenheit zu Röhl und Meinhof, halb der sportliche Ehrgeiz. Endlich mal raus aus der Redaktionsstube, hinein ins wirkliche Leben. Den Kontaktleuten der Terroristen stellt er sich auf dem Flughafen in Palermo mit dem Kennwort »Professor Schnase« vor – so heißt ein Kuscheltier von Bettina Röhl. Doch die sind zunächst skeptisch und fragen, warum Aust nicht aus Berlin komme, sondern aus Hamburg. Aust erzählt von den gemeinsamen Tagen mit Meinhof bei *Konkret* und wird schließlich zu den Zwillingen geführt. Die sitzen in einem VW-Campingbus an einem menschenleeren Strand und freuen sich, als sie Aust sehen, Onkel Stefan, den sie aus der *Konkret*-Redaktion und aus der Villa ihres Vaters in Blankenese kennen und auch aus Berlin, wo Aust Ulrike Meinhof des öfteren besucht hat. Er ist für sie das erste bekannte Gesicht seit Monaten. Aust und die Kinder fahren gemeinsam nach Rom, und nach fünf Tagen übergibt er sie ihrem Vater Klaus Rainer Röhl, der zum Urlauben in Italien weilt. Er selbst kehrt zurück nach Hamburg – nun als Feind der Terroristen.

Tatsächlich stehen in Hamburg wenig später Horst Mahler und Andreas Baader mit Pistolen vor seiner Tür, nachdem die Aktion aufgeflogen ist – so erzählt es Aust später in seinem

Baader-Meinhof-Komplex. Demnach fliehen Aust und Peter Homann durch die Hintertür und mit Austs Käfer-Cabrio Richtung Sylt. Unterwegs kaufen sie sich vorsichtshalber ein Kleinkalibergewehr und machen im Wald Schießübungen – bis ein paar Jäger aus dem Dickicht brechen und die beiden wegen Verdachts auf Wilderei zur Polizeistation bringen. Da ist das Räuber-und-Gendarm-Spiel schon zu Ende, und Aust kehrt an den Schreibtisch zurück – wohl mit einem ordentlichen Hass auf Baader, der in Austs späterem Standardwerk zur RAF auffallend schlecht wegkommt.

Das Kleinkalibergewehr bleibt in behördlichem Gewahrsam, Peter Homann stellt sich der Polizei, als klar wird, dass er nicht mehr wegen Beteiligung an der Baader-Befreiung gesucht wird. Und Bettina Röhl wird Aust ewig dankbar sein, weil er ihr und ihrer Schwester das Leben gerettet hat, wie sie sagt. Tatsächlich wurde das palästinensische Waisenlager, in das die Kinder kommen sollten, wenig später von der israelischen Armee bombardiert. Niemand hat überlebt.

II.
Kampf und Karriere

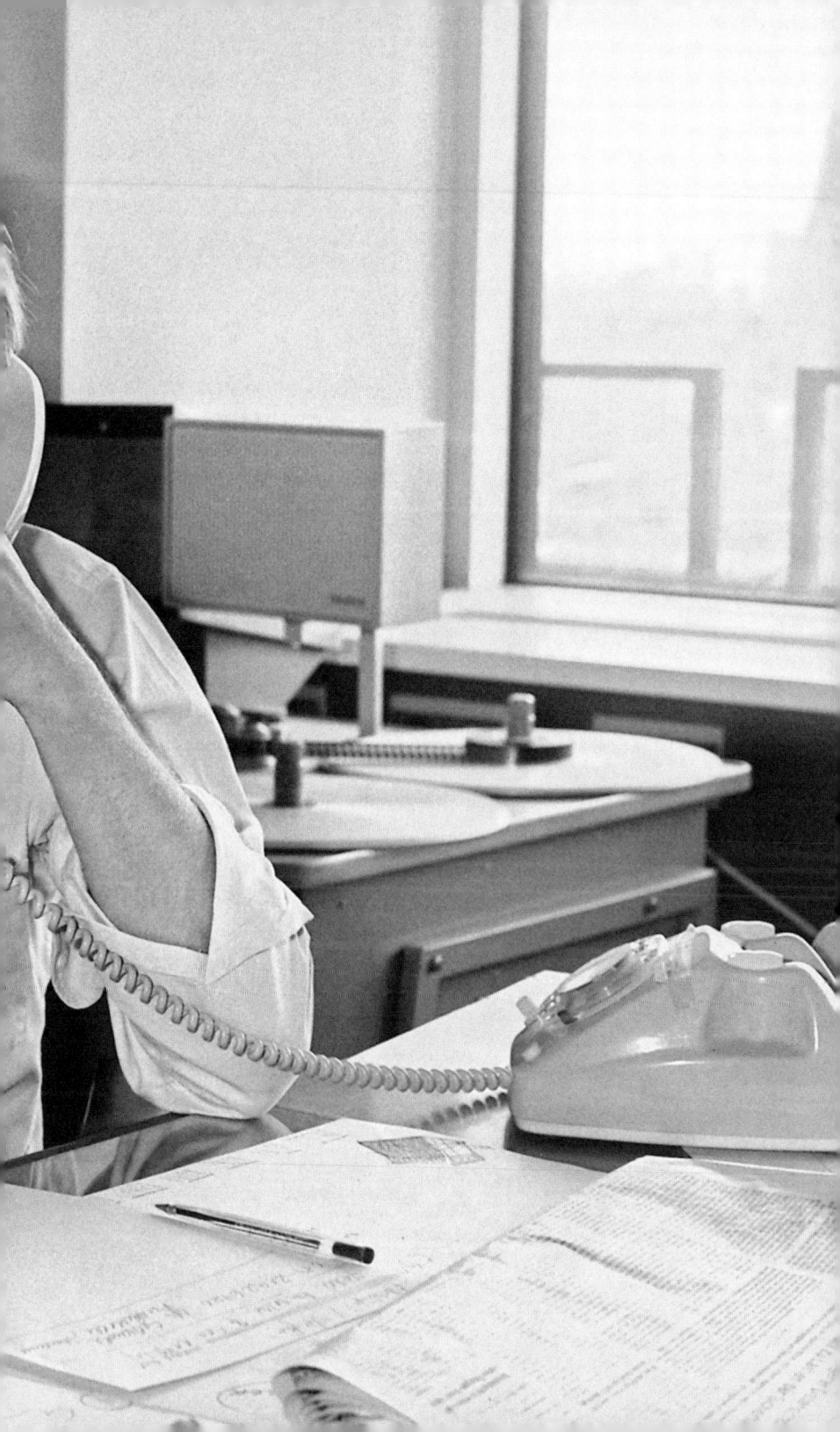

SPIEGEL
TV

S. 86/87: In der Panorama-Redaktion *(1982)*
S. 88/89: Moderator bei Spiegel-TV *(1993)*
S. 90/91: Trotz des prominenten ersten Gasts war
Aust als Talkshow-Moderator kein Erfolg beschieden
(mit Bundeskanzler Gerhard Schröder am
1. November 1998 bei Talk im Turm)

11. Augstein auf den Fersen

Ein Lichtblick in dem steingewordenen Riesenirrtum, den man bei uns Strafvollzug nennt.« Diese Worte schreibt Stefan Aust am 25. Oktober 1971 in das Gästebuch der Gefängniszeitschrift *Lichtblick* in der Justizvollzugsanstalt (JVA) Tegel. Er unterschreibt mit Stefan Aust, NDR-Hamburg. Die schmuddeligen *St. Pauli Nachrichten* gehören der Vergangenheit an, Aust ist beim öffentlich-rechtlichen Rundfunk angekommen. Die alten Kollegen wundern sich, Aust grüßt nicht mal mehr, wenn er mit dem Kamerateam durch Hamburg streift.

Der Norddeutsche Rundfunk ist damals eine gute Adresse in linken Kreisen und innerhalb der ARD das Gegengewicht zum konservativen Bayerischen Rundfunk. Beim NDR arbeiten viele, die mit den Zielen der Apo und der Studentenbewegung sympathisieren, besonders das Magazin *Panorama* ist als Hort kritischer Journalisten bekannt und der CDU ein Dorn im Auge.

Im August 1969 ersucht die Kieler Landesregierung die beiden anderen NDR-Länder, Hamburg und Niedersachsen, zu untersuchen, ob gegen den Sender wegen des Magazins *Panorama* »Staatsaufsichtsmaßnahmen einzuleiten seien«.

Erstmals auf Sendung gegangen war das von Gert von Paczensky erfundene *Panorama* am 28. Januar 1957. Zum Start brachte das Magazin Berichte über die Ausbildungsmethoden bei der amerikanischen Marine-Infanterie und ein Interview mit dem Generalsekretär der Arabischen Liga – geführt von Marion Gräfin Dönhoff. 1962 zeichnete der Filmemacher Peter Schamoni ein trübes Bild vom Urlaub deutscher Touristen in

Spanien und zeigte überfüllte Strandbäder und verregnete Stier-kämpfe. 1963 klagte *Panorama* über »Enthemmungen auf dem Fußballplatz« und den Rummel um Hitlers Teehaus. Mitte der sechziger Jahre dann wird das Magazin politisch eindeutiger: Glossen über die angebliche Gleichberechtigung der Frauen, Vorschläge, wie die Bundesrepublik am Frieden in Vietnam mitwirken könne, ein Bericht darüber, wie die erste Strophe des Deutschlandlieds auf die Volkspsyche wirkt, Reportagen über den Bürgerkrieg im Kongo oder Berichte von Ulrike Mein-hof über die Integrationsschwierigkeiten von Gastarbeitern und die Stoppuhr am Arbeitsplatz. Selbst die aufkommende Mode, Cowboystiefel zu tragen, oder der samstägliche Auto-waschzwang ist den *Panorama*-Redakteuren eine kulturpessi-mistische Betrachtung wert. Kurz: *Panorama* ist so ziemlich das Gegenprogramm zum sonstigen Angebot im Fernsehen, zu Ed-gar-Wallace-Filmen, Rudi-Carrell-Shows und dem Ohnsorg-Theater.

Regelmäßig verdirbt das Magazin aus Hamburg mit seinen linken Ansichten und seinem ständigen Herumschnüffeln, wo wieder irgend etwas schiefläuft in Politik und Wirtschaft, den Zuschauern den Montagabend. Und *Panorama* ist Anlaufstati-on für Journalisten, die schon bekannt sind oder es noch wer-den wollen, darunter Johannes Gross, Theo Sommer, Manfred Bissinger, Peter von Zahn oder Lothar Loewe.

In diese bewährte Truppe von Autoren reiht sich 1971 auch Stefan Aust ein, der seine ersten Fernsehbeiträge für das im Dritten ausgestrahlte *Studio III aus Hannover* macht. Zum Beispiel ein Interview mit Erich Fried über den chilenischen Schriftsteller und Kommunisten Pablo Neruda, der wenig spä-ter den Literaturnobelpreis erhält. Oder ein Stück über die Geschichte der Zeitschrift *Konkret* – das liegt ja nahe.

Es folgt eine Durststrecke, auf der Aust auch mal Beiträge über den Selbstmord eines Schäferhunds basteln muss oder dar-über, wie die Menschen in Kaufhäusern zum Stehlen animiert werden. Bis er endlich seinen ersten Beitrag für *Panorama* machen darf.

Aust hat sich gleich ein großes Thema vorgenommen: Er porträtiert den *Spiegel*-Herausgeber Rudolf Augstein im Wahlkampf. Der dachte damals, er müsste seinen scharfen Verstand auch außerhalb des Journalismus einsetzen, nämlich um für die FDP im Wahlkreis Paderborn-Wiedenbrück ein Bundestagsmandat zu erringen. Ausgerechnet im tiefschwarzen Bistum, wo der Unions-Kanzlerkandidat Rainer Candidus Barzel seit 1957 Stimmenanteile einfuhr, wie sie sonst nur die CSU in Bayern schaffte – stets über sechzig Prozent. Aber Augstein hat genügend Hybris.

Der Wahlkampf ist eine Sensation, hat Augstein doch der FDP noch vor zwei Jahren »ganz silbrig und unüberhörbar« das Totenglöcklein geläutet und gehöhnt, die Koalition sei »wie El Cid vor Valencia tot aufs Pferd gebunden«. Nun kommt er mit einem gecharterten Privatflugzeug in die ostwestfälische Provinz, geht mit hochgeschlagenem Mantelkragen in der Paderborner Innenstadt auf Wählerfang, und dort geschieht etwas, was ihm bislang erspart geblieben war, was er sich auch gar nicht vorstellen konnte: Er wird ausgelacht, in aller Öffentlichkeit. Passanten, die den prominenten Journalisten aus dem fernen Hamburg erkennen, rufen ihm im Bewusstsein ihrer Bibeltreue und ihrer politischen Überzeugung zu, dass er spinne, und fragen ihn, was er denn hier wolle – als Hamburger Schnösel zwischen Bauern und Nonnen. »Ich habe mir den für mich günstigsten Wahlkreis ausgesucht, der auf das gesamte Bundesgebiet ausstrahlen wird«, begründet Augstein seinen Ausflug. Dass Barzel Kanzler wird, müsse nun mal verhindert werden. »Da müssten Pferde wild werden, mitten vor der Apotheke, und der Teufel wäre ein Eichhörnchen«, dichtet Augstein. Die Journalisten sind schon wild, zu Hunderten reisen sie nach Paderborn, um Augstein zu begleiten. Auch Stefan Aust ist dabei, der sich als Anfänger bei *Panorama* bewähren muss.

95

Augstein lässt sich den Wahlkampf schätzungsweise eine Million Mark kosten, fährt mit einem Volvo (Kennzeichen PB – RA 15) durch die Gegend, lässt ein Zirkuszelt aufstellen und besucht sogar ein Schützenfest: »Da gibt es viel Bier, insofern ist das attraktiv«, sagt er. Er wiegt sich in einer Viehversteigerungshalle zu den Takten der Popband Soulful Dynamics, oft dabei ist seine vierte Ehefrau, die Soziologin Gisela Stelly. »Ein bildschönes, munteres Wesen, rothaarig und exzentrisch«, wie *Bild* kennerhaft schwärmt.

Augstein kommt nicht so gut weg. Zwar seien »seine Kolumnen wunderschön zu lesen«, schreibt die *Neue Westfälische* aus Bielefeld, dem gottesfürchtigen Volk aber erscheine er als »exotisches Wesen« und der »leibhaftige Gottseibeiuns«.

Tatsächlich ist Augsteins Wahlkampf eine aussichtslose Mission. Der unbestechliche Zyniker, für viele Deutsche ein willkommenes Gegengewicht zur intellektuellen Trägheit der Politiker, steht plötzlich Seite an Seite mit den Kritisierten und dient sich ihnen als Stimmenfänger auf dem Lande an. Ausgerechnet Augstein, das Opfer der von der Politik inszenierten *Spiegel*-Affäre, der Märtyrer der Pressefreiheit. Trauriger Höhepunkt dieser Verwandlung ist ein Abend auf dem Marktplatz von Rheda-Wiedenbrück, wo Augstein erst eine neue Umgehungsstraße verspricht und anschließend den FDP-Vorsitzenden Hans-Dietrich Genscher lobt: »Ein ganz großer Mann.«

Erbärmlich finden das viele Kommentatoren. Der »sechzigfache Millionär« zeige »die Aufsteigermentalität eines vom Lohn der Anerkennung Abhängigen«, schreibt die *Süddeutsche Zeitung.* Die *Frankfurter Allgemeine* sieht bei den Menschen »eine Wand aus Panzerglas« heruntergehen, wenn Augstein zu reden beginnt. Stefan Aust ist derselben Meinung und hat daher ein Problem. Er kennt Augstein über den Vater einer Freundin, den NDR-Unterhaltungschef Ludwig Regnier. Der hält große Stücke auf ihn und hat Augstein vorgeschwärmt von dem fleißigen jungen Mann aus der Provinz, der journalistischen Spürsinn hat und anscheinend wenig Bedürfnis, zu schlafen. Aust weiß, dass ihm der Kontakt zu Augstein seine Karriere ebnen kann, dass es strategisch wahrscheinlich besser wäre, den mächtigen *Spiegel*-Mann zu schonen. Er sitzt im Schneideraum beim NDR und schaut sich die Bilder an, die er von seiner Fahrt mit dem FDP-Kandidaten mitgebracht hat: Augstein, wie er auf einer Kundgebung Passanten anblafft, oder beim Versuch, einem kleinen Jungen den Tretroller wegzunehmen. Augstein lacht, und der Junge schreit »Nein, nein«.

Wenig schmeichelhafte Bilder sind das, die Aust allesamt in den Beitrag schneidet. Dazu textet er, dass aus einem »stilsicheren Journalisten« ein »obrigkeitstreuer Politiker« geworden sei, der die Republik plötzlich ganz in Ordnung finde. Ein seltsames Millionenspiel sei der Wahlkampf des *Spiegel*-Manns, »ein Zeitvertreib für Reiche«. Es ist die Entzauberung eines Vorbilds. Am 23. Oktober 1972 läuft Austs Film über Augstein bei *Panorama* im Ersten. Danach spricht der *Spiegel*-Herausgeber acht Jahre lang kein Wort mehr mit ihm.

Augstein ist nachtragend und von der Niederlage genervt. »Ich denke, dass wir hier eine ganze Menge los machen. Ich habe das Gefühl, wir haben Aufwind. Gewinnen wir die Wahl!« hatte er anfangs getönt. Tatsächlich holt er gerade mal 5,3 Prozent der Zweitstimmen, Barzel schafft 63,5 Prozent und der SPD-Kandidat 30,7. Über die FDP-Landesliste zieht der *Spiegel*-Verleger zwar doch noch in den Bundestag ein, legt aber kurze Zeit später sein Mandat nieder.

Aust hat es wohl auch als Respektsbekundung hingenommen, dass der Alte den Film des damals Sechsundzwanzigjährigen so ernst nahm. Musste Augstein nicht früher oder später die Wesensverwandtschaft mit Aust erkennen? Aust jedenfalls betonte später, er habe sich bei der Arbeit stets gefragt: Wie würde Augstein den Film machen – und er wusste auch gleich die Antwort darauf: genau so. Tatsächlich war Augstein selbst einer, dem es egal war, welche Größen er publizistisch Maß nahm.

12. »Publizistischer Wegbereiter des Terrors«

Am 10. Mai 1974 blutet ein Deutscher in Athen. Ein Polizist kugelt ihm den Arm aus, drückt ihn mit dem Gesicht auf das Straßenpflaster, ein anderer prügelt mit einem Totschläger auf ihn ein. Irgendwann wird der Mann bewusstlos.

Der Journalist in leidender Stellung ist der einunddreißigjährige Günter Wallraff, der sich mit einer schweren Ankerkette um den Hals an eine Laterne auf dem Syntagmaplatz in der griechischen Hauptstadt gekettet hat, um gegen die Regierung der Obristen zu protestieren: gegen die Festnahme politisch Oppositioneller in der Militärdiktatur, gegen die KZs auf abgelegenen Inseln in der Ägäis und gegen die Gleichgültigkeit, mit der die anderen Nato-Länder auf diese Rechtsverletzungen reagieren.

Wallraffs Aktion ist nicht umsonst. Sie erregt Aufsehen, nicht zuletzt, weil das Erste Deutsche Fernsehen die grausamen Bilder von seiner Festnahme zur besten Sendezeit bringt – in *Panorama*. Autor des Beitrags ist Stefan Aust, der Wallraff noch aus *Konkret*-Tagen bestens kennt. Auch ein anderer Bekannter taucht in dem Film auf, Austs alter Schulfreund Wolfgang Röhl, der mittlerweile bei der von Wallraff herausgegebenen Links-Zeitschrift *Das da* arbeitet und den Menschenrechtler nach Athen begleitet hat. Nun berichtet er atemlos als Augenzeuge für *Panorama*. Austs journalistisches Netzwerk funktioniert.

Und das Programm ist auch dasselbe geblieben. Wieder kämpft er für die Freiheit der Völker und die Mitbestimmung der Arbeiter, diesmal eben mit der Kamera. Er macht Berichte über Rosa Luxemburg, die Nazi-Gegnerin Beate Klarsfeld, über Gastarbeiter und die zweifelhafte Springer-Berichterstattung in der Guillaume-Affäre. Er arbeitet an einem Doppelporträt über den Vorsitzenden des Deutschen Gewerkschaftsbunds, Heinz Oskar Vetter, und dessen Gegenspieler, den Arbeitgeberpräsidenten Hanns-Martin Schleyer, der drei Jahre später tot in einem Kofferraum liegt – von RAF-Terroristen ermordet, die in ihm *den* Stellvertreter des menschenverachtenden Großkapitals sehen.

So sieht es im Oktober 1974 auch Aust. Er zeigt Schleyer als Unternehmer, dem die Rechte der Arbeiter egal sind und der nach seiner Mitgliedschaft in der NSDAP bruchlos weiter Karriere gemacht hat. Ein dem Führerprinzip ergebener Machtmensch mit einem eigentümlichen Demokratieverständnis. Aust nennt Schleyer eine »kapitalistische Symbolfigur«, einen »Prototypen des Ausbeuters«. Die noch härteren Urteile lässt er andere fällen. »Menschlich gesehen« sei Schleyer »eine Null«, so ein Arbeiter in Austs Beitrag, ein anderer ergänzt: »Man kann sagen, er ist ein Rübenschwein.« Der Beitrag ist Wasser auf die Mühlen der konservativen Kritiker des Fernsehmagazins, von denen mancher später in Aust einen »publizistischen Wegbereiter des Terrors« sehen wird.

Um *Panorama* tobt in diesen Jahren ein politischer Kampf. Die CDU will mehr Einfluss und vor allem den NDR-Chefredakteur Peter Merseburger kippen. Zum Eklat kommt es, als ein geplanter *Panorama*-Beitrag zum Paragraphen 218, in dem zwanzig Sekunden lang Bilder von einem illegalen Schwangerschaftsabbruch gezeigt werden, aus dem Programm genommen wird, weil sich die Mehrzahl der ARD-Intendanten gegen eine Ausstrahlung ausgesprochen hat. Daraufhin verzichtet Merseburger auf die Moderation der Sendung, die Zuschauer bekommen zunächst nur leere Stühle und Tische zu sehen – und einen Sprecher, der dramatisch verkündet, dass »Peter Merseburger und die Autoren die veränderte Sendung nicht mehr als eine betrachten, die sie präsentieren und moderieren wollen«. Der inkriminierte Film wird allerdings doch noch ausgestrahlt, und zwar im Dritten Programm, wo er prompt für Empörung bei Kirchen und der Union sorgt. Der schleswigholsteinische Ministerpräsident Gerhard Stoltenberg tobt. Das Stück sei der »Höhepunkt einer Reihe von Staatsvertragsverletzungen in den vergangenen Jahren. Merseburger und radikale linke Gruppen im NDR« müssten zur Kenntnis nehmen, dass der Staatsvertrag auch für sie gelte. Was Stoltenberg nicht sagt, ist, dass *Panorama* Mitte der Siebziger Einschaltquoten von 30 bis 40 Prozent erreicht, also eins der erfolgreichsten Formate im Fernsehen ist.

Die CDU-Mitglieder im Verwaltungsrat des NDR verlangen für die Verlängerung von Merseburgers Vertrag die Bestellung eines konservativen Vize-Chefredakteurs. Schon das sehen sie als großes Entgegenkommen, doch als Merseburger einen allzu liberalen Kommentar zum Hungertod des RAF-Häftlings Holger Meins und zur Ermordung des Berliner Kammergerichtspräsidenten Günter von Drenkmann spricht, rücken sie davon wieder ab. Nun ist die ideologische Auseinandersetzung im Sender auf dem Höhepunkt. Nachdem die CDU-Verwaltungsräte aus Protest nicht mehr zu den Sitzungen erscheinen, zieht Intendant Martin Neuffer Merseburgers Vertragsverlängerung mit den verbliebenen SPD-Mitgliedern durch.

Der Bruch ist total und hat eins der aberwitzigsten Proporzmodelle zur Folge, die es je innerhalb der an aberwitzigen Proporzmodellen nicht armen ARD gegeben hat: Auf Schloss Tremsbüttel einigen sich CDU und SPD, dass sie in Zukunft alle Spitzenpositionen im Sender nach einem strengen Schlüssel unter sich aufteilen. Den Intendanten darf sich die SPD wünschen, den Stellvertreter die CDU, die auch den Fernsehdirektor vorschlägt. Dessen Vize wiederum muss Genosse sein, dafür kommt die CDU wieder beim Chefredakteur Hörfunk zum Zug. Bis hinunter in die dritte Managementebene geht das wie beim Stricken – zwei rechts, zwei links.

13. Der Bombenbauer im Wohnzimmer

Stefan Aust, längst Feindbild konservativer Politiker und Zuschauer, ist vorläufig sicher. Merseburger, der ihn protegiert, bleibt im Amt und hält die Hand schützend über ihn. Aust weiß die Freiheit zu schätzen und lässt gleich mal einen Bürgerschreck auf die Zuschauer los, wie ihn die *Bild*-Leser in ihren schlimmsten Alpträumen noch nicht erlebt haben. Auftritt Bommi Baumann, Terrorist.

1975 erscheint sein Buch, das es eigentlich gar nicht geben darf: In *Wie alles anfing* werden die Anfänge des bundesdeutschen Terrorismus beschrieben und die Geburt der »Bewegung 2. Juni«, die im selben Jahr den Berliner CDU-Politiker Peter Lorenz entführt. Verfasser ist Michael Baumann, der immer noch steckbrieflich gesucht wird und dessen Terroristenkarriere einst damit begann, dass er die Reifen von hundert Autos zerstach. Auch im weiteren Verlauf hielt sich Michael Baumann, genannt Bommi (weil er so gern Bomben baute), nicht lange mit dem Theoretisieren auf. Im studentischen Untergrund schloss sich das Arbeiterkind aus dem Märkischen Viertel in West-Berlin mit Gleichgesinnten zum »Zentralrat der umherschweifenden Haschrebellen« zusammen, die Treffen unter dem Motto »Es lebe die ehrenwerte Kriminalität« veranstalteten und die Parole ausgaben: »Pig is Pig und pig muss putt« –

»Schweine bleiben Schweine, und Schweine müssen kaputtgemacht werden.«

Als Baumanns Buch aus dem Trikont-Verlag erstmals in
linken Buchläden auftaucht, wird es auch schon konfisziert.
Statt des inkriminierten Titels stellen die Buchhändler trotzig
handgeschriebene Schilder ins Schaufenster: »Erhältlich bei der
Staatsmacht« steht darauf.

Bommi Baumanns biographische Anmerkungen verhallen
außerhalb der Szene also zunächst ungehört. Dafür, dass sich
der Terrorist, gegen den seit 1973 ein zwölfseitiger Haftbefehl vorliegt, doch noch einer breiteren Öffentlichkeit mit-
teilen kann, sorgt Stefan Aust. Der ist beim NDR und andernorts mittlerweile bekannt dafür, dass er mit Leuten spricht,
mit denen die Polizei auch gern mal reden würde. Eines Tages
zieht er ein ihm aus dem Untergrund zugespieltes Video aus
der Tasche – die Selbstinszenierung eines Terroristen, der seiner
eigenen Aussage zufolge unter anderem deshalb zum Terrorismus kam, weil er in diesem Umfeld die besten »Bräute«
wähnte.

Bommi Baumann erscheint grotesk kostümiert vor der Kamera, das Palästinensertuch fest um den Kopf gewickelt, den
letzten Schlitz durch eine schwarze Sonnenbrille abgedichtet.
Das ist mehr grimmige Attitüde denn ernstzunehmende Tarnung, schließlich hängt Baumanns Foto auf jedem Polizeirevier
des Landes. Im Plauderton spricht der Terrorist von Bomben
und Banküberfällen. »Über Popmusik, lange Haare und Drogen findet er Anschluss an die studentische Protestbewegung«,
klärt Aust die Zuschauer auf, die anschließend sehen müssen,
dass es bei den Terroristen ähnlich öde zugeht wie bei ihnen zu
Hause: Gelangweilte Gestalten sitzen vor dem Fernseher und
hadern mit ihrem Leben. Mit der Ausnahme, dass Bommi und
seine Freunde immer mal zwischendurch Cowboy spielen, mit
Flinten im Bett liegen und so tun, als würden sie sich gegenseitig
abschießen.

Als ganz harte Jungs wollen sie rüberkommen, dabei sieht man nur »Kindereien, aus denen später blutiger Ernst wurde«, wie Aust treffend feststellt und damit im Grunde dasselbe sagt wie schon vor ihm Gudrun Ensslin, die den Terror-Djangos einst vorhielt, »durch die Wohnungen zu rennen, Haschisch zu rauchen und kleine Mädchen zu ficken«. Tatsächlich trägt der *Panorama*-Film dazu bei, die Terroristen, für die es angesichts des konfrontativen Verhaltens der Staatsorgane viel Sympathie im Volk gibt, zu entzaubern. Menschen, deren politische Ideale längst hinter den Willen zurückgetreten sind, ihren eigenen Wildwestfilm zu drehen, finden viele nicht mehr so spannend.

Auch in einer anderen Beziehung ist das wirre Stück Fernsehen von bleibender Bedeutung, denn Baumann sagt sich vom Terrorismus los. Tatsächlich war er an den folgenden Verbrechen der Bewegung 2. Juni nicht mehr beteiligt – nicht an der Ermordung des Kammergerichtspräsidenten Günter von Drenkmann und auch nicht an der Entführung von Peter Lorenz.

Aust wird nun allmählich zum Fachmann für den Terrorismus in Deutschland. Seine Kontakte zu den Gründern der Bewegung und seine gemeinsame Zeit mit Ulrike Meinhof prädestinieren ihn für den Job des Spezialisten in Sachen RAF. Journalistisch ist das ein ergiebiges Feld: Aust berichtet über den Mord an dem V-Mann Ulrich Schmücker, über den Hungerstreik in Stammheim und über die sogenannte Lauschaffäre im Hochsicherheitstrakt. Das, was Aust in der JVA Tegel einst als Riesenirrtum bezeichnet hat, wird nun zunehmend sein Arbeitsfeld: der deutsche Strafvollzug.

Zu dieser Zeit sitzt die komplette erste Generation der RAF im Gefängnis. In mehreren Verhaftungswellen hat die Polizei Andreas Baader, Jan-Carl Raspe, Ulrike Meinhof, Gudrun Ensslin und viele weniger bekannte Terroristen wie Irene Goergens festgenommen. Das war vor allem der Erfolg eines Mannes: Horst Herold. Der Präsident des Bundeskriminalamts führte die

Rasterfahndung ein und pflegte geradezu Bewunderung für die Menschen, die er jagte. »Baader war der einzige, der mich richtig verstanden hat. Und ich war der einzige, der ihn jemals richtig verstanden hat.«

In diesen Jahren erschüttern etliche Todesfälle das Land. Im Zuge der Terroristenfahndungen werden Petra Schelm, Thomas Weißbecker und Georg von Rauch erschossen, beim zweiten Hungerstreik politischer Gefangener stirbt Holger Meins. Schon im Januar 1972 hatte die Bundesregierung den sogenannten Radikalenerlass beschlossen. Nach dem Überfall eines palästinensischen Kommandos auf das israelische Mannschaftsquartier bei der Olympiade in München am 5. September 1972 und dem blutigen Ende der Geiselnahme kommt es zu einer Welle von Durchsuchungen, Verhaftungen und Abschiebungen. Vom 27. Februar bis zum 5. März 1975 entführt die Bewegung 2. Juni kurz vor dem Wahlsonntag den Spitzenkandidaten der Berliner CDU, Peter Lorenz. Ihren Forderungen wird nachgegeben, fünf politische Gefangene werden in den Südjemen ausgeflogen. Die Freipressung wirkt wie ein Signal auf die zweite Generation der RAF, die viel kaltblütiger vorgeht als ihre Vorbilder im Gefängnis. Im April 1975 besetzt ein RAF-Kommando die deutsche Botschaft in Stockholm und fordert die Freilassung von sechsundzwanzig politischen Gefangenen. Aus nie ganz geklärten Gründen explodiert um Mitternacht eine Bombe, zwei Botschaftsangehörige und Ulrich Wessel von der RAF kommen ums Leben, der Terrorist Siegfried Hausner stirbt später an seinen Verletzungen. In diesem Umfeld beginnt im Mai 1975 das Verfahren gegen die Baader-Meinhof-Gruppe, für den Prozess wird extra ein Hochsicherheitsgebäude gebaut: Stuttgart-Stammheim.

Horst Herold weiß, wie wichtig auch die Beeinflussung der öffentlichen Meinung ist, schließlich gibt es innerhalb der Bevölkerung immer noch viel Sympathie für die Terroristen, und laut Umfragen würde ein nicht unerheblicher Prozentsatz den

Straftätern Unterschlupf gewähren. An den Autos kleben in diesen Tagen Tausende von Aufklebern mit dem Hinweis: »Ich gehöre nicht zur Baader-Meinhof-Gruppe« – was auch als Kritik an Herolds massiven Fahndungsmaßnahmen gemeint ist.

Die Anwälte der RAF-Angehörigen wie Otto Schily, Hans-Christian Ströbele oder Kurt Groenewold sind sich ebenfalls bewusst, dass es auch die Journalisten sind, die das Bild der Terroristen im Lande prägen. Ihre Verteidigungsstrategie zielt darauf ab, nicht über die Morde und Banküberfälle ihrer Mandanten zu sprechen, sondern ausschließlich über die Haftbedingungen. Der Staat als Täter.

Stefan Aust ist jemand, mit dem die Anwälte gern reden, schließlich ist er unverdächtig, auf der Seite der Regierung zu stehen. Sein Beitrag über das Abhören von Gesprächen zwischen RAF-Häftlingen und ihren Verteidigern ist ganz im Sinn der Anwälte, die in den verwanzten Zellen die »Krönung einer Vielzahl von Verstößen gegen fundamentale Rechtsgrundsätze im Strafprozess« sehen. So drückt es Otto Schily auf einer Pressekonferenz aus. Und der Prozessbeobachter des *Spiegel*, Gerhard Mauz, klagt in einem *Panorama*-Beitrag von Aust, dass »die Unschuldsvermutung, eine Grundlage jeden Rechtsstaates, seitens der Regierung so demoliert worden ist«, dass es sie eigentlich gar nicht mehr gibt. »Gilt bei der Bekämpfung von Terroristen das geltende Recht nicht mehr?« fragt Aust am Ende des Berichts – er meint es wohl rhetorisch.

Aber auch der politische Gegner ist fleißig. So schickt der Bundesrichter Albrecht Mayer, Revisionsrichter im Terroristenverfahren, Prozessakten an die Springer-Zeitung *Die Welt*, in deren Artikeln man lesen kann, dass beim Prozess alles seine Richtigkeit habe, von politischer Instrumentalisierung gebe es keine Spur. Da ist er also wieder neu aufgeflammt: der Streit zwischen der linken Presse und Springer. Nur geht es diesmal nicht um protestierende Studenten, sondern um die Terroristen, die ihren Kampf gegen das System im Gefängnis weiterführen, indem sie in den Hungerstreik treten oder den Richter an den Verhandlungstagen mit Schimpfwörtern belegen. Mensch oder Schwein, das ist die zentrale Kategorie hinter den dicken Mauern. Und zu den Schweinen gehören nicht nur die Vertreter der Legislative oder der Exekutive, sondern ebenso die Reporter. Wie sehr die Terroristen die Pressevertreter als Teil des Systems sehen, gegen das sie kämpfen, zeigt ein Brief, den Gudrun Ensslin in der Haft an die anderen einsitzenden RAF-Mitglieder schreibt – über das sogenannte Info, ein von den Anwälten Klaus Croissant und Kurt Groenewold geschaffenes System der Kommunikation untereinander, bei dem sämtliche Briefe, die als unzensierte Verteidigerpost den Anwalt erreichen, in Kopie an alle anderen weitergereicht werden.

In Info »nr. 24« vom 22. April 1974 befasst sich Ensslin mit einer Anfrage von Aust, der in Stammheim einen Beitrag drehen möchte. Die inhaftierte Terroristin sieht darin nur den durchsichtigen Versuch, ihre Situation zu verharmlosen. »die ganze geschichte – 1 bis 2 minuten hofgang filmen – meint genau das: ›seht her, es fließt ja gar kein blut, die gehen ja noch aufrecht, rennen sogar ihre runden im hof usw. wenn aust/panorama wirklich aufklären meint, dann müssen sie sich schon auf das niveau schaffen, das die metropole eben hat: funktion der wissenschaft, der medizin, der psychiatrie – antiguerilla, der richter nur die puppe, an der die antiguerilla zieht … unter dem kann von Aufklärung nicht die Rede sein, nur von Verschleierung.« Statt Zugang zu ihrem Knastleben bieten die Terroristen selbstgemalte Bilder an, die ihre Lebensbedingungen wiedergeben sollen – aber welcher ernstzunehmende Reporter will die schon haben?

Entscheidend für die Anfragen der Presse ist vor allem die Meinung von Andreas Baader. »was ich da oben sagte«, schreibt Ensslin in demselben Info, »gilt genau bis zu dem punkt, wo andreas zu kg [Kürzel für den Anwalt Kurt Groenewold; *Anm. des Autors]* morgen etwas anderes sagt.«

Doch Baader sagt nichts anderes, schließlich ist er immer noch sauer auf Aust wegen der Heimholung von Ulrike Meinhofs Zwillingen.

14. Staat und Ziel

Der Terrorismus ist Mitte der siebziger Jahre nicht das einzige Thema, das die Menschen bewegt, und beileibe nicht das einzige, dessen sich Aust mit Rechercheeifer annimmt. 1978 trägt er mit dem »Hans-Filbinger-Report« dazu bei, dass Baden-Württembergs Ministerpräsident, der als Marinerichter während der NS-Zeit Todesurteile fällte, von seinem Amt zurücktreten muss. Doch Aufklärer Aust gibt sich versöhnlich: Im *Deutschen Allgemeinen Sonntagsblatt* schreibt er: »Wer es nicht miterlebt hat, kann sich schwer vorstellen, wie es damals war, welchen Zwängen Filbinger ausgesetzt war.« Solche Töne sind selten zu der Zeit.

Der Prozess in Stammheim wird von den meisten Bundesbürgern mit zunehmendem Desinteresse verfolgt, drängender erscheinen etwa die Konfrontation zwischen den Nato-Staaten und den Ländern des Warschauer Pakts oder die Zuspitzung der Abhängigkeit von den arabischen Ländern in Form der Ölkrise. Dadurch rückt auch ein anderes Thema in das politische Bewusstsein der Öffentlichkeit: die Frage der Atomenergie.

Als Stefan Aust noch mit seinen Geschwistern in Stader Sand wohnte, blickte er aus dem Fenster auf eine riesige Baustelle. Nur einen Steinwurf entfernt zog die Nordwestdeutsche Kraftwerke AG (NWK) Ende der sechziger Jahre das Kernkraftwerk Stade am Ufer der Elbe hoch. Es war eines der ersten Atomkraftwerke Deutschlands. Aust konnte zuschauen, wie es wuchs und allmählich seinen Horizont versperrte – oder auch öffnete, denn nur zehn Jahre später wird die Atomkraft zu einem bestimmenden Thema für ihn.

Ausgerechnet die Landschaft, die Aust so liebt, ist von der Industrie dafür ausersehen, zum atomaren Eldorado zu werden. Rechts und links der Unterelbe ist Deutschland dünn besiedelt, zudem bietet der Fluss beste Möglichkeiten, die Reaktoren mit Kühlwasser zu versorgen. Die Namen Stade, Brunsbüttel und Krümmel stehen für den zügigen Ausbau der Kernkraft in Deutschland – aber auch für die Unzulänglichkeiten der verhältnismäßig neuen Technologie. In Brunsbüttel kommt es im Oktober 1978 zu einem schweren Zwischenfall, bei dem vierzig Tonnen radioaktiver Dampf in die Umgebung strömen.

Es ist nicht die Atomenergie allein, die in den siebziger Jahren aus den schönen Wiesen an der Elbe ein Notstandsgebiet macht. In der unmittelbaren Nähe von Austs Heimatort geraten aus einer Aluminiumfabrik viertausend Kubikmeter stark alkalisches Wasser in die Elbe. Um das giftige Gebräu zu entschärfen, kippt man Unmengen von konzentrierter Salzsäure und Schwefelsäure hinterher und macht die Umweltkatastrophe damit komplett.

Während sich Austs Heimat allmählich zur Mondlandschaft wandelt, kniet er sich wie kaum ein anderer Journalist in das Thema Umwelt und Atom rein. Er ist wie viele der Überzeugung, dass ein Kartell der Verharmloser und Vertuscher die Bundesbürger an der Nase herumführt und Schauermärchen verbreitet – zum Beispiel, dass in einem Land ohne Atomkraft in absehbarer Zeit die Lichter ausgehen. Laut Aust alles Unsinn, das Fazit seiner eigenen Recherchen lautet anders: Der in nicht benötigter Größe produzierte Atomstrom werde viel teurer als zugegeben, es gebe keine Technik für den Abriss alter Reaktoren, Arbeitsplätze würden auch nicht geschaffen, und der ungeklärten Frage nach der Atommüllbeseitigung begegne die Industrie mit Gefälligkeitsgutachten, die die Salzstöcke in

Gorleben oder bei Braunschweig als finale Lösung anpriesen. Mehr Weitsicht kann man in dieser Zeit nicht beweisen, denn tatsächlich ist bis heute weltweit kein sicheres Endlager in Sicht.

So richtig beginnt der Kampf am 26. Oktober 1976 um 1 Uhr nachts, als Bauarbeiter auf einem Stückchen Grasland in der Wilster Elbmarsch bei der Ortschaft Brokdorf damit beginnen, eine Art Festung zu bauen – mit Wassergraben, Nato-Stacheldraht und einem Hubschrauberlandeplatz. Die Nachtschicht wurde vom schleswig-holsteinischen Ministerpräsidenten Gerhard Stoltenberg anberaumt, um nach einer Teilgenehmigung zum Bau des Kraftwerks ganz schnell Fakten zu schaffen, ehe um ihre Gesundheit besorgte Anwohner und Bürgerinitiativen mit Eingaben das Verfahren blockieren können. Denn, so schreibt Aust in seinem 1981 erscheinenden Buch *Brokdorf. Symbol einer politischen Wende,* das ein faktenreiches Plädoyer gegen die Kernenergie ist, »viele Bürger [...] wollen nicht mehr so recht an den hellen Himmel des Fortschritts glauben. Nuklearenergie ist nun einmal seit Hiroshima eine Chiffre für menschliche Urangst [...] Die Grundfrage lautet in ihrer simpelsten Form: Warum brauchen wir Kernenergie? Die verbreitete Antwort der Politiker, ohne Kernenergie gingen in unserem Land die Lichter aus [...] erfüllt den Tatbestand grober Irreführung.«

Das Stückchen Land, das in der Nacht so fleißig mit Flutlichtmasten und Zäunen umgrenzt wird, löst eine politische Massenbewegung aus, wie sie die Bundesrepublik seit 1968 noch nicht erlebt hat und die bis heute nachwirkt. Ein Kampf für und gegen die Kernenergie entbrennt, der auch publizistisch geführt wird. Es sind die alten Fronten, die sich auftun: links *Spiegel, Zeit* und *Stern,* rechts *Bild, Welt* und *FAZ.*

Das Genehmigungsverfahren für den Reaktor in Brokdorf, der das dritte Kernkraftwerk an der Elbe ist, wird von der Regierung und den Betreibern ohne Rücksicht auf Kritiker durchgezogen. Ehe sich die Bauern in der Marsch versehen, entsteht auf ihrem Land eine der bestgesicherten Baugruben des Landes – als ginge es um die deutsch-deutsche Grenze. Nur die Selbstschussanlagen fehlen. Als im November 1976 eine Großdemonstration rund um die Baugrube stattfindet, bekommen die Menschen am eigenen Leib zu spüren, wie es ist, wenn der Staatsmacht die Argumente ausgehen. Eine Gruppe von Protestierern, die am Vortag im Wald campt, wird nachts von der Polizei überrascht und mit Knüppeln und CS-Gas aus den Zelten getrieben. Ein Bulldozer schiebt die Habseligkeiten der Atomkraftgegner zusammen, dann werden sie mit Benzin übergossen und verbrannt.

Am nächsten Tag nehmen Hundertschaften von Polizisten die Steinwürfe einiger Chaoten zum Anlass, ihre Knüppel aus dem Sack zu lassen. Wasserwerfer kommen zum Einsatz, selbst den Menschen, die sich angesichts der Gewaltorgie zum Rückzug entschließen, wird mit Tränengasbomben nachgesetzt. Der Staat hat neue Prioritäten gesetzt. »Es gab nicht das Leib und Leben eines Gefährdeten zu schützen, nicht einmal mehr Eigentum ist bedroht. Es geht auch nicht mehr um die Einhaltung von Vorlesungsplänen irgendeiner Universität«, resümiert der Münchner Polizeipsychologe Georg Sieber. »Es geht in Brokdorf um das Wort einer Regierung.«

Viele Bundesbürger wähnen diese Regierung schon längst mit der Atomindustrie im selben Boot, so sehr macht sich die Politik gemein mit den Zielen der Konzerne. Die übertriebene Härte der Polizei und die Einschränkung des Demonstrationsrechts bringen nicht nur die Atomkraftgegner auf die Barrikaden, sondern tragen ihnen durch alle Bevölkerungsschichten hindurch Sympathien zu. Selbst Befürworter der Atomenergie sehen die Verletzung der Grundrechte mit Argwohn. Schlagwörter vom »Atomstaat« und vom Größten Anzunehmenden Unfall (GAU) machen die Runde, und schaudernd wird ausgerechnet, dass der Reaktor Brokdorf die Radioaktivität von tausend Hiroshima-Bomben haben wird und zudem auf derselben Technik beruhen soll wie das Kraftwerk im amerikanischen Harrisburg, in dem es bereits zu einer Kernschmelze kam. Um das Verfahren durchzusetzen, werden die Bürger kriminalisiert. Viele der Teilnehmer an den Brokdorf-Demonstrationen werden wegen des Verdachts auf Mitgliedschaft in einer terroristischen Vereinigung festgenommen. Ihre Zimmer, nicht selten noch im Haus der entgeisterten Eltern, werden durchsucht, Beweismittel wie Flugblätter oder Schlafsäcke sichergestellt. Es entsteht die sogenannte WG-Kartei, weil nun schon verdächtig ist, wer alternative Lebensformen wagt. Und als während der Schleyer-Entführung 1977 das sogenannte Kontaktsperregesetz in Kraft tritt, wird den unschuldig in Untersuchungshaft Sitzenden sogar die Möglichkeit genommen, sich mit Familie und Anwälten zu beraten. Die Unverhältnismäßigkeit solcher Maßnahmen politisiert eine ganze Generation mehr, als es die Traktate der RAF je vermocht hätten. Nun erst ist der Staat für viele auf dem Weg zu jenem »Schweinesystem«, das von den Terroristen jahrelang beschworen wurde.

All diese Verhältnisse prangert Aust in einem Film für den NDR an, der im März 1977 ausgestrahlt wird und die Konservativen im Sender wieder einmal in ihrer Meinung über Aust bestätigt. Tatsächlich ist die Position, gegen die Atomkraft zu sein, zu diesem Zeitpunkt längst keine linke mehr, sondern eine, die auch in der bürgerlichen Mitte Platz hat. Die Demos werden immer größer: 1979 gehen in Hannover hunderttausend Menschen gegen die Atomanlagen in Gorleben auf die Straße, im selben Jahr kommen hundertfünfzigtausend nach Bonn. Am 28. Februar 1981 ist Brokdorf für hunderttausend Menschen das Ziel, trotz klirrender Kälte und totalen Demonstrationsverbots.

15. Wollt ihr einen neuen Ohnesorg?

Die Anti-AKW-Bewegung ist in Brokdorf zur Massenbewegung geworden: Bauern, Bürger und Naturschützer demonstrieren gemeinsam. Ein erster wichtiger Schlag gegen diese Solidarität gelingt der Industrie, als sie die Wiesen der Bauern rund um das Kraftwerksgelände für viel Geld mietet, um dort Wohnwagen für die Bauarbeiter aufzustellen. Nun gibt es kaum noch einen Landwirt, der an dem Atomkraftwerk nicht gut verdient – nur einer bleibt standhaft und stellt als sichtbares Zeichen seiner Haltung ein Windkraftrad auf sein Grundstück. Damit ist er ganz nah bei Aust, der damals noch darüber nachdenkt, wie man der Atomenergie mit dem »Abbau von Energieverschwendung« beikommen und wie man sie irgendwann ersetzen kann. »Sonnenenergie, Biomasse, Windenergie und Abfallholz«, so der anti-AKW-bewegte Aust, seien die »am meisten erfolgversprechenden Alternativen zur Kernenergie«.

In seinem Antiatombuch lässt Aust Kernkraftgegner jedweder Couleur aufmarschieren: Der Vorstandssprecher des Bundesverbands Bürgerinitiativen Umweltschutz (BBU) und spätere saarländische Umweltminister Jo Leinen prangert die polizeistaatlichen Maßnahmen gegen die AKW-Gegner an, der *Konkret*-Chefredakteur Hermann L. Gremliza nimmt das Lenin-Wort vom »staatsmonopolistischen Kapitalismus« auf, und die Bauern rund um die Baustelle in Brokdorf fühlen sich angesichts der Nacht-und-Nebel-Aktionen an den Polenfeldzug der Nazis erinnert. »Brokdorf wurde zum traurigen Beispiel für die Kumpanei von Wirtschaft, Politik und Gewerkschaften«, schreibt Stefan Aust. »Im […] Krieg um das Atomkraftwerk Brokdorf haben Bürger ihr Vertrauen in die Einsicht der Regierenden verloren, haben Konzerne betrogen, Politiker gelogen.«

Auch das Vertrauen in die Presse hat gelitten. In der *Bild am Sonntag* erzählt Ministerpräsident Stoltenberg die so schaurige wie unbewiesene Schnurre, dass die Atomkraftgegner Bauernhäuser anstecken würden und unschuldige Dorfbewohner als Geiseln nähmen. Und in den CDU-nahen Regionalblättern entdeckt Aust »seitenlange Hymnen auf die Kernkraft«, lanciert von Chefredakteuren, die sich mit exklusiven Informationen haben kaufen lassen.

Natürlich berichtet auch der NDR ausführlich über die entstehenden Kernkraftanlagen im Sendegebiet. Man lässt Atomgegner zu Wort kommen und übt Kritik an der Vorgehensweise der Landesregierungen von Schleswig-Holstein, Hamburg und Niedersachsen. Auf einer Pressekonferenz spricht der schleswig-holsteinische Ministerpräsident Gerhard Stoltenberg daraufhin von einer »fundamentalen Verwirrung eines bestimmten Denkens und eines bestimmten Berichtens«. »Die Landesregierung hat nachdrücklich gegen die völlig einseitige und in wichtigen Punkten sachlich unzutreffende Berichterstattung in mehreren Sendungen zu dem Thema ›Brokdorf‹ protestiert«, so Stoltenberg in bedeutungsschwangerem Amtsdeutsch. »Bis heute hat sich der Intendant nicht bereit erklärt, der Landesregierung Gelegenheit zu einer Darlegung ihrer Auffassung zu geben. Wir werden die daraus zu ziehenden Folgerungen in diesen Tagen prüfen.« Mit Folgerungen meint Stoltenberg wieder einmal den Ausstieg aus der Drei-Länder-Anstalt. »Brokdorf wurde für das weitere Schicksal des NDR zum Schlüsselbegriff«, erinnert sich Jobst Plog, damals Justitiar im Sender und heute Intendant.

Nicht nur für das Schicksal des NDR ist Brokdorf entscheidend, für das ganze Land wird der Name zum Inbegriff für die Entfremdung des Staates von seinen Bürgern. Brokdorf steht als Chiffre für die Macht der Energiekonzerne, die ihre Absichten ohne Rücksicht auf geltendes Recht durchzusetzen scheinen.

In den Gremien des NDR kündigt sich derweil der Eklat an. Der Verwaltungsrat lässt ein Gutachten anfertigen, in dem die Brokdorf-Berichterstattung als gesetzeswidrig dargestellt wird. Intendant Martin Neuffer ist entsetzt und spricht von einem politischen Willkürakt. Das Ziel der Aktion sei offenbar, die »Sendungen des NDR in den Dienst spezieller Staatsziele zu stellen und die Kritik an diesen zu verhindern«. Es kommt zu einem Novum in der Geschichte des öffentlich-rechtlichen Fernsehens, nämlich zur Klage des Senders gegen seinen eigenen Verwaltungsrat.

Die politische Polarisierung innerhalb der ARD treibt auch andernorts absurde Blüten. So teilt die Bonner CDU in einer vertraulichen Studie die Redakteure des WDR akribisch in links und rechts ein, um in Zukunft besser Einfluss auf die Senderpolitik nehmen zu können.

»In manchen politischen Sendungen wie *Panorama* reden Journalisten ohne entsprechende Vorkenntnisse und Vorbildung über praktisch alles. Sachwissen wird oft durch ideologische Scheuklappen oder rabiate Angriffe ersetzt«, zetert Ministerpräsident Stoltenberg vor dem Kieler Landtag, weitere Kampfbegriffe gegen Aust und Kollegen sind: »Tendenzjournalisten«, »genossenschaftlicher Gleichschaltungsdrang«, »linke Politberieselung« und »Konfliktfetischismus«.

Im Sommer 1978 ist Schluss mit den Drohungen. Stoltenberg macht Ernst, kündigt den Staatsvertrag und träumt von einer nur von den beiden CDU-Regierungen in Niedersachsen und Schleswig-Holstein getragenen Zwei-Länder-Anstalt. Das Bundesverwaltungsgericht aber erteilt dem Vorhaben eine Absage, wieder gibt es Verhandlungen, und schließlich wird im Sommer 1980 der neue NDR-Staatsvertrag unterschrieben.

Doch damit sind die Querelen um die Brokdorf-Berichterstattung nicht vorüber, sie ziehen sich noch jahrelang hin. Als Aust und seine Kollegen Mitte der achtziger Jahre wegen der fortlaufend kritischen Berichterstattung zum Bau des Atomkraftwerks Drehverbot bekommen, besorgt sich Aust von anderen Sendern Filmmaterial und schneidet einen Beitrag zusammen, in dem unter anderem gezeigt wird, wie ein Demonstrant minutenlang von Polizisten verprügelt wird. Der Film ist so fulminant, dass der damalige NDR-Chefredakteur Peter Staisch sein persönliches Schicksal damit verbindet: Entweder der Beitrag wird ausgestrahlt, oder er kündigt.

Der Film geht über den Sender, und der bewegte Moderator Peter Gatter kündigt ihn an als »den besten Film, der je bei *Panorama* gelaufen ist«. Es ist in der Tat ein Lehrstück darüber, wie Gewalt entsteht und Rechte verschwinden. Aust zeigt anhand des Filmmaterials der Kollegen von anderen Sendern, das sie ihm bereitwillig überlassen haben, wie die Eskalationstaktik der Polizei funktioniert: wie friedliche Demonstranten mit dem Wasserwerfer von der Straße gespritzt werden, wie die Beamten beim Vorrücken die Windschutzscheiben von Autos einschlagen und Reifen zerstechen, wie sie die längst flüchtenden Demonstranten mit CS-Gas traktieren, von dem zu diesem Zeitpunkt längst bekannt ist, dass es zu Hornhautablösungen im Auge führt. Der Gebrauch der Schusswaffe sei wohl nicht mehr weit entfernt, kommentiert Aust, der sich ansonsten mit einer eigenen Meinung zurückhält und die Bilder für sich sprechen lässt. Was die zeigen, reicht absolut, um den Zuschauern das Gefühl zu geben, dass sich das Land mitten im Bürgerkrieg befindet und Zustände wie in Frankreich nicht weit entfernt sind, wo Atomkraftgegner von Spezialeinheiten mit Handgranaten beworfen werden, die ihnen Hände und Füße abreißen.

»Wollt ihr einen neuen Benno Ohnesorg?« fragt *Panorama*-Moderator Peter Gatter am Ende des Beitrags, und natürlich klingeln da schon wieder die Zuschauertelefone Sturm. Das sei ja linksradikal, was der Journalist Aust da mache, ob man den nicht vom Schirm verbannen könne.

16. Unter Mescaleros

Auf dem Schirm oder jenseits davon, Stefan Aust macht jetzt erst richtig Karriere. Bei *Konkret* hat er ein sicheres Podium für die Zweitverwertung seiner Themen. Besonders Terrorismus kommt beim Röhl-Nachfolger Hermann Gremliza gut an, mit dem Aust gern beim Wein im Cuneo sitzt. Gemeinsam mit dem Drogen- und Jugendspezialisten Günter Amendt interviewen Aust und Gremliza im März 1978 vier anonyme Studenten, die in einem an der Göttinger Universität verbreiteten Nachruf auf den im April 1977 von der RAF ermordeten Bundesstaatsanwalt Siegfried Buback ihre »klammheimliche Freude« geäußert haben. Die Studenten nennen sich nach dem blutrünstigsten aller Apachenstämme »Mescaleros« – und ihr unter dem Namen »Mescalero-Nachruf« bekanntgewordener Brief wird viele Jahre später den Grünen-Politiker Jürgen Trittin einholen. Trittin war damals in einer K-Gruppe an der Göttinger Uni aktiv, und im Jahr 2001 kostet ihn der Vorwurf, er habe sich vom Traktat der Mescaleros nicht eindeutig genug distanziert, fast das Amt des Umweltministers.

Distanz zu wahren fällt damals auch den *Konkret*-Reportern Aust, Gremliza und Amendt schwer.

»Materialismus, Dialektik, Arbeiterbewegung – interessiert euch das überhaupt noch?« fragen sie fast flehentlich die aufmüpfigen Mescaleros und legen ihnen auch gleich die richtige Antwort nahe: »Wenn wir nämlich ein gemeinsames linkes Interesse feststellen, sind wir ja auch zur Solidarität verpflichtet, wenn es euch an den Kragen geht. Deshalb ist es eine ganz aktuelle politische Notwendigkeit, herauszufinden, ob ihr euch in dem Sinne, wie wir die Linke kapieren, noch dazu rechnet.« Mit anderen Worten: Wenn man nur die Ideen von Karl Marx und Lenin im Herzen trägt, darf man sich auch schon mal klammheimlich freuen, wenn einer wie Buback erschossen wird.

Sag mir, wo du stehst! Mit dieser Frage aus dem gleichnamigen FDJ-Schlager war Aust schon im Februar 1978 in der JVA Tegel, um für den NDR die dort einsitzenden Terroristen Hans-Jürgen Bäcker und Horst Mahler zu interviewen. Mahler, vor dem er vor ein paar Jahren noch geflohen war, gab sich diesmal ganz friedlich und räumte ein, dass Bombenanschläge auf Zivilisten wie beim Attentat auf das Hamburger Springer-Hochhaus doch nicht der richtige Weg seien, um die Gesellschaft zu verändern. Andererseits, so Mahler, sei der Terrorismus »die Antwort auf eine erdrückende Umwelt, die feindlich ist, die wir nicht mehr beherrschen, die wir nicht kontrollieren und die die Menschen zu Grunde richtet«. Zudem benutze der Staat die Terroristen, um die Freiheitsrechte »schrittweise zu liquidieren«.

Auch da kriegten die Konservativen in den ARD-Gremien schon wieder zuviel und telefonierten hektisch hin und her. Besonders der Chefredakteur des Bayerischen Fernsehens, Rudolf Mühlfenzl, wollte den Terroristen kein Podium für ihre Aussagen liefern. Einmal schon war er kurz davor, sich aus einer *Panorama*-Sendung auszublenden, nur weil über den Stuttgarter Schauspieldirektor Claus Peymann berichtet wurde, der kurz vor der Schleyer-Entführung am 5. September 1977 einen Bittbrief ans Schwarze Brett gehängt hatte, in dem Gudrun Ensslins Mutter um Geldspenden für eine Zahnbehandlung ihrer Tochter bat. Damit war für Mühlfenzl nicht nur Peymann als RAF-Sympathisant entlarvt, sondern das *Panorama*-Team gleich mit.

Angesichts der ständigen Querelen hat der langjährige NDR-Chefredakteur Peter Merseburger keine Lust mehr, weiterzumachen, und geht als Korrespondent nach Washington. »Das Haus ist heillos krank, deshalb bin ich froh, dass ich hier wegkomme«, sagt Merseburger dem *Stern,* der unter der Überschrift »Der Widerspenstigen Lähmung« über den Streit um *Panorama* berichtet. »Die Sendung«, so argwöhnt auch Aust, »soll auf kaltem Weg totgemacht werden.« Es ist an der Zeit, sich umzuorientieren.

17. Michael Moores Vorfahren

Als Rudolf Augstein in achttausend Meter Höhe die Hosen runterlässt, herrscht an Bord seines Learjets ausgelassene Stimmung. Man befindet sich auf dem Weg von Hamburg nach München, um dort die Premiere des Films *Der Kandidat* zu feiern – eines suggestiven Porträts über Franz Josef Strauß, mit dem verhindert werden soll, dass der affärenumtoste CSU-Mann 1980 Kanzler wird. Kaum ist die Reisehöhe erreicht, erhebt sich Augstein von seinem Sitz, geht in den Rückraum des Flugzeugs und begibt sich auf die hinter einem Vorhang befindliche Toilette. Dort bleibt er fast den ganzen Flug über sitzen, leert allmählich den Kasten Bier neben sich und spricht zu den anderen Passagieren.

An Bord ist auch Aust. Für seine Mission hat Augstein das Schweigegelübde gebrochen und den *Panorama*-Mann kontaktiert, auf den er seit dessen Beitrag über seinen Wahlkampf in Paderborn sauer ist und mit dem er eigentlich nicht mehr reden wollte. Acht Jahre lang hat er es immerhin durchgehalten, aber nun geht es um eine Angelegenheit von nationaler Tragweite: Augsteins größter Feind darf nicht ins Kanzleramt.

Strauß verdankt der *Spiegel*-Herausgeber, dass er von Oktober 1962 bis Januar 1963 im Gefängnis saß. Unter der Überschrift »Bedingt abwehrbereit« hatte der *Spiegel* Anfang Oktober 1962 über ein Nato-Manöver und die falsche Ausstattung der Bundeswehr berichtet. Strauß, der damals Verteidigungsminister unter Adenauer war, sorgte für eine Anklage wegen Landesverrats. Das Hamburger *Spiegel*-Gebäude wurde bis zur Besenkammer durchsucht, mehrere Mitarbeiter wurden festgenommen. Der Verfasser des Artikels, der *Spiegel*-Redakteur und spätere Regierungssprecher Conrad Ahlers, wurde sogar in Spanien inhaftiert. Strauß persönlich hatte den deutschen Botschafter angerufen und um Amtshilfe gebeten. Die ganze Angelegenheit habe mit der Kuba-Krise zu tun, behauptete Strauß, Augstein habe sich bereits nach Havanna abgesetzt.

Tatsächlich saß Augstein in Deutschland im Knast, und Adenauer zeterte unter dem Gelächter der Opposition im Bundestag über einen »Abgrund an Landesverrat«. Bundesweit gingen die Menschen demonstrieren – mit Schildern, auf denen stand: »*Spiegel* tot – Freiheit tot«. Eine bessere Werbekampagne hat es für den *Spiegel* nie wieder gegeben.

Dabei ging es weniger um das Wahren von Staatsgeheimnissen als um Strauß' Rache am *Spiegel*. Schließlich hatte das Magazin in schöner Regelmäßigkeit über seine Affären berichtet, in die er erst als Sonderminister, dann als Atom- und Verteidigungsminister verwickelt war. Als solcher fädelte Strauß so manch dubiosen Waffendeal ein. Mal kaufte er für eine halbe Milliarde Mark in der Schweiz gefechtsunfähige Schützenpanzer, dann wieder orderte er beim US-Unternehmen Lockheed etliche Starfighter, mit denen während und nach seiner Amtszeit fast hundert deutsche Bundeswehrpiloten abstürzten. Und mit seinen Plänen, Deutschland atomar aufzurüsten, machte Strauß nicht nur Augstein angst. Sein Bemühen um Kernwaffen führte Ende der fünfziger Jahre zur ersten »Anti-Atomtod-Bewegung«, auf deren Demonstrationen sich auch Ulrike Meinhof und Klaus Rainer Röhl kennenlernten.

Die *Spiegel*-Affäre kostete Strauß letztendlich das Amt – doch achtzehn Jahre später ist er plötzlich wieder da. Der bayerische Ministerpräsident wird noch vor dem jungen und aufstrebenden Ernst Albrecht aus Niedersachsen zum Kanzlerkandidaten der CDU/CSU gekürt, der die sozialliberale Regierung unter Helmut Schmidt stürzen soll, die in der Bevölkerung zunehmend unbeliebter geworden ist.

Strauß poltert plötzlich überall: in der *Tagesschau,* in den *heute*-Nachrichten, bei der *Bonner Runde* von Johannes Gross im ZDF, im Hörfunk und in Büchern, von denen es welche über ihn gibt und welche von ihm. Und nun kommt er auch noch abendfüllend ins Kino.

»Den Deutschen ihren zukünftigen Kanzler rechtzeitig abzuschießen« – das formuliert Augstein als seine Aufgabe. Strauß wiederum vergleicht Augstein gern mit dem betrügerischen Germanen-Dämon Loki und blafft ihn bei einem Treffen an: »Sie wissen gar nicht, was Sie getan haben. Sie haben verhindert, dass wir Atomwaffen kriegen.« Zumindest wird das von Augstein später stolz herumerzählt. So mächtige Feinde hat nicht jeder.

Als Strauß 1979 als Kanzlerkandidat antritt, beginnt der zweite Teil dieses Duells, das alle Züge einer Hassliebe trägt. Schließlich teilen Strauß und Augstein nicht nur die Erfahrung von Fronterlebnissen im Zweiten Weltkrieg und patriotische Gefühle, sondern auch die Lust, den politischen Gegner mit allem zu bekämpfen, was man hat. Und Augstein hat viel, nämlich den *Spiegel,* das mächtigste Presseorgan des Landes, das Strauß nicht weniger als dreißig Titelgeschichten widmet – eine einzige davon ist freundlich, die allererste.

Doch auf den *Spiegel* allein will sich Augstein beim Kampf gegen Strauß nicht verlassen, obwohl der eigentlich gar keine Chance hat gegen Helmut Schmidt. Der steckt zwar in einem Umfragetief, aber einen Bayern, zudem einen von der Sorte mit hochrotem Kopf, können sich die wenigsten als Kanzler vorstellen. Überall im Land tragen die Menschen »Stoppt Strauß«-Buttons, manche mögen es geschmackloser und bepinseln Betonwände mit Sprüchen wie: »Ponto, Buback, Schleyer, der nächste ist ein Bayer.«

Praktischerweise gehört Augstein die Mehrheit am Filmverlag der Autoren, und in dem soll nun ein Anti-Strauß-Werk entstehen, für das er gediente Kräfte sucht, die den Bayern ebenso inbrünstig ablehnen wie er selbst. Da muss er nicht lange nachdenken, um auf Stefan Aust zu kommen, den bewährten Antiatomkämpfer und ständigen Fechter für die Pressefreiheit. Der nachtragende Herausgeber springt über seinen Schatten und nimmt Kontakt auf zu dem Kerl, der ihn ja eigentlich verehrt, seit er ihn 1970 kennenlernen durfte. Aber allein kann es Aust nicht machen, das Ganze soll ja kein *Panorama*-Beitrag in Überlänge werden. Aust hat zwar einen tadellosen Ruf als Rechercheur, aber seine filmischen Qualitäten gelten als begrenzt. Beim NDR, so erinnern sich damalige Kollegen, hieß es in Anspielung auf Austs Faible für Akten, ihm reichten zwei Dokumente, um einen Spielfilm zu schneiden.

Als ihn Augstein fragt, ist er natürlich Feuer und Flamme – wohl nicht nur, weil die Aussöhnung mit dem mächtigen Herausgeber ungeahnte Karrierechancen eröffnet, sondern weil er im Kino Dinge machen kann, die beim NDR schon lange nicht mehr möglich sind, wo jeder Beitrag nach parteipolitischen Erwägungen abgeklopft wird.

Damit der Strauß-Film auch künstlerisch reüssiert und so über die bloße Agitprop hinaus Furore macht, heuert Augstein ein buntes Kollektiv an, darunter die Filmemacher Volker Schlöndorff *(Die Blechtrommel)*, Alexander von Eschwege und den ehemaligen Fritz-Lang-Assistenten Alexander Kluge. Sie alle sollen mithelfen, einen Kanzler Strauß zu verhindern. Es ist so eine Art frühes Michael-Moore-Projekt und in Deutschland das erste Mal seit den Nazis, dass das Kino als Mittel einer politischen Kampagne genutzt wird. »Ich glaube, dass dies die einzige Produktion im Filmverlag der Autoren gewesen ist, die Augstein unmittelbar Spaß machte«, erinnert sich Alexander Kluge an diese fröhliche Jagdzeit.

Kluge gerät während der Dreharbeiten öfter mit Aust aneinander, und das nicht nur, weil er eines Tages ein Schriftstück Herbert Wehners mitbringt – eine Art Leitfaden zur publizistischen Behandlung des CSU-Ministerpräsidenten. Aber Aust will sich nicht vorschreiben lassen, wie er Strauß zu bewerten hat. Aust will im Dreck wühlen, will zeigen, mit welch dubiosen Leuten sich Strauß umgibt, welche Verbindungen er ins Ausland hat, wer alles seine Politik vertritt. Doch allzuviel davon wollen seine Co-Autoren nicht. Die wollen vor allem Kunst machen. Stundenlang sitzt Kluge im Schneideraum und werkelt am Schluss des Films – irgendwann gibt es über zwanzig Versionen davon. Ihre kontroversen Treffen nennen die Autoren schließlich SALT I bis SALT III nach den Abrüstungsverhandlungen zwischen der UdSSR und den USA: Lass ich dir deine Bilder drin, dürfen meine auch rein. Irgendwann will Kluge Austs schöne Starfighter-Aufnahmen kappen, doch das geht nur über seine Leiche.

So wird *Der Kandidat* eine eigentümliche Mischung aus mehr oder weniger gekonnt ineinandergeschnittenen historischen Aufnahmen und investigativem Dokumentarfilm. Er zeigt Privatbilder von Strauß' Hochzeit, marschierende Wehrmachtssoldaten, den Gründungsparteitag der Grünen, die Demonstrationen vor dem Springer-Haus und den chilenischen Diktator Augusto Pinochet, den Strauß gern besucht. Der ganze Mann steht in einer unseligen Tradition, soll diese krude Mischung wohl bedeuten, von der sich der Zuschauer nur erholen kann, wenn Austs Stimme durch den Kinosaal hallt. Denn dann kommen die Fakten, die konkreten Anwürfe, die Chronologie der Ereignisse. Aust macht einfach das, was er auch beim NDR macht: Er bringt den Skandal nüchtern und sarkastisch auf den Punkt: »Das ist ein Starfighter. Er fliegt.« Bei solchen Sätzen tobt das Publikum.

Der Reihe nach schildert er noch einmal sämtliche Affären des Kanzlerkandidaten. Die Korruptionsvorwürfe, die verbalen

Ausrutscher und der Feldzug gegen einen Polizeibeamten, der den Fahrer von Strauß wegen zu schnellen Fahrens angezeigt hatte.

Nach dieser eindrucksvollen Aneinanderreihung von Pleiten, Pech und Pannen kann man Strauß wirklich nicht mehr wählen, zumal natürlich auch seine deftigsten Zitate nicht fehlen: Robert Oppenheimer, einer der Väter der Atombombe, sei, so donnert Strauß, »ein alter Trottel, der die Tränen nicht halten könne, wenn er an Hiroshima denkt«, in der SPD gehörten einige Politiker »aufgehängt«, und in den eigenen Reihen sieht er so eine Art »Pygmäen-Mentalität«. »Vom Nationalsozialismus aus gesehen, steht Strauß rechts«, lautet die Quintessenz des Films, und als der Abspann bei der Premiere läuft, gibt es viel Applaus.

Aber es gibt auch kritische Stimmen. »Ich glaube nicht, dass dieser Film sehr gut geworden ist«, urteilt beispielsweise der Kulturkritiker und ehemalige Intendant des Deutschen Schauspielhauses in Hamburg, Ivan Nagel. »Die vier Regisseure, die drei Techniken, mit denen er arbeitet, kommen nicht so recht zusammen.« Auch Aust ist nicht voll zufrieden. Das politische Mittelmaß, das Strauß' Erfolg ermöglicht, kommt ihm zu kurz, auch die Bilder vom Grünen-Parteitag findet er deplaziert. »Mir stellt sich diese Szene etwa so dar, als hätte man über die Studentenbewegung oder den SDS in Berlin 68 berichten wollen und hätte nur was über die Kommune mit Langhans und Teufel gemacht«, nörgelt er in seinem Hausblatt *Konkret* über die Arbeit seiner Co-Autoren.

Dennoch wird der Film, der bundesweit in vierzig Kinos gleichzeitig läuft, ein Erfolg. Und Strauß wird nicht Kanzler. Helmut Schmidt, den Rudolf Augstein schon mal in seiner Sommerfrische am Brahmsee in Schleswig-Holstein besucht, um gemeinsam Bäume zu sägen, gewinnt die Wahl. »Niemals kann ein Bayer Bundeskanzler werden.« Dieses geflügelte Wort hat sich wieder mal bestätigt, und Strauß bleibt nur, ein letztes Bonmot auf großer Bühne abzusondern: »Everybody's darling is everybody's rindvieh.« Dann verschwindet er wieder nach München.

In Bayern hat der Film eine ungeplante Nachwirkung: Weil er von der Filmbewertungsstelle das Prädikat »Besonders wertvoll« erhält, steigt der Freistaat aus der Filmförderung aus. Seitdem erfordert die Bewertung für einen politischen Dokumentarfilm eine Zweidrittelmehrheit.

18. Ihr kriegt uns hier nicht raus

Aust ist jetzt überall: Er redet mit Terroristen, er recherchiert in der Neonazi-Szene, er kümmert sich um Brokdorf, wo weiter Schlachten um den Bau des Atomkraftwerks toben, und er hat sogar ein Ohr bei den Berliner Polizeibeamten, die in ihren vergitterten Wannen davon träumen, wie sie mit Holzknüppeln aus den Demonstranten »Ketchup« machen, und sich dann darüber wundern, dass das Band mit ihren Gesprächen bei *Panorama* landet. Und schon drängt ein neues Thema auf die Tagesordnung, das alles hat, was das Reporterherz höher schlagen lässt: Ausschreitungen, Polizeieinsätze und politische Brisanz. Diesmal geht es nicht um die Demonstrationsfreiheit oder die Gefahr der Kernenergie, diesmal geht es um das Recht auf bezahlbaren Wohnraum und dessen Vernichtung durch geldgierige Spekulanten. Die Zeit der Hausbesetzungen bricht an.

»Wir haben Grund genug zum Weinen – auch ohne euer Tränengas« oder »Wir lassen uns nicht kaputtsanieren« – solche Parolen an den Häuserwänden und auf Demos künden Anfang der Achtziger von einer immer stärker werdenden politischen Bewegung, die in ihrer Vehemenz an die Studentenproteste der 68er erinnert: Zwar wurden schon seit Anfang der siebziger

Jahre leerstehende Häuser von Spontis bezogen, aber nun kommen die Besetzer so richtig in Fahrt, und das vor allem in Berlin, wo sich die gerissensten Grundstücksspekulanten herumtreiben, um mit Abriss und Neubau Subventionsmillionen zu machen.

In Kreuzberg, wo sich eine bunte Mischung aus Gastarbeitern, Studenten und Mittellosen in billigen Wohnungen einquartiert hat, blüht die Hausbesetzerszene. Mit einem Sanierungsprogramm, das darin besteht, den alten Wohnungsbestand zu vernichten und neuen zu schaffen, gießt der Berliner Senat Öl ins Feuer, denn im Neuen lässt es sich noch schlechter leben als im Alten. Ein Beispiel dafür ist das Neue Kreuzberger Zentrum (NKZ), ein riesiger quergelegter Hochhausriegel, der sich am Kottbusser Tor über die Adalbert- und die Dresdner Straße wölbt und den gewachsenen Kiez zerschneidet. Die schmalen Durchgänge zu den Seitenstraßen werden von den Anwohnern schon bald »Harnröhren« genannt, weil die sozialen Absteiger im Viertel gern in die dunklen Ecken pinkeln, von denen es nun zahlreiche gibt. Auch in anderen deutschen Städten entstehen Wohnwaben mit einer Deckenhöhe von zwei Metern.

Der soziale Wohnungsbau vom Reißbrett, der unter dem Behördennamen »Flächensanierung« firmiert, zerstört die gewachsene Struktur von Kreuzberg, der Abriss der Hinterhöfe bedeutet für viele Gewerbetreibende das Aus. Die Bewohner ziehen fort, weil sie die Sozialmiete in den neuen Häusern nicht mehr zahlen können, die oft das Doppelte der bisherigen Miete ausmacht. Nur die Bauträger profitieren und suchen eifrig nach neuen Häusern, die sie verfallen lassen, bis es auch die leidensfähigsten Bewohner nicht mehr aushalten und eine schöne Geldgrube gebuddelt werden kann. Die Fenster werden herausgerissen, damit die Feuchtigkeit den Schimmel wuchern lässt. Die Fassaden bröckeln, Reparaturen an Gas- und Wasserleitungen werden nicht mehr ausgeführt. Manche Häuser geben die Behörden einfach für Manöver der US-Army frei, so dass sich die Mieter beim Aufwachen schwerbewaffneten GIs gegenübersehen. So beginnt der Häuserkampf in Berlin.

Junge Leute, darunter viele Studenten, ziehen in die leerstehenden Altbauten und beginnen sie auf eigene Faust zu renovieren. Sie reparieren die Stromversorgung, verputzen und tapezieren. Mit alldem fordern sie den Staat heraus. Der reagiert wieder mit voller Härte. Vor den besetzten Häusern fahren Wannen auf, aus denen Polizisten springen und die Häuser stürmen. So findet die Suche nach alternativen Lebensformen ihr vorläufiges Ende im Polizeigewahrsam – wie für Guido W., dessen Geschichte Stefan Aust detailliert aufschreibt, weil sie sinnbildhaft für die erneute Entfremdung von Bürgern und Staat ist. Guido W. ist kein Hausbesetzer, aber er wird zum Helden der Bewegung, weil er zufällig auf der Straße steht, als gerade Steine fliegen. Natürlich zieht die eigentlich friedvolle Bewegung auch Chaoten an, denen weniger nach Aufbau als nach Abriss ist. Das autonome Spektrum wächst in dieser Zeit vor allem durch zugezogene Schwaben ganz erheblich, die in Kreuzberg ein Gegenmodell zum braven Ländle suchen und finden.

Eines Abends beobachtet Guido W., wie Polizisten während einer Demonstration Jagd auf Passanten machen. Er rennt davon, vier Uniformierte folgen ihm und nehmen ihn im vierten Stock eines Mietshauses fest. Sie prügeln ihn die Treppe hinunter und bezeugen hinterher vor Gericht, dass er sie so getreten habe, dass schmerzhafte Prellungen zurückgeblieben seien. Trotz widersprüchlicher Aussagen der Polizisten wird W. zu einer Gefängnisstrafe von vierzehn Monaten verurteilt, die in der Revision bestätigt wird. Der Staat will ein Exempel statuieren, weil längst nicht mehr nur in Kreuzberg und in Berlin, sondern überall in Deutschland Häuser besetzt werden. In Göttingen wird geräumt, in Nürnberg macht die Polizei in einer Nacht über hundertvierzig Festnahmen. Der bayerische Ministerpräsident Strauß sieht in den Hausbesetzern gar den »Kern einer neuen terroristischen Bewegung«.

Stefan Aust taucht ein in die Welt der Besetzer, die nicht im Einklang mit dem Gesetz sind, aber ein moralisches Recht für sich reklamieren, das ihnen auch von großen Teilen der Bevölkerung zugesprochen wird. Aust redet mit Kreuzberger Rokkern, die Angst davor haben, zu Spießern zu werden, und er interviewt vermummte Hausbesetzer in Göttingen, einer Hochburg der Autonomen, wo es im Wochentakt zu Auseinandersetzungen mit der Polizei kommt. Dass ihnen die Gesellschaft wie ein riesengroßer Knast vorkomme, erzählen sie ihm, und dass der Pflasterstein das einzige Argument zu sein scheint, das diese Gesellschaft verstehe. All das hat Aust schon mal gehört – 1968, als die Proteste radikaler wurden.

Mit Aust haben die Besetzer einen Fürsprecher auf ihrer Seite, denn der sieht in dem Thema eine weitere journalistische Marktlücke. Und wie schon über Brokdorf, gibt er in seinem Hausverlag Hoffmann und Campe auch über die Hausbesetzer ein Buch heraus. 1981 erscheint es unter dem Titel *Hausbesetzer. Wofür sie kämpfen, wofür sie leben und wie sie leben wollen* und wird in der Szene schnell zur Pflichtlektüre. Das Buch singt das Hohelied auf alternative Lebensformen, »auf Gammler, Tramper, die Öko-Freaks, die Sonnenenergie-Bastler, die Hauswandbemaler in Kreuzberg« – also eigentlich auf alle, die dagegen aufbegehren, dass Verluste von der Gesellschaft getragen werden und die Profite an einzelne gehen. Die besetzten Häuser seien »Bastionen einer neuen Gesellschaftsordnung«, einer Gesellschaftsordnung, in der zwei Sachen wohl nie mehr zusammengehen würden: »Die da oben, wir hier unten.«

Aust, der ja eigentlich schon ziemlich weit oben angekommen ist, lernt in Berlin Kuno Haberbusch kennen, den Sprecher der Hausbesetzer. Haberbusch ebnet Aust den Weg in die besetzten Häuser, wo man mittlerweile notorisch misstrauisch ist, auch gegen Journalisten. V-Leute könnten das ja sein oder auch

Angestellte der Springer-Zeitungen, die natürlich Front gegen das anarchische Gebaren machen. In diesen Tagen plakatieren linke Gruppen die Stadt mit den Bildern vermeintlicher Polizei-spitzel – darunter auch ein Foto von Hans-Ulrich Jörges, der damals beim *Stern* war, wo er heute wieder ist. Der Jörges von 1980 ist aber gar kein Spitzel, er war nur etwas eifrig mit dem Notizblock neben den Demos hergelaufen, und das machte ihn den Aktivisten suspekt. Erst nachdem die Polizei die Bilder auf den Plakaten in einer Nacht-und-Nebel-Aktion übersprüht, um die Beamten zu schützen, lassen sie ihn in Ruhe. Denn nur Jörges' Bild bleibt frei.

Auch Aust ist emsig. Er beschränkt sich nicht auf das Herum-laufen auf Demos, sondern taucht tief in die Szene ein. Im September 1981 steht die Räumung eines Hauses in der Winter-feldtstraße in Berlin-Schöneberg an. Haberbusch informiert Aust, der aus Hamburg mit einem Drehteam anreist, sich im Haus verschanzt und mit den anderen auf die Räumung wartet. Zum einen in Vorfreude auf den journalistischen Coup, zum anderen wohl auch in banger Erwartung von Tränengas und Knüppeln, die seit neuestem nicht mehr aus Gummi, sondern aus Holz bestehen. Und länger geworden sind sie auch. Einige Demonstranten sammeln Steine auf der Straße.

Doch erst einmal passiert nicht viel. Man sitzt zusammen, trinkt Tee und hört Rio Reisers Band Ton Steine Scherben, die sich anlässlich der Besetzung des Hauses Bethanien am Kreuz-berger Mariannenplatz 1972 den Soundtrack zur Bewegung ausgedacht hat: »Ihr kriegt uns hier nicht raus, das ist unser Haus.« Draußen im Hof wird ein kleines Fest gefeiert. Das alles erinnert mehr an ein großes Happening als an Häuserkampf. So sehen es auch viele der aus Westdeutschland angereisten Jugendlichen, die das Berlinwochenende statt am Ku'damm lieber dort verbringen, wo was los ist, nämlich unter Haus-besetzern. »Astrein, wie die Leute zusammenleben und dass unwahrscheinlich viel gekifft wird«, sagt ein Achtzehnjähriger aus dem niederrheinischen Kleve, der Aust so lange nervt, bis der ein Interview mit ihm macht und in diesem konkreten Fall eins, das er so schnell nicht vergessen wird. Dabei sieht es erst nicht so aus, als er diesen naiven Provinzjungen befragt, der wenig später tot auf der Straße liegt, zerquetscht im Radkasten eines Busses.

Die Räumung kommt, nur viel später. Aust ist gerade ins Hotel verschwunden, um mal ordentlich zu duschen. Denn richtig schön wohnen lässt sich in den besetzten Häusern natürlich nicht. Im Hotel hört er von der Räumung und eilt zurück nach Schöneberg, wo bereits viele Straßen abgesperrt sind. Doch Aust gelingt es mit seinem Presseausweis, zu dem besetzten Haus durchzukommen. Zwar warten auch in anderen besetzten Häusern Journalisten von *Zeit*, *Stern* und *Spiegel* darauf, dass es losgeht, mit der Kamera ist aber sonst niemand dabei.

Die Winterfeldtstraße 20 ist nicht das einzige Haus, das an diesem Tag »entmietet« wird. Der CDU-Innensenator Heinrich Lummer, nicht nur wegen seiner kleinen, untersetzten Statur Napoleon genannt, ist berüchtigt dafür, nicht zimperlich zu sein, und lässt mit einem massiven Polizeieinsatz gleich acht Häuser gleichzeitig räumen. Der Hardliner will tabula rasa machen. In einem bereits leeren Haus in der Bülowstraße stellt sich Lummer der Presse und erklärt seine Strategie. »Wennschon, dennschon. In einem Aufwasch ist das am besten erledigt.«

Vor dem Haus haben sich Demonstranten versammelt, die »Lummer raus« skandieren. Später heißt es, es seien auch Steine geflogen, aber Augenzeugen dafür gibt es nicht. Jedenfalls beginnt die Polizei, die Demonstranten zu verjagen – in Richtung Potsdamer Straße, wo der Verkehr vierspurig fließt. Nun sitzen die Demonstranten in der Falle. Vor ihnen die Autos, hinter ihnen die Polizisten. In der Panik versuchen einige, über die Straße zu fliehen, darunter Klaus-Jürgen Rattay, den die Beamten in den fließenden Verkehr prügeln. Er wird von einem

Doppeldeckerbus der Berliner Verkehrsbetriebe (BVG) überfahren und mitgeschleift. Als der Bus zurücksetzt, sieht man Demonstranten weinen, einige kümmern sich um den leblosen Körper, aber da ist nichts mehr zu machen.

In den Tagen darauf wird der blutige Klumpen Fleisch von der Springer-Presse zum Randalierer hochgeschrieben, zum Rädelsführer der Chaoten, der an seinem Schicksal selbst schuld sei. Dieses Vorurteil bestimmt die öffentliche Meinung, bis Aust einfällt, dass er Rattay Tage vor dem Unglück auf dem Hoffest der Hausbesetzer interviewt hat – Reporterglück. Das Gespräch, das wenige Tage später in der ARD läuft, lässt die Nation aufhorchen. Kein verblendeter Linksradikaler spricht da in Austs Kamera, sondern ein nachdenklicher Typ, der in der Sprache seiner Generation von einer großen Leere berichtet und von der Suche nach einem Platz in der Gesellschaft. Der wird ihm nicht mal nach seinem Tod zugebilligt. Der Wasserwerfer wäscht die blutige Spur von der Straße, die Blumen, die an der Unglückstelle abgelegt werden, räumt die Polizei ab.

Aust zeigt auch das Super-8-Material eines Amateurfilmers, auf dem in Zeitlupe zu sehen ist, wie Rattay unter die Räder gerät, wie sein Engagement für ein kleines selbstbestimmtes Leben im Radkasten eines Busses endet. Für viele Zuschauer, die sich an diesem Abend beim Edgar-Wallace-Film *Die seltsame Gräfin* schon genug gegruselt haben, ist das zuviel. Die Telefone beim NDR klingeln noch während der *Panorama*-Sendung ununterbrochen. Über hundert Zuschauer rufen an, der Großteil, um sich über Austs einseitigen Beitrag zu beschweren. Der bausche die Vorkommnisse auf und leiste den gewalttätigen Ausschreitungen Vorschub, die Polizei werde zu einer Verbrecherbande abgestempelt, so lauten die Vorwürfe. Bemängelt wird auch, dass Verletzungen der Beamten nicht gezeigt würden. Ein Zuschauer stellt Strafanzeige gegen den Sender, und drei der Anrufer wollen gar nicht erst mit Aust sprechen, weil dieser sie »in der Nachfrage abqualifiziere«, wie der NDR-

Tagesbericht akribisch vermerkt. Und weiter heißt es da:»Der Bericht über die Häuserräumung in Berlin ist nach Meinung der Anrufer bewusst fehlerhaft dargestellt worden und soll zur Aufhetzung der Bevölkerung dienen.« Auch sonst gibt es reichlich Ärger. Ebenfalls während der *Panorama*-Sendung meldet sich eine Mitarbeiterin des *Hamburger Abendblatts* aus dem Springer-Verlag und bittet um eine Abdruckgenehmigung für das Rattay-Interview. Aust stimmt unter Bauchschmerzen zu, macht aber zur Bedingung, dass der Wortlaut des Gesprächs vollständig und unverändert abgedruckt wird. Aber das ist den Springer-Journalisten anscheinend egal. Das Interview, das Aust im Fernsehen noch dazu diente, die Propaganda des Springer-Verlags zu entlarven, wird im *Hamburger Abendblatt* zur Fortsetzung der Linie des Hauses. Unter der Überschrift»Ich hatte keinen Bock auf Arbeit« erscheint das Gespräch, aus dem genau die Sätze gestrichen wurden, die der These vom Nichtsnutz entgegenstehen. In einem Brief an den Chefredakteur des *Abendblatts* spricht Aust von»Manipulation«, aber bei Springer versteht man die Aufregung nicht und verweist auf einen»Tippfehler«.

Große Aufregung herrscht im Sender auch darüber, dass sich Aust während der Räumung in einem der besetzten Häuser aufhielt. Die konservativen Kräfte im Sender sehen darin ein Indiz, wie nah der Reporter den Chaoten steht. Doch Aust hat sich gewappnet und vor seinem Einsatz eine Genehmigung des Staatsanwalts eingeholt, die er nun präsentiert. Wenn man ihm schon vorwirft, ein Linker zu sein, dann will er wenigstens ein ordentlicher Linker sein.

19. Watergate an der Elbe

Es ist etwas passiert, was in der Geschichte von *Panorama* bisher eigentlich noch nie eingetroffen ist« – mit diesen Worten lässt die Redakteurin Luc Jochimsen am 3. August 1982 Millionen Fernsehzuschauer ratlos vor dem Bildschirm zurück. Angekündigt war ein Beitrag über die dubiosen Machenschaften des suspendierten Leiters der Abteilung Staatsschutz im bayerischen Innenministerium, Hans Langemann, doch auf dem Weg vom Schneideraum zum Filmgeber ist der Beitrag verschwunden, mitten in der Sendung. Keine hundert Meter sind das, aber auf denen ist Rätselhaftes passiert, das den Ruf von Stefan Aust als Enfant terrible des NDR weiter festigt.

Aust ist der Autor des Beitrags, in dem neue Beweise dafür präsentiert werden sollten, dass sich der bayerische Verfassungsschutz längst einer demokratischen Kontrolle entzogen hat und Journalisten von *Spiegel* und *Stern* systematisch ausspioniert. Es handelt sich um Dokumente, so hat Aust wissen lassen, aus Langemanns Privathaus – »aus Panzerschrank und Heizungskeller«.

Doch die Geheimnisse aus dem Heizungskeller bekommt erst mal niemand zu Gesicht. »Dieser Film ist weg – so einfach ist das«, eröffnet Aust den Zuschauern, »und wir wissen nicht genau, wie wir jetzt weitermachen sollen.« Weil Fernsehen aber immer weitergehen muss, kommt statt des Skandalstücks ein Beitrag über ein besetztes Freibad – den hatte man noch auf Lager.

In der *Panorama*-Redaktion kursieren die wildesten Gerüchte. Hat der bayerische Staatsschutz jetzt schon den linken Sender im hohen Norden infiltriert? Ist das die Rache von Franz Josef Strauß? Oder hat Aust den Beitrag womöglich selbst verschwinden lassen, damit sein Film mehr Aufmerksamkeit erregt als die seiner Kollegen? Schließlich herrscht bei aller Freundschaft ein sportliches Klima. Von den anderen Beiträgen, darunter ein aufwendig recherchiertes Stück über Miethaie in Berlin-Kreuzberg, spricht in der Tat niemand mehr, statt dessen klingeln nach der Sendung mal wieder die Zuschauertelefone, weil die meisten nicht glauben können, dass in einer öffentlich-rechtlichen Rundfunkanstalt derart geschlampt wird. So ein Sender ist doch schließlich eine Art Behörde. Unendlich langsam zwar, aber ordentlich.

Als Aust mit einigen Kollegen nach der Sendung zum Stammitaliener Cuneo an der Hamburger Davidstraße fährt, läuft die Geschichte bereits als Spitzenmeldung im Radio, so dass die Nudeln gleich noch besser schmecken. Und am nächsten Tag steht Austs Name in vielen Blättern, die Münchener *Abendzeitung* schreibt gar vom »Watergate an der Elbe«.

Der Film bleibt für immer verschwunden, aber mehr Aufmerksamkeit hätte er auch nicht auf Aust lenken können, wenn er ordentlich gesendet worden wäre. Doch Aust gibt sich bescheiden: »So eine Riesensensation, wie manche glauben, ist das Ding sicherlich auch nicht«, sagt er, und für wilde Verschwörungstheorien gebe es überhaupt keinen Grund. Es seien, so Aust, ja nicht immer die konspirativen, großen Geschichten, die den Hintergrund für solche Vorkommnisse abbildeten, es handele sich wahrscheinlich nur um eine menschliche Panne.

Im Sender passiert nach dem Vorfall das, was immer passiert, wenn in einer Behörde etwas schiefläuft: Man beruft einen Untersuchungsausschuss ein, der im Ton einer Regierungsverlautbarung viel Altes und wenig Neues bekanntgibt. »Während der *Panorama*-Sendung am 3. August 1982 stellte sich heraus, dass der vorgesehene Beitrag mit Material über den Fall Langemann nicht auffindbar war«, heißt es, und weiter: »Der NDR hat eine hausinterne Untersuchung in die Wege geleitet, um die Ursachen für das Verschwinden des Beitrags zu erklären.«

Doch eine Erklärung findet sich nicht, obwohl alle Mitarbeiter vernommen werden, die mit der Sendung zu tun hatten. Wenig später verlautbart ein NDR-Sprecher, dass es sich nicht um einen Diebstahl handele, sondern um »menschliches Versagen«. »Es gibt keine Agentur-Story«, so der Mann in völliger Verkennung der Lage, denn natürlich berichten die Zeitungen und die Nachrichtenagenturen seit Tagen.

Stefan Aust schneidet derweil aus den Rechercheresten eine neue Fassung zusammen, die schon einen Tag nach der verunglückten *Panorama*-Sendung direkt nach den *Tagesthemen* läuft.

Die rekonstruierte Fassung lässt tatsächlich Zweifel daran aufkommen, dass irgendwelche Dunkelmänner die Ausstrahlung verhindert haben könnten. »Der Film enthielt wenig, was nicht schon früher über den in den letzten Monaten weidlich ausgebreiteten Fall geschrieben oder gesagt worden wäre«, urteilt die *Frankfurter Allgemeine* nach der Ausstrahlung und empfiehlt Aust, froh zu sein, dass sein Film über den Fall Langemann nicht zum Fall NDR geworden sei. Aust solle das »Fischen in trüben Gewässern lieber den Gerichten überlassen«, so das altväterliche Fazit der *FAZ*. Auch die CSU macht sich juxig über Aust und seine Mannschaft, denen es gelungen sei, pünktlich zur »Auffüllung des gefürchteten Sommerlochs« beizutragen und das dahinsiechende Interesse an der Langemann-Story zu neuem Leben zu erwecken.

Doch die Häme kommt zu früh. Nur wenig später schafft es Aust, dem Thema zum Leidwesen des bayerischen Ministerpräsidenten Strauß doch noch einmal einen neuen Aspekt abzugewinnen – und diesmal handelt es sich wirklich um einen Skandal. In der nächsten *Panorama*-Sendung veröffentlicht Aust hanebüchene Zeugenaussagen aus dem Münchener Untersuchungsausschuss, vor dem ein ehemaliger Direktor des Bundeskriminalamts berichtet, dass die Bildung einer eigenen Terrorgruppe geplant war, die mit der Zeit von sich reden machen sollte, um anschließend die echten Terroristen zu unterwandern, zu eliminieren und zu liquidieren. Terroranschläge im Auftrag des Staates zur Bekämpfung von Terroristen also. Ein Plot wie aus einem Helmut-Dietl-Film.

Nicht den Umstand, dass solche Pläne existieren, bezeichnet daraufhin das bayerische Innenministerium als »skandalös«, sondern die wörtliche Wiedergabe von Zeugenaussagen aus einer geheimen Sitzung des Untersuchungsausschusses. Es müsse geklärt werden, wie *Panorama* an das Geheimprotokoll gelangt sei und ob es sich eine öffentlich-rechtliche Rundfunkanstalt leisten dürfe, »unter dem Deckmantel einer angeblichen journalistischen Aufklärungspflicht leichthin den Inhalt von Geheimpapieren unters Volk zu streuen«. Das fragen sich allen Ernstes auch die NDR-Oberen, denen gegenüber Aust versichert, dass er nicht durch eigene strafbare Handlungen in den Besitz der Unterlagen gelangt sei. Alle weiteren Auskünfte unterliegen dem Zeugnisverweigerungsrecht.

So weit ist es also gekommen im Sender, denken sich die Aufrechten bei *Panorama*, dass verdiente Mitarbeiter mit unangenehmen Fragen zu ihrer Recherche belästigt werden, nur weil sie über dubiose Machenschaften in der CSU berichten. Dieser Klimawechsel hat vor allem mit dem neuen, CDU-nahen Intendanten Friedrich-Wilhelm Räuker zu tun, der auf den renitenten Martin Neuffer folgt. Zum Chefredakteur Fernsehen wird der konservative Peter Schiwy ernannt, der einst ein Volontariat bei der *Bild*-Zeitung gemacht hat. Nun hat man also den Klassenfeind im eigenen Haus.

20. Ein bisschen Friedensbewegung

Weil es beim NDR zunehmend schwerer wird, kritischen Journalismus zu betreiben, weicht Aust aufs Kino aus und springt dort schon mal für Rainer Werner Fassbinder ein, der mit Alexander Kluge und Volker Schlöndorff einen Dokumentarfilm über die Antikriegsbewegung mit dem Titel *Krieg und Frieden* plant und im letzten Moment absagt. Doch auch dieses Projekt leidet unter den unterschiedlichen Mentalitäten der Filmemacher. Das Künstlerische von Kluge und Schlöndorff wird durch Austs Realitätssinn konterkariert, auch wenn der so manche gespenstische Sequenz zuliefert. So zeigt er den Erfinder der Neutronenbombe, der vor der Kamera von seiner tödlichen Waffe und deren Einsatz in Europa schwärmt und sich über das Desinteresse seiner Familie beschwert, die sich so gar nicht für seinen Job erwärmen kann.

Der Film fällt bei der Kritik durch, aber die Absicht der Filmemacher wird hochgeschätzt, denn in Deutschland geht die Angst vor einem Dritten Weltkrieg um, so unversöhnlich stehen sich US-Präsident Ronald Reagan und Leonid Breschnew, der Führer der Sowjetunion, gegenüber.

Dem Scheitern der Genfer Abrüstungsverhandlungen 1981/82 folgt die Umsetzung des Nato-Doppelbeschlusses von 1979: Die Bundesregierung unter dem Transatlantiker Helmut Schmidt ist entschlossen, die amerikanischen atomaren Mittelstreckenwaffen in Europa zu stationieren. Als Zeitpunkt dafür ist der November 1983 vereinbart. Doch in der Bevölkerung regt sich Widerstand gegen die bevorstehende Nachrüstung. Dreihundertfünfzigtausend Menschen beteiligen sich am 22. Oktober 1983 an der bis dahin größten Protestkundgebung in der Geschichte der Bundesrepublik. Trotz Verbots nehmen auch Bundeswehrsoldaten in Uniform an der Großkundgebung im Bonner Hofgarten teil und demonstrieren mit einem Transparent und einer Pershing-II-Attrappe gegen die Nachrüstung. Die Grünen, als parteigewordener Pazifismus, erleben damit ihren ersten Aufschwung. Alternativ sein heißt in diesen Tagen nicht nur Wollpullis tragen, Tee trinken und abwarten, sondern gegen die atomare Aufrüstung zu protestieren. Die sorglosen Jahre sind jetzt selbst für die vorbei, an denen der Protest gegen AKWs, gegen Häuserräumungen und gegen Notstandsgesetzgebung bislang vorbeigegangen ist. Mit Wunderkerzen und gezückten Feuerzeugen rücken die Menschen zusammen, und im Stadion von St. Pauli singen Gianna Nannini, Udo Lindenberg und Wolf Biermann gemeinsam für ein bisschen Frieden. Das Fest steht unter dem beim Schriftsteller Wolfgang Borchert entliehenen Motto »Sag nein«, und neben den Musikern kommen auch Soldaten zu Wort, die auf der Bühne atomwaffenfreie Kasernen fordern.

Stefan Aust filmt das Festival mit mehreren Kamerateams, dreht Stunden um Stunden an Material für den Dokumentarfilm *Sag nein*, der wenig später in die Kinos kommt. Dass er sich mit einer großen Schlagzeile in der *Bild*-Zeitung wiederfindet, liegt nicht an der Qualität des Films, sondern daran, dass er vom Hamburger Senat 200 000 Mark Filmförderungsmittel bekommt, und das finden die Kollegen vom Springer-Boulevardblatt natürlich viel zu viel für diese Friedensspinner. *Bild* steht fest auf der Seite der Amerikaner, schließlich ist die Treue zum westlichen Staatenbündnis schon im Statut festgeschrieben, das jeder Mitarbeiter unterschreibt – selbst wenn die Amis im Rahmen der »Strategic Defense Initiative« (SDI) mit ihren Raketen bald schon in den Weltraum wollen, um dort einen Schutzschirm gegen einen atomaren Angriff zu installieren.

»Eine Vernichtungsmaschinerie« nennt Aust diese Politik gegenseitiger Hochrüstung und zeigt sich bei der Produktion seines Films als gelehriger Schüler der Aufklärer Kluge und

Schlöndorff, die ihm diesmal – Gott sei Dank – nicht im Nakken sitzen, aber dennoch nicht aus dem Kopf gehen. Jedenfalls rührt Aust für *Sag nein* die bewährte Mischung aus Bildern vom Dritten Reich und aktuellem Stoff zusammen. Zu O-Ton von Adolf Hitler lässt er bundesdeutsche Polizisten durchs Bild marschieren, dann wieder erzählt ein Demonstrant, wie ihn ein Polizist gnadenlos zusammengeknüppelt hat.

Der Film ist nicht nur Protest gegen die Rüstung, sondern auch gegen die Methoden von Friedrich Zimmermann, der in der ersten Kohl-Regierung das Amt des Innenministers bekleidet und zügig zur Hassfigur der Linken und Liberalen reift. Zimmermann, der 1948 aus Bewunderung für Franz Josef Strauß in die CSU eingetreten ist, gilt als harter Hund, der das Demonstrationsstrafrecht verschärft und das Vermummungsverbot einführt. Wie sein Vorbild Strauß ist auch er nicht ohne Affären. »Old Schwurhand« lautet sein Spitzname, seit er im Münchner Spielbanken-Prozess von 1959 einen »fahrlässigen Falscheid« schwor. »Gegen Zimmermann«, so schwört wiederum Aust, »würde ich jedes Projekt journalistischer Art machen.«

Zimmermann, das ist auch der geistige Vater der Kronzeugenregelung, die kooperationswilligen Tätern Vergünstigungen bietet, wenn durch ihre Aussagen Fahndungserfolge ermöglicht werden. Kritiker sehen darin eine Grauzone aus Politik und Recht, in der Richter, Anwälte, Verfassungsschützer und Kriminelle miteinander kungeln. Wie wenig vom Rechtsstaat übrigbleibt, wenn es erst soweit kommt, dazu hat Stefan Aust eine klare Meinung. Immer wieder werden von ihm die Grenzen des Rechtsstaats thematisiert: die Eingriffe in das Persönlichkeitsrecht während der RAF-Zeit, die Einschränkungen des Demonstrationsrechts als Reaktion auf die Anti-AKW-Bewegung, das Ausufern der Staatsgewalt gegenüber den Hausbesetzern. Auch in seinem eigenen Arbeitsumfeld muss Aust mit fragwürdigen Entscheidungen leben. So verweigert ihm sein eigener Arbeitgeber, der NDR, wichtiges Archivmaterial für den Strauß-Film, so dass sich Aust und Kluge im Ausland versorgen müssen, und bei den Wahlkundgebungen wird den Filmemachern verboten, zu drehen. Das alles erschüttert Austs Vertrauen in den Rechtsstaat – völlig fällt er vom Glauben ab, als er über Jahre einen Fall recherchiert, den es so noch nie gegeben hat: Ein Mensch wird unter den Augen des Verfassungsschutzes ermordet. Im Zuge der Ermittlungen verschwinden Unterlagen, werden Zeugen nicht gehört und verweigern Beamte die Aussage. Der wahre Täter wird nie gefunden. Einer der längsten Prozesse in der Geschichte der Bundesrepublik hält Stefan Aust ein Vierteljahrhundert lang in Atem.

21. Auf der Nudel

In der Nacht vom 4. auf den 5. Juni 1974 wurde in der Nähe der Krummen Lanke in Berlin-Grunewald der Student und ehemalige Aktivist der Bewegung 2. Juni, Ulrich Schmücker, erschossen. Am 22. Juni 1976 verurteilte die 7. Große Strafkammer des Berliner Landgerichts sechs Angeklagte wegen gemeinschaftlichen Mordes zu hohen Freiheitsstrafen. Sie sollen an Schmücker einen Fememord verübt haben, weil sie ihn für einen Spitzel des Verfassungsschutzes hielten. Später kassierte der Bundesgerichtshof dieses Urteil und auch ein zweites, das gefällt wurde.

Zehn Jahre nach dem Mord läuft der Prozess immer noch, doch der Wahrheit scheint man kein Stück näher zu sein. Die Angeklagten müssen nicht mal mehr vor Gericht erscheinen, es ist ihnen nicht mehr zuzumuten.

Stefan Aust lässt der Fall nicht los. Er begleitet den Prozess, sitzt Jahre in den Verhandlungen. Er redet mit den Eltern des

Mordopfers, mit Freunden, Anwälten und Geheimdienstlern. Er gräbt in Akten, wühlt im Dreck, und was er zutage fördert, ist abenteuerlich und liefert ihm Stoff für zwei Bücher. *Kennwort »Hundert Blumen«* heißt das erste, das er 1980 über »die Verwicklung des Verfassungsschutzes in den Mordfall Ulrich Schmücker« veröffentlicht – elf Jahre bevor das längste Strafverfahren in der deutschen Rechtsgeschichte nach insgesamt fünfhunderteinundneunzig Verhandlungstagen und Kosten in zweistelliger Millionenhöhe mit der Einstellung und dem Freispruch für die Angeklagten enden wird. Austs zweites Buch: *Der Lockvogel. Die tödliche Geschichte eines V-Mannes zwischen Verfassungsschutz und Terrorismus* erscheint fast dreißig Jahre nach dem Mord im Jahr 2002.

Der Fall Schmücker stehe wie kein anderer für »die Illegalität des Justizalltags und die Bestialität einer Justizbürokratie«, so steht es in einer Rezension von Austs Buch. Tatsächlich war Ulrich Schmücker ein orientierungsloser Junge aus der westfälischen Provinz, der eher zufällig ins terroristische Umfeld in Berlin gelangte. Anfang der siebziger Jahre wurde er festgenommen, weil die Polizei in seinem Auto Utensilien zum Bombenbau fand, in der Untersuchungshaft versuchte ihn schließlich ein Verfassungsschützer zur Mitarbeit zu bewegen. Schmücker sagte aus und kam nach kurzer Zeit frei. Draußen nahm er Kontakt zu seinen alten Freunden aus der Bewegung 2. Juni auf – nicht, um sie auszuhorchen, sondern weil er sonst keine Freunde hatte. Doch die misstrauten ihm und verurteilten ihn zum Tod. Erst sollte er auf einer Waldlichtung neben einem Polizeisportverein erschossen und die Leiche eingegipst werden, dann entschieden sich die Terroristen für die leichtere Variante. Tod per Kopfschuss am Stacheldrahtzaun.

Kurz vor seinem Tod hatte sich Schmücker bei seinem V-Mann aus dem Gefängnis gemeldet und berichtet, dass er Angst habe, als Verräter ermordet zu werden. »Das heißt, der Mord fand unter den Augen des Verfassungsschutzes statt«, resümierte Stefan Aust bereits 1975 in einem ersten *Panorama*-Beitrag über den Fall.

Aust, der diese These auch bei seinen weiteren Recherchen erhärtet findet, erschien damals selbst im Schmücker-Prozess vor Gericht – wegen seiner Behauptungen, dass der Verfassungsschutz in die Affäre verwickelt sei und der Geheimdienst den Mord an Schmücker möglicherweise sogar beobachtet habe. Vor Gericht sagte er als Zeuge aus, dass er aus Behördenkreisen, die er nicht näher benennen wolle, die verlässlich erscheinende Information erhalten habe, dass gleich sechs Verfassungsschutzbeamte die Gegend um die Krumme Lanke observiert hätten. Schon im Fernsehen hatte er zudem einen Vermerk gezeigt, der beweisen sollte, dass der Mittäter und Kronzeuge Jürgen Bodeux ein V-Mann war. Als ein »bisschen dünn« bezeichnete der Vorsitzende Richter daraufhin Austs Materialsammlung und verwies darauf, dass in den Behörden trotz intensivster Suche kein solcher Vermerk gefunden worden sei. Er trage zwar den Kopf des Bundeskriminalamts, entspreche aber sonst in keiner Weise den Gepflogenheiten des Amtes, so die dortige Auskunft.

Tatsächlich handelte es sich bei den von Aust vorgebrachten Vermerken teilweise um Fälschungen. Auch er wurde wie Schmücker und die Angeklagten zum Spielball der Geheimdienste, deren Arbeit er journalistisch hinterfragte.

Dennoch hatte er recht: Die des Mordes verdächtige Anarchistengruppe war vom Verfassungsschutz unterwandert. Nur mit Bodeux war Aust auf den falschen Dampfer geraten. Bereits während eines Prozesses hatte er einen anderen Tip bekommen. Jemand, der es wissen musste, war auf ihn zugekommen und hatte gesagt: »Mit Bodeux seid ihr auf dem falschen Trip.« Austs Antwort damals war knapp: »Das kann doch nicht sein.« Und dennoch kam er ins Grübeln.

Mit dem Staat hat die Wahrheit im Fall Schmücker von Beginn an einen übermächtigen Gegner. Über die Jahre ver-

141

schwinden Abhörprotokolle, wichtige Zeugen werden nicht geladen, Akten dürfen nicht eingesehen werden, und die Strategie der Verteidigung wird ausspioniert. All diese Umstände spornen Aust nur noch mehr an, der Sache auf den Grund zu gehen. Für sein erstes Buch schildert er die Anfänge der Bewegung 2. Juni, zeigt, wie Achtzehnjährige aus Protest gegen ihre Eltern und aus Langeweile beginnen, Terroristen zu spielen – so lange, bis der Staat statt Streetworkern Beamte im Sondereinsatz schickt, um aus Kindern Spitzel zu machen. In der Gruppe um Schmücker waren gerade mal zwei der Angeklagten über achtzehn. Und als Schmückers Mutter die Anstaltsleitung bat, für ihren Sohn wegen dessen Tuberkuloseanfälligkeit Milch zu kaufen, stellte man ihm irgendwann achtundzwanzig Tüten vor die Zellentür – weil die Bewilligung so lange gedauert hatte.

Am Ende des ersten Buchs veröffentlicht Aust seine Dokumente: Aktenvermerke und Gesprächsprotokolle, aus denen hervorgeht, wie Schmückers Weggefährte Jürgen Bodeux zum Mitarbeiter des Staatsschutzes wurde – doch so richtig traut Aust den Unterlagen nicht mehr. Falls sie falsch seien, schreibt er, »muss es eine Abteilung ›Desinformation‹ in einem der Ämter geben, mit der Zielsetzung, Journalisten durch gezielte Falschinformationen aufs Glatteis zu führen«. Da ahnt er womöglich schon, wie recht er hat.

Aber es ist zu spät: Im *Stern* erscheint eine Geschichte mit der Schlagzeile »Falsche Spur aus Wiesbaden« und der Unterzeile »Professionelle Fälscher legten einen Journalisten aufs Kreuz, der die Hintergründe des Schmückermordes aufklären wollte«. Der Journalist, der da aufs Kreuz gelegt wurde und sich offenbar im Dickicht von Geheimdienstlern und Terroristen verirrt hat, ist natürlich Aust. Der ärgert sich, dass der *Stern* nicht mal erwähnt, dass er sich bereits von den Unterlagen distanziert hat. So wird denn die *Stern*-Story in Austs Leib-und-Magen-Blatt *Konkret* Punkt für Punkt auseinandergenommen und enthüllt, dass es sich bei der Autorin um eine ehemalige Freundin des mutmaßlichen Schmücker-Mörders Bodeux handelt, wobei nicht klar ist, was das zu bedeuten hat. Schreibt sie aus Liebe oder aus Rache? Austs Motiv ist wohl eher letzteres. Es ist die Rache am *Stern,* der wenige Jahre darauf selbst in einen Fälscherskandal gigantischen Ausmaßes verwickelt sein wird, über den Aust, als es soweit ist, nur allzu gern berichtet. Wie sehr Aust und andere Journalisten verschaukelt wurden, zeigt sich nach und nach. Nicht Jürgen Bodeux war der Agent, sondern Volker von Weingraber. Bei Weingraber wohnten die Terroristen, er lieh ihnen das Auto zum Auskundschaften des Tatorts. Viel später stellt sich heraus, dass die Tatwaffe, mit der Ulrich Schmücker in den Kopf geschossen wurde, über Jahre beim Verfassungsschutz im Tresor lag.

»Zusammenfassend ist festzustellen, dass im vorliegenden Fall durch die extrem lange belastende Verfahrensdauer, die rechtswidrigen Maßnahmen zur Erzielung von Geständnissen der Beschuldigten, die Ausforschung detaillierter Verteidigungsschritte über einen Zeitraum von fünfzehn Jahren eine Reihe schwerwiegender Verstöße gegen das Gebot eines fairen Verfahrens vorliegt«, stellt die Vorsitzende Richterin an der 18. Großen Strafkammer des Landgerichts Berlin-Moabit am 28. Januar 1991 zum Abschluss des Verfahrens fest. Ergänzt würden »diese Verstöße durch eine in dieser Form in der Justizgeschichte der Bundesrepublik Deutschland erstmals bekanntgewordene, von den Ermittlungsbehörden teils bewusst, teils unbewusst hingenommene Steuerung des gesamten bisherigen Strafverfahrens durch eine hierzu nicht berufene Behörde«. Damit ist der Fall erledigt.

Nur nicht für Aust. Den lässt der Gedanke nicht ruhen, dass sein Schmücker-Buch auch Zeugnis von seiner Fehlbarkeit ablegt. Er will die Schmach vergessen machen, dass ihn die Geheimdienstler »auf die Nudel geschickt haben«, wie er es nennt. Wohl deswegen erscheint 2002 *Der Lockvogel,* Austs abschließendes Werk zu diesem Komplex. Es wird kein kommerzieller Erfolg – zu verwirrend ist das Thema und zu lange her das Verbrechen, als dass es noch viele Menschen interessiert, auch wenn es durch die Debatte über V-Männer im rechtsextremen Spektrum eigentlich hochaktuell ist.

Doch darum geht es gar nicht. Das Buch ist der Beweis, dass niemand Aust auf die Nudel schickt. Und wenn er dreißig Jahre braucht, um diesen Beweis zu erbringen.

22. Beim Fälscher in der Zelle

Im Frühjahr 1983 vermeldet der *Stern* eine Weltsensation, von der sich das Blatt nie wieder erholt. Auf einer Pressekonferenz präsentieren Chefredaktion und Geschäftsführung ein paar erstaunlich gut erhaltene schwarze Kladden mit dem Initial »F. H.« – die Hitler-Tagebücher. Der Fälscher Konrad Kujau hatte so schnell kein »A« in Frakturschrift zur Hand, denn eigentlich sollte das erste Initial ja für Adolf stehen.

»Die Geschichte des Dritten Reichs« muss umgeschrieben werden, frohlockt das Magazin in der ersten Ausgabe mit den vermeintlichen Enthüllungen, in denen der Führer zum Durchschnittsmenschen zusammenschnurrt, der sich um seine Blähungen sorgt und darum, dass Eva Braun rechtzeitig die Eintrittskarten für die Olympischen Spiele von der Vorkasse abholt. Fast 10 Millionen Mark hat der *Stern*-Verlag Gruner + Jahr in dieses vielbändige Werk investiert, das vom Starreporter Gerd Heidemann herbeigeschafft wurde. Der hat die alte Yacht Hermann Görings im Hamburger Hafen liegen und gilt auch sonst als etwas sonderbar. Doch selbst G + J-Chef Gerd Schulte-Hillen zeigt sich bei einem Besuch in Heidemanns Wohnung fasziniert, als ihm der Reporter die Pistole zeigt, mit der sich Hitler angeblich erschossen hat. »Schulte-Hillen ist tief beeindruckt von der Welt dieses Abenteurers«, notiert ein geheimer Untersuchungsbericht der Affäre. Auch der Patriarch von Bertelsmann, dem G + J gehört, hält die Kladden »für das bedeutendste Manuskript, das je über meinen Schreibtisch gelaufen« ist.

Hitlers geheime Aufzeichnungen hat Heidemann angeblich aus der DDR, wo in den letzten Kriegstagen ein Flugzeug mit der kostbaren Fracht abgestürzt sein soll. In einem von Stern-TV produzierten Jubelbeitrag für das ZDF werden feierlich die Gräber der Piloten abgeschwenkt und der Nachttisch von Hitler gezeigt. Tatsächlich, dort liegt ein Tagebuch.

»Alles Fälschung!« ruft noch während der Pressekonferenz der Historiker David Irving, der später als Holocaust-Leugner berühmt-berüchtigt wird. Tatsächlich erfreut sich Gruner + Jahr nur zehn Tage lang an dem Scoop, dann gibt das Bundesarchiv in Koblenz bekannt, was alle hätten wissen müssen: dass es sich bei den Hitler-Tagebüchern eindeutig um Fälschungen handelt, die man schon bei flüchtigem Hinsehen als solche entlarven könne. Aber so genau hinsehen wollte eben keiner. Eine Untersuchung der Bücher, die schon beim ersten Ankauf im Frühjahr 1981 hätte erfolgen sollen, wurde erst im April 1983 gemacht.

Nun sind alle untröstlich: Der frischgebackene G + J-Chef Schulte-Hillen, die Chefredakteure Felix Schmidt und Peter Koch und natürlich der Herausgeber Henri Nannen, dessen Lebenswerk mächtig Schaden leidet und der sich bis zu seinem Tod 1996 über diesen gigantischen Reinfall grämt. Sein schönes Magazin ist erst einmal das Witzblatt der Nation. »Wir haben Grund, uns vor unseren Lesern zu schämen«, sagt Nannen ungewöhnlich kleinlaut.

Der Fälscher Konrad Kujau wird verhaftet, doch der Versuch der Verlagsmanager, alle Schuld bei ihm und dem suspendierten *Stern*-Reporter Gerd Heidemann abzuladen, misslingt gründlich. »Der blinde Glaube an die Echtheit ist vom neuen Vorstandsvorsitzenden Schulte-Hillen mit dem ganzen ›Projekt‹ ungeprüft übernommen worden«, heißt es in dem internen Untersuchungsbericht, und auch im Prozess um die Hitler-Tagebücher geht es vor allem um die Sorgfaltspflichten der G + J-Manager, um deren unternehmerische und journalistische Maßstäbe. Und darum, inwiefern sich die Kaufleute eines Betrugs in Tateinheit mit fortgesetzter Hehlerei strafbar gemacht haben. Schließlich sollte die heiße Ware gewinnbringend an möglichst viele Publikationen weltweit verkauft werden. Dafür, so Kujaus Rechtsanwalt Kurt Groenewold, habe man sehr früh den Plan entwickelt, den »in London in ärmlichen Verhältnissen lebenden Erben Hitlers die Rechte an den Büchern für wenig Geld abzuluchsen«. G + J, so der Anwalt, sei ein betrogener Betrüger und habe in der Angelegenheit eine große kriminelle Energie an den Tag gelegt.

Groenewold, der vor dem Hamburger Landgericht ein neunundsiebzig Seiten umfassendes Plädoyer hält, das die G + J-Anwälte blass werden lässt, ist kein Unbekannter. Er entwickelte einst für die inhaftierten RAF-Terroristen das sogenannte »Info«, über das sie miteinander kommunizieren konnten, und wurde 1978 wegen Unterstützung einer terroristischen Vereinigung zu zwei Jahren Freiheitsstrafe auf Bewährung und 75 000 Mark Geldstrafe verurteilt. »Wir halten ihm zugute«, hatte der Richter generös angemerkt, »dass er einsatzfreudig und engagiert verteidigt hat.«

Das tut er auch diesmal. Zu seinem Engagement gehört auch der Kontakt zu Journalisten, deren Arbeit er gern flankierend zu seinen eigenen Bemühungen einsetzt und die ihn ihrerseits als wichtigen Informanten schätzen. Stefan Aust, der für *Panorama* bereits kurz nach der Veröffentlichung der gefälschten Hitler-Tagebücher über den Skandal berichtet und in seinem Beitrag bereits den Namen Konrad Kujau nennt, als noch niemand weiß, wer hinter Hitlers Aufzeichnungen steckt, ist einer von ihnen. Auf Groenewolds Vermittlung hin darf er zum Interview in Kujaus Zelle. Dort sitzen der aufsteigende Journalist und der gefallene Fälscher auf engstem Raum beieinander und verstehen sich offenbar prächtig. Kujau präsentiert sich als geschichtsinteressierter Mensch, der mit großer Disziplin und einem ordentlichen Bauernfrühstück im Bauch Hitlers Handschrift nachmachte und nie damit gerechnet hat, dass die Bücher veröffentlicht werden – sonst hätte er doch keine Pelikan-Tinte verwendet.

Aust und Kujau rauchen gemeinsam Kette und lachen herzlich über die Anekdoten aus dem Reich der Militariasammler, wo Görings smaragdbesetzte Zigarrenkisten mit absurder Ehrfurcht gehandelt werden. Dass Aust später mal als *Spiegel*-Chef in einem Jahr gleich vier Hitler-Titelbilder veröffentlicht und ausführlich über die letzten Stunden im Führerbunker berichten lässt, ist zu diesem Zeitpunkt noch schwer vorstellbar.

Anwalt Groenewold erreicht durch das Interview, was er erreichen wollte: dass sich sein Mandant in der öffentlichen Wahrnehmung vom Verbrecher zum schrulligen Original wandelt, der einfach Spaß an kleinen Eulenspiegeleien hat und von den gierigen Verlagsleuten nur instrumentalisiert wurde. Für Aust ist es die gelungene Rache am *Stern*, der ihn im Fall Schmücker einst als Abnehmer gefälschter Dokumente öffentlich bloßgestellt hat und nun selbst einer viel größeren Täuschung aufgesessen ist.

23. »Der Deo-Seidenhemd-Komplex«

Schon nach kurzer Zeit im Gefängnis hatte Ulrike Meinhof in ihrer Zelle mit einem »grundlegenden Werk« über die Geschichte der RAF begonnen und erste Notizen dazu angefertigt. »Die Bildung der RAF 1970 hatte in der Tat spontaneistischen Charakter« – so hätte es anfangen sollen, sehr viel weiter kam Meinhof nicht. Das grundlegende Werk über die RAF erscheint dennoch – knapp zehn Jahre nach Ulrike Meinhofs Tod, geschrieben von Stefan Aust.

Die Idee für den *Baader-Meinhof-Komplex* war naheliegend. Kein anderes Kapitel deutscher Nachkriegsgeschichte bot soviel Material für Legendenbildung und Mystifizierung. Allein schon das Schlagwort vom Deutschen Herbst, mit dem die Geschehnisse rund um die Schleyer-Entführung bezeichnet wurden, hörte sich stark nach düsterer Wagner-Oper an. Was war das aber auch für ein Stoff: sechs gegen sechzig Millionen, wie Heinrich Böll den Privatkrieg der Stadtguerilla genannt hatte, Bonnie & Clyde als Remake mit Andreas Baader und Gudrun Ensslin und einem hochgerüsteten Staat, der seinerseits zur Mythenbildung beitrug und neue Archetypen schuf – wie etwa BKA-Chef Horst Herold als Herr der Rasterfahndung, Helmut Schmidt als der unbeugsame Bundeskanzler oder die Eingreiftruppe GSG 9, die ihren legendären Ruf mit der Erstürmung der entführten Lufthansa-Maschine in Mogadischu begründete und von der selbst die englische Presse schwärmte, allem Deutschen gegenüber sonst herzlich abhold.

Den Stoff kannte Aust in- und auswendig. Wie kaum ein anderer Journalist hatte er Kontakt zu den führenden Figuren des bundesdeutschen Terrorismus, zwanzig Jahre lang hatte er bereits über das Thema berichtet, ehe er Ende 1982 einen Buchvertrag abschloss und mit der Arbeit am *Baader-Meinhof-Komplex* anfing. Schon in der Jugend hatte er über den Schulfreund Wolfgang Röhl und seinen Bruder Klaus Rainer dessen damalige Ehefrau Ulrike Meinhof kennengelernt, mit der er später bei *Konkret* zusammenarbeitete. Er machte Bekanntschaft mit Horst Mahler, Jan-Carl Raspe und dem RAF-Anwalt Otto Schily. Baader und Ensslin lernte Aust nie kennen, aber über seinen Freund Peter Homann hörte er so einiges über sie. Als Aust mit der Arbeit an dem Buch beginnt, kann er aus dem vollen schöpfen. Nur die in Haft sitzenden Terroristen reden nicht gern mit Journalisten, die sie als Teil des zu bekämpfenden Systems sehen. Die meisten wollen sich nicht in Interviews äußern, schließlich sind einige Verfahren noch anhängig, und draußen kämpft die zweite RAF-Generation ihren aussichtslosen Krieg gegen das Land.

Das wichtigste für Aust ist die Beschaffung der Akten. Über sechzig laufende Meter davon gibt es: Ermittlungsakten der Polizei und die Wortprotokolle aus den Verfahren in Stammheim, in denen die Vorkommnisse minutiös festgehalten sind. Neben der Staatsanwaltschaft und dem Bundeskriminalamt sind auch die RAF-Anwälte im Besitz der Dokumente, und einer von ihnen ist Kurt Groenewold, der Aust schon die Gelegenheit gab, Konrad Kujau in seiner Zelle zu besuchen. Groenewold überlässt Aust Kopien der Akten, mit denen der sich in seiner kleinen Wohnung am Eppendorfer Weg verbunkert. Gleich mehrere Male packt er sein Auto voll bis unters Dach und schafft Kopien der Unterlagen zu sich nach Hause. Frühmorgens steht er auf und beginnt mit dem Studium, anders ist der Papierberg nicht zu bewältigen. Es ist ein bisschen wie bei einer Doktorarbeit, nur ungleich lukrativer.

Neben diesen Exerzitien führt Aust Gespräche, unter anderem mit Horst Herold, der gut geschützt in einer Kaserne in Baden-Württemberg sitzt und eigentlich mit niemandem mehr spricht, weil er findet, dass ihm das Land noch etwas schuldig

ist und dass Andreas Baader, der einst aus einer sportlichen An-
wandlung heraus seine Fahndungsmethoden lobte, der einzige
Mensch ist, der ihn je verstanden hat. Nun kommt Aust und
versteht ihn auch.

Jahrelang brütet Aust über den fünfhundert Ordnern mit je-
weils fünfhundert Seiten und den Mitschriften der Interviews.
Wenn sich sein Arbeitskollege und Mitbewohner Kuno Haberbusch aus dem Bett quält, hat Aust schon wieder ein paar Seiten
fertig. In der Welt draußen vor seinem Fenster wird Helmut
Kohl zum Kanzler der »geistig-moralischen Wende«, ziehen die
Grünen in den Bundestag ein, kommen die ersten Pershing-
Raketen nach Deutschland und singt die friedensbewegte Nena
von neunundneunzig Luftballons, die zum Horizont fliegen.
Währenddessen sitzt Aust an seinem Schreibtisch und schreibt
das Buch, das ihm ein kleines Vermögen einbringen wird, auch
wenn er davon noch nichts ahnt. Mit ein paar tausend Exem-
plaren rechnet er, mehr nicht.

Eigentlich gibt es Austs Buch schon, er muss es nur finden.
Die knapp sechshundert Seiten stecken inmitten der zweihun-
dertfünfzigtausend Seiten Akten – alles ist irgendwie schon geschrieben, es muss nur noch ausgewählt und neu kompiliert
werden, aber was heißt schon »nur«.

Ende 1985 endlich erscheint *Der Baader-Meinhof-Komplex*
und damit »die erste umfassende Geschichte der Jahre zwischen
1970 und 1977, als eine Handvoll Untergrundkämpfer daran
ging, diese Republik zu erschüttern«, wie der Verlag Hoffmann
und Campe in der Pressemitteilung ankündigt. »Ein treffsiche-
res Psychogramm, ein dramatisches Kapitel deutscher Nachkriegsgeschichte.«

Tatsächlich füllt Austs Werk eine Lücke – die des zeit-
geschichtlichen Krimis. Bis zu seinem Buch gab es nur kno-
chentrockene Abhandlungen über den deutschen Terrorismus –
Bücher, die sich nicht anders lesen als das klein geschriebene
Kauderwelsch aus den Kassibern. Der *Baader-Meinhof-Kom-*

plex aber liest sich wie ein Spannungsroman, vollgepackt mit saftigen Details über die Terroristen. Da robbt Andreas Baader in roten Samthosen durch den Wüstensand, da wird beim Einbruch Cognac gekippt und auf rasante Verfolgungsjagden gegangen. Selbst die Marke von Gudrun Ensslins Deoroller hat Aust recherchiert. Es riecht förmlich nach einem Bestseller. Austs Stil ist nicht mehr die politische Polemik wie einst bei den *St. Pauli Nachrichten,* in denen er Andreas Baader noch vorgeworfen hatte, nicht wie ein aufrechter Revolutionär gehandelt zu haben, sondern der Stil eines kühl sezierenden Kriminalisten. Die Zeiten haben sich eben geändert. Nicht mehr das flammende Plädoyer ist gefragt, sondern der chirurgisch-rhetorische Eingriff. Der *Baader-Meinhof-Komplex* ist alles andere als komplex, sondern so eingängig wie ein Jerry-Cotton-Roman. Aust lässt bei dem doch eigentlich hochpolitischen Thema alle Theorie beiseite und reiht Geschichte an Geschichte, schreibt fast eine Art Abenteuerroman. Darin spiegelt sich bereits jene szenische Detailversessenheit, die später mehr als unter jedem anderen Chefredakteur die Masche des *Spiegels* wird. Der *Baader-Meinhof-Komplex* ist so die Blaupause für etliche *Spiegel*-Geschichten, die Aust später als Chefredakteur verantwortet.

Mit dem *Baader-Meinhof-Komplex* macht es Aust keinem recht: Für die Hinterbliebenen der Attentatsopfer ist sein Buch zuviel der Vermenschlichung, für die Angehörigen und Freunde der Terroristen nur üble Kolportage. Wenig begeistert sind die RAF-Sympathisanten darüber, dass Aust ihre Helden auf das Maß stinknormaler Krimineller zusammenschnurren lässt, wenn er schildert, welche Irrfahrten sie durch die Republik unternommen haben und dass sie dabei so dilettantisch vorgingen, dass die Kerntruppe binnen kürzester Zeit verhaftet wurde.

Dabei handelt das Buch auch von den Qualen der Terroristen in Stammheim, schließlich stehen Aust etliche Briefe zur Verfügung, die vom immensen psychischen Druck zeugen. Er schildert, wie die Zellen abgeschottet wurden und wie der Fahndungsdruck der Behörden auch unschuldige Opfer hervorbrachte. »Bis zu diesem deutschen Herbst des Jahres 1977 waren 28 Menschen bei den Anschlägen oder Schusswechseln ums Leben gekommen«, schreibt Aust am Schluss des Buches, »17 Mitglieder der Stadtguerilla fanden den Tod. Zwei gänzlich Unbeteiligte waren bei den Fahndungsmaßnahmen versehentlich erschossen worden. 47 Tote. Das ist die Bilanz von sieben Jahren ›Untergrundkampf‹ in der Bundesrepublik Deutschland. Es waren sieben Jahre, die die Republik veränderten.«

Der bundesdeutsche Terrorismus als Roadmovie mit Banküberfällen, Bombenbauen und grausamen Attentaten – ganz ohne die krude Rechtfertigungsrhetorik der Täter und daher auch seltsam losgelöst von der Entstehungsgeschichte: Das ist nichts für die Linke, die sich schwer damit tut, dass jemand mit der noch unverdauten Katastrophe Kasse macht. Aust, »der wieselflinke Vermarkter linker Themen, hat sich nach Schmükker, Brokdorf und Hausbesetzern nun auch der Leichen von Stammheim fleddernd angenommen«, höhnt Fritz Teufel, der ehemalige Kommunarde, und Konkret fragt unter der Überschrift »Der Deo-Seidenhemd-Komplex«: »Was beweisen denn die von Aust mit fanatischer Akribie enthüllten Allzumenschlichkeiten, Gewohnheiten, Schwächen, Ängste, Modetorheiten? Angenommen, es sei – auch wenn zu oft Quellenangaben fehlen, alles erweislich wahr: Entsteht aus dieser Sammlung die Wahrheit? Und gar eine, die weiter trüge als auch nur eine zusammenhängende Darstellung der politischen Vorstellungen, die diese Leute gehabt haben und für die auf sechshundert Seiten kein Platz war, weil sonst die Beschreibung der seidenen Hemden und der silbernen Ballermänner zu kurz gekommen wäre?«

Kurz nach Erscheinen des Buches klagt der ehemalige RAF-

Anwalt Hans-Christian Ströbele in einer Talk-Show: »Baader und Meinhof würden sich im Grab umdrehen, wenn sie das lesen würden.« Die Konservativen halten Aust vor, aus Verbrechern Menschen gemacht zu haben. Dieter Kunzelmann bestreitet, jemals den Berliner Presseball mit einer Bombe in der Tasche besucht zu haben, und setzt gerichtlich in der nächsten Auflage eine Korrektur durch. Und Gottfried Ensslin, der Bruder von Gudrun Ensslin, verwahrt sich gegen die doch eher harmlose Schnurre, dass bei ihnen zu Hause abends zur Klampfe gesungen wurde. Eine reine Erfindung des Kolporteurs Aust sei das – wie so vieles in dem Buch und besonders die Stellen, an denen es den Anschein habe, als wäre Aust beim Planen der Anschläge mit dabeigewesen. So kommt es nicht nur Ensslin vor.

24. Kronzeugen als Ghostwriter

Der Schilderung vergangener Ereignisse sind Grenzen gesetzt«, räumt Aust in seinem Vorwort ein und fährt fort: »Zum einen ist nicht jeder bereit, Auskunft zu geben. Zum anderen sind Augenzeugenberichte auch immer subjektiv gefärbt. Ich habe versucht, aus den verschiedenen Aussagen herauszufiltern, was sich tatsächlich abgespielt hat.«

Besonders dort, wo er die lebenden und toten Terroristen wörtlich wiedergibt, schürt Aust den Argwohn seiner Kritiker. »Andreas Baader schickt keine Gegendarstellungen mehr«, schreibt der *Konkret*-Herausgeber Hermann Ludwig Gremliza, und Gottfried Ensslin rügt in der *taz:* »Es geht Aust um den prallen Thriller, randvoll gefüllt mit Anekdötchen und saftigen

Details [...] Wie kommt er zu diesen akustischen Nahaufnahmen der Gruppengespräche, die so authentisch wirken sollen? Er saß ja wohl nicht als Mäuschen unter dem Tisch.« Natürlich nicht. Es ist viel einfacher. Aust hat trotz seiner Versicherung, aus »verschiedenen Aussagen herauszufiltern, was sich tatsächlich abgespielt hat«, manche Zeugenaussage einfach über Seiten hinweg abgeschrieben – zum einen aus den Protokollen der Vernehmungen der früh abgesprungenen RAF-Mitglieder Karl-Heinz Ruhland und Beate Sturm, zum anderen aus dem *Spiegel*. In dem hatte Beate Sturm bereits am 7. Februar 1972 – also kurz nach ihrer Festnahme – einen Artikel über ihr Leben im Untergrund veröffentlicht. Überschrift: »Man kann nur zurückbrüllen«. Ausführlich schilderte sie den Streit innerhalb der Gruppe und zitierte Andreas Baader mit den Worten: »Fehler, klar sind Fehler gemacht worden. Aber von einzelnen, nicht von der Gruppe. Also müssen sich die einzelnen ändern, nicht die Gruppe.« Zu den Frauen soll Baader laut Sturm gesagt haben: »Ihr Votzen, eure Emanzipation besteht darin, dass ihr eure Männer anschreit.« Genau so steht es dreizehn Jahre später in Austs Buch, nur dass der »Fotzen« mit F schreibt.

Das ist der Kniff: Aust hat seinen Protagonisten oftmals in den Mund gelegt, woran sich die Kronzeugen erinnern, und so die Dialoge geschaffen, die seine Kritiker so verblüffen. Wenn es bei Beate Sturm heißt: »Ulrike meinte diese planlose Rumrennerei, dieses Hetzen – wenn's hier nicht klappt, dann gehen wir schnell in die nächste Stadt. Man hat nie überlegt, warum etwas nicht geklappt hat«, wird bei Aust wörtliche Rede daraus: »Jetzt wurde auch Ulrike Meinhof laut: Diese planlose Rumrennerei, dieses Hetzen – wenn's hier nicht klappt, dann gehen wir schnell in die nächste Stadt. Man hat nie überlegt, warum etwas nicht geklappt hat.« Und weiter bei Sturm: »Astrid Proll hat dann noch versucht einzugreifen – aber sie ist ein rotes Tuch gewesen für Andreas.« Bei Aust wird daraus:

154

»Astrid Proll versuchte einzugreifen, aber sie war inzwischen ohnehin zum roten Tuch für Baader geworden.« Strenggenommen muss es natürlich heißen, dass Beate Sturm glaubte, Proll sei zum roten Tuch für Baader geworden, aber wer will so was schon lesen? Aust ist kein Historiker, sondern Journalist.

Obwohl sich Aust journalistisch jahrelang an der zweifelhaften Kronzeugenregelung abgearbeitet hat – zuletzt noch im Schmücker-Buch –, werden nun Peter Homann, Karl-Heinz Ruhland und Beate Sturm, die abtrünnigen RAF-Mitglieder, quasi zu seinen Ghostwritern. Lesbarkeit und Spannung zuliebe übernimmt er ganze Passagen unkommentiert aus den Vernehmungsprotokollen, ohne Rücksicht darauf, dass Zeugen versuchen könnten, die Dinge möglichst positiv für sich darzustellen und andere zu schützen. »Wenn ein Kronzeuge aussagt, sieht er natürlich zu, alles zu seinem Vorteil darzustellen, um am besten wegzukommen. Dann will er Leute schützen und andere nicht. Das ist natürlich problematisch«, sagt Hans-Christian Ströbele heute zum *Baader-Meinhof-Komplex*.

Der *Baader-Meinhof-Komplex* enthält bereits Rollenzuweisungen, die auch später, nachdem etliche andere Werke zur RAF publiziert sind, noch Bestand haben – teils, weil nachfolgende Autoren zu ähnlichen Einschätzungen gelangen, teils, weil sie das Aust-Buch zur Grundlage ihrer Arbeiten nehmen. Andreas Baader, der Aust einst mit der Waffe gejagt hat, nachdem der die Meinhof-Zwillinge in Sicherheit gebracht hatte, erscheint als durchgeknallter Desperado, der die anderen mit seinen Machosprüchen nervt und mit deren theoretischem Unterfutter seine eigenen Allmachtsphantasien legitimiert. Gudrun Ensslin ist der eiskalte Engel an seiner Seite, der mit menschenverachtender Rhetorik die verführte Ulrike Meinhof in den Selbstmord treibt.

»Andreas Baader? Er ist ein Feigling.« Das hatte schon 1971 über einem *Spiegel*-Gespräch mit dem RAF-Aussteiger Peter Homann gestanden, der einst mit Aust vor Baader und Mahler

Richtung Sylt geflüchtet war. In dem aufsehenerregenden Interview, das Homanns Anwalt Josef Augstein, der Bruder von *Spiegel*-Herausgeber Rudolf Augstein, vermittelte und das Homann wenige Tage, bevor er sich der Polizei stellte, gab, beschreibt er Baader als »Figur aus einem schlechten Roman des 19. Jahrhunderts«. Sein Einfluss resultiere nicht aus einem Übermaß an politischem Wissen. »Er ist theoretisch völlig unfähig und hatte offensichtlich in den eineinhalb Jahren Knast, nach dem Kaufhausbrand, keine Zeile begriffen. Er vermittelte das Gefühl, das Überschreiten von bürgerlichen Gesetzen sei allein schon ein revolutionärer Akt. Er konnte dabei mehr oder weniger geschickt mit Schuldgefühlen und Unfähigkeiten der Leute seiner Umgebung operieren, sie sind darauf reingefallen.«

Aust und Homann fallen natürlich nicht darauf rein, sie zeigen gemeinsam den wahren Baader, Homann als Zeitzeuge, Aust als Autor. Und wenn Baader laut Stammheim-Protokoll doch mal etwas Kluges sagt, dann kommt das zuweilen gar nicht erst ins Buch, um den Gesamteindruck nicht zu verwischen. So füllt Aust in den Kapiteln über den Stammheim-Prozess Seite um Seite mit den wörtlichen Protokollen der Gespräche zwischen den Angeklagten und den Richtern. »Sau«, »Drecksau«, »Schwein«, »faschistisches Arschloch« – vor allem die Beschimpfungen der Angeklagten haben es ihm angetan. Dass den Tiraden noch der Versuch der Angeklagten vorausging, sich auf andere Art Gehör zu verschaffen und ihren Boykott des Gerichts inhaltlich zu begründen, verschweigt Aust zuweilen. Bei ihm wird Andreas Baader schon mal in den Gerichtssaal geführt, wo er umgehend beginnt, den Richter zu attackieren. In Wirklichkeit aber hielt Baader dem Richter an manchen Prozesstagen zunächst einen Vortrag darüber, dass er sich nicht äußern möchte, weil er elementare Grundrechte seiner Persönlichkeit verletzt sah – was man angesichts von Abhör- und Isolationsmaßnahmen durchaus so sehen konnte.

Die *Süddeutsche Zeitung* erkennt denn auch in Austs Baader einen »prügelnden Tunichtgut mit offenbar großer Ausstrahlungskraft«. Worin diese Ausstrahlungskraft bestand und wie es Baader schaffte, intelligente Frauen wie Ensslin und Meinhof von sich abhängig zu machen, erfährt man leider nicht, man kann nur ahnen, dass es ihm als bloßer Schläger kaum gelungen sein dürfte.

Und weil die Wahrheit manchmal ein wenig hinter den Bedürfnissen eines Krimis zurückbleibt, muss ihr Aust hin und wieder etwas auf die Sprünge helfen. »Die Beamten zogen ihre Pistolen und verlangten den Ausweis. Ich dachte schon, ihr wollt mich ficken, sagte die Frau und griff zu ihrer schwarzen Handtasche. Die Beamten entrissen ihr die Tasche und fanden darin eine Pistole.« So beschreibt Aust die Festnahme von Margrit Schiller, und das klingt fast so, als hätte die Terroristin zur Pistole greifen wollen, um die Beamten zu erschießen. Im Protokoll der Festnahme liest sich das weit undramatischer. Demnach entnahm Schiller nach einem längeren Gespräch mit den Beamten einen Personalausweis aus ihrer Tasche und gab ihn dem Polizisten, woraufhin der um die Tasche bat und sie ausgehändigt bekam. Das war Aust wohl ein bisschen zu lahm.

Aber genau diese Mischung aus Zeitgeschichte und Räuberpistole machte aus dem *Baader-Meinhof-Komplex* einen Renner. Noch heute ist das Buch, das nach seinem Erscheinen bei kaum einem jungen Menschen im Regal fehlte, das Standardwerk zur RAF, auch wenn Gottfried Ensslin nach dem Erscheinen in der *taz* hoffte: »Austs Buch darf nicht das Buch über die RAF werden und wird es bestimmt auch nicht.« Doch genau das ist es geworden: Insgesamt soll es sich eine halbe Million Mal verkauft haben.

25. Die RAF in Austs Händen

Das Thema RAF ist mit dem Buch noch lange nicht durch, im Gegenteil: Die Verwertungsmaschine läuft auf Hochtouren. Fast zeitgleich mit der Buchpremiere kommt der Film *Stammheim* von Reinhard Hauff in die Kinos, mit Ulrich Tukur in der Rolle von Andreas Baader und Ulrich Pleitgen als Vorsitzender Richter. Das Drehbuch dazu hat Stefan Aust geschrieben.

Viel zu schreiben gab es für Aust nicht, denn der Film ist im Grunde ein Kammerspiel, bestehend aus den Wortgefechten zwischen Richtern und Angeklagten, zwischen Verteidigern und Bundesanwaltschaft – und die stehen komplett in den Akten. Für Aust hat das den doppelten Vorteil, dass er sich keine Dialoge ausdenken muss und ihm niemand nachsagen kann, er habe für jemanden Partei ergriffen. Die Baader-Meinhof-Bande und ihre Richter haben quasi ihr eigenes Drehbuch geschrieben.

Der Film, der fast nichts zeigt außer dem Sitzungssaal und ein paar von schwermütigen Monologen unterlegte Impressionen aus den Zellen – Raspe beim Musikhören, Meinhof beim Tippen, Ensslin beim Rauchen –, zeigt immerhin so viel, dass sich schwerlich sagen lässt, wer sich eigentlich mehr verrannt hatte: die Angeklagten mit ihrem Hochmut und ihrer Paranoia oder der Staat, der in Stammheim das Recht auf den Hackklotz legte, indem er die Verteidiger kurz vor Verhandlungsbeginn ausschloss, die Zellen verwanzte oder zuließ, dass die Angeklagten Pakete mit Stricken bekamen – als Empfehlung, sich lieber gleich aufzuhängen. In allererster Linie zeigt der Film, in dem ständig geredet wird, die fulminante Sprachlosigkeit, das Unvermögen und den Unwillen, füreinander Verständnis zu zeigen. Zu sehen sind eigentlich nur Verlierer.

Doch noch ist diese Form der Aufarbeitung jüngerer Geschichte unerwünscht. Weder die Filmförderung noch die Fernsehsender wollen den Film unterstützen. »Es ist ein Ausschnitt aus dem Leben und Kampf einer Gruppe, die eine Revolution wollte«, steht im Programmheft, und genau das ist den Vorsichtigen bei ARD und ZDF nicht geheuer.

Dafür springt unerschrocken Jürgen Flimm ein. Der Intendant des Hamburger Thalia Theaters sichert sich damit Austs lebenslange Freundschaft, zumal plötzlich auch die Hamburger Wirtschaftsfilmförderung mit im Boot ist. Das Thalia Theater stellt die Schauspieler, was den komischen Effekt hat, dass ein latent übergewichtiger Ulrich Tukur den vom Hungerstreik geschwächten Baader spielen muss (auch wenn der sich ab und an heimlich Hühnchen kommen ließ), während Jan-Carl Raspe mit Karottenjeans und blondem Pferdeschwanz wie ein Aerobiclehrer daherkommt.

Der Film, der gar kein Film ist, sondern ein Theaterstück, wird wenige Monate später hoch geehrt und auf der Berlinale 1986 als bester Film mit dem Goldenen Bären ausgezeichnet – zum Ärger der Jury-Präsidentin Gina Lollobrigida, die sich weigert, den Preis an den Regisseur zu überreichen, und die Schweigepflicht der Jury bricht: »I was against this film«, sagt sie, und damit das auch jeder versteht, wird der Satz ins Deutsche übersetzt. Ein Terroristendrama, das ist dann doch zuviel für den Kurvenstar aus Italien.

Lollobrigidas Einwand ist die schönste PR für den Film und kann die Ehrung natürlich nicht verhindern. *Stammheim* gewinnt die Berlinale und ist für lange Zeit der einzige deutsche Film, dem das gelingt. Erst 2004, als der türkischstämmige Regisseur Fatih Akin *Gegen die Wand* zeigt, wird wieder ein deutscher Beitrag mit dem Goldenen Bären ausgezeichnet.

Weit weniger Erfolg ist dem Theaterstück beschieden, das Aust 1987 auf die Bühne bringt und das nach seiner Uraufführung im Kieler Schauspielhaus Zuschauer und Kritiker ratlos zurücklässt. »Viel zuviel Kunst für die Belange der Information, viel zuwenig Kunst für die Belange des Theaters«, mäkelt die *Frankfurter Rundschau,* und die *Welt* konstatiert, was sie immer konstatiert, wenn sich irgend jemand dem Thema Terrorismus mit etwas anderem als Abscheu nähert:»Mitleid mit Mördern.« Allein schon der Titel des Theaterstücks – *Stammheim oder die ungestüme Herrlichkeit des Terrors* – lässt die Sittenwächter aufhorchen. Aust, so geifert Springers intellektuelles Flaggschiff, sei »ein Experte«, wenn es gelte,»die vergesslichen Bundesbürger daran zu erinnern, dass eigentlich nicht die Täter, sondern die Opfer schuld daran sind, dass man sie umbringt«.

Dabei wollte Aust nach all den Jahren nüchterner Recherche nur mal Kunst machen. Vielleicht will er auch den Schöngeistern Kluge, Schlöndorff und Hauff zeigen, dass er sogar auf ihrem Feld reüssieren kann, doch das geht mächtig in die Hose. In Austs Theaterstück kommt alles und nichts vor, am wenigsten aber die Politik: ein bisschen Bombenbasteln mit Mixer und Schneebesen, ein bisschen Flucht und ein wenig Knast. Dann lässt es Aust auch noch menscheln und gibt den Inhaftierten Namen aus Moby Dick, weil sie sich im Knast tatsächlich gegenseitig so genannt haben: Captain Ahab, Starbuck und Queequeg. Die RAF als Walfängertruppe, die mit rhetorischen Harpunen auf die Zuschauer zielt, während an die Wand Dias vom Meer projiziert werden.

Beifall gibt es reichlich, allein schon deshalb, weil die Kieler froh sind, dass in ihrer Stadt endlich mal wieder etwas los ist, und sei es die Aufführung eines misslungenen Theaterstücks. Auch an die jungen Leute wird gedacht: Die diskutieren im Werkstatt Café mit dem mittlerweile prominenten Autor aus dem großen Hamburg und werfen ihm vor, nicht politisch genug zu sein. Womit die Kieler Jugend schon früh eine fulminante Menschenkenntnis beweist.

26. Die Eiterbeule im Programm

Buch, Film, Theaterstück – mit diesem Dreier, der vor allem eine immense Fleißarbeit ist, katapultiert sich Aust ins öffentliche Bewusstsein. Doch trotz des ganzen Renommees, der guten Publicity und des journalistischen Erfolgs wird Aust bei der Nachfolge des *Panorama*-Chefpostens einfach übergangen. Neuer Leiter wird der eher unbeschriebene Joachim Wagner, der lange nach Aust zum TV-Magazin gestoßen ist. Aust ist den Funktionären im Sender politisch zu links, zumindest gilt er als nicht einordenbar. Das ist doch der mit dem Terrortick, sagen manche. Auf dem Chefsessel will man sichere Kantonisten, die sich klar nach dem Proporzschema verorten lassen. Und kein Studium vorweisen zu können, das kommt in der Behörde ARD ab einer gewissen Hierarchiestufe auch nicht so gut an.

Noch heute sind sich ehemalige Kollegen von Aust sicher, dass er nie *Spiegel-TV* gemacht hätte, wenn er statt Wagner *Panorama*-Chef geworden wäre. »Die Fernsehlandschaft sähe heute anders aus«, sagen sie – es ist als Kompliment gemeint. Denn so, wie sie mit *Spiegel-TV* aussieht, ist es besser, zumindest für den politischen Journalismus.

Als Aust *Panorama* verlässt, trifft es sich gut, dass ein alter Bekannter von ihm gerade darüber nachsinnt, wie man das deutsche Fernsehen um ein bisschen Qualität bereichern kann. Der Filmemacher Alexander Kluge, mit dem Aust unter anderem den Strauß-Film *Der Kandidat* gedreht hat, bewirbt sich um eine Lizenz für Fensterprogramme, die die gerade gestarteten Privatsender freien Programmanbietern überlassen müssen, um an die begehrten Frequenzen zu kommen. Den Privaten gelten diese Fensterprogramme als »Eiterbeulen« im Programm.

Zuviel Qualität, zuwenig Zuschauer, meinen sie. Und dreinreden dürfen sie den sogenannten Drittanbietern auch nicht.

Doch das Zetern nutzt ihnen nichts: Die Erteilung von Sendelizenzen wird 1988 in Deutschland davon abhängig gemacht, ob die privaten TV-Sender sich verpflichten, Drittanbieter ins Boot zu holen. Dadurch soll im seichten Massenprogramm der Privaten ein gewisses Maß an Politik- und Kultursendungen garantiert werden.

Kluge erhält mit seiner Development Company for Television Programs (dctp), an der der japanische Werbekonzern Dentsu beteiligt ist, die Lizenzen für die inhaltliche Gestaltung der RTL- und Sat.1-Fensterprogramme. Mit dabei ist auch die Arbeitsgemeinschaft für Kabel- und Satellitenprogramme (AKS), unter deren Dach Verlage, Theaterintendanten und Spielfilmproduzenten Zugang zum Fernsehen suchen, um die »kulturelle Vielfalt im deutschsprachigen Raum« zu sichern. Mit dem genialen Konzept einer Gesellschaft, die die TV-Sendungen kleinerer unabhängiger Anbieter quasi wie Bücher verlegt, wird Kluge bei verschiedenen Verlagshäusern vorstellig – auch beim *Spiegel*. Schließlich verdient Augstein, der unter seinen Mitarbeitern statt Herausgeber auch gern »Herausnehmer« genannt wird, Ende der achtziger Jahre so viel Geld, dass er durchaus etwas davon investieren könnte, und sei es in ein Abschreibungsobjekt. Kluge schlägt also Augstein seine Idee vor, der, was das Fernsehen anbelangt, eher leidenschaftslos ist. Aber, so lässt er Kluge wissen, wenn der Aust es mache – warum nicht?

Der Aust ist von der Idee fasziniert. Anspruchsvolles Fernsehen bei den Privaten – was wie ein guter Witz klingt, ist für ihn die große Herausforderung. Mit dem Furor des Übergangenen macht sich Aust an die Arbeit. *Spiegel-TV* aufzubauen heißt politisches Fernsehen im Reich der Verdummung zu machen, Qualitäts-TV bei RTL, wo zu dieser Zeit als Früchte verkleidete Frauen mit blankem Busen durchs Studio hopsen. Hohes

Risiko, aber Gott sei Dank nicht seins. In wenigen Worten: genau der richtige Job, um es allen zu zeigen – und vor allem einem, Rudolf Augstein, der Aust nun endlich in sein Reich holt.

Gemeinsam mit dem *Spiegel*-Wirtschaftsredakteur Stephan Burgdorff entwickelt Aust das Konzept eines politischen Magazins für den Sonntagabend. Anstelle dröger Politiker- und Expertenstatements im Studio oder anderer Talking heads, wie sie bei *Panorama, Monitor* oder *Report* gang und gäbe sind, sollen Reporter im Stil von Dokumentarfilmern das Leben einfangen. Aust plädiert für einen Redakteur im Studio anstelle eines Moderators, der nur das vom Blatt abliest, was ihm die Kollegen vorher aufgeschrieben haben.

Beim *Spiegel* ist man von dem Konzept angetan. Aust hat auch gleich einen Businessplan vorgelegt, dem die *Spiegel*-Geschäftsführung kaum widerstehen kann. Gerade mal 4 Millionen Mark soll das Magazin in den ersten beiden Jahren kosten und innerhalb weniger Jahre in den schwarzen Zahlen sein. Ein kühnes Unterfangen, schließlich behält Kluge für die Vermittlung des Sendeplatzes an *Spiegel-TV* eine sogenannte Managementfee von dem RTL-Geld ein. Aust denkt schon damals an einen größeren Apparat, aber zunächst ist alles sehr beengt: Gerade mal fünf Redakteure, die Aust teilweise beim NDR abgeworben hat, bosseln in drei Räumen vor sich hin. Die Räume sind klein, doch groß ist der Gründergeist, der sie durchzieht.

Bei RTL, dessen Kürzel manche in dieser Frühzeit des Privatfernsehens als »Rammeln, Töten, Lallen« deuten, lässt man sich nicht anmerken, dass man statt Aust lieber Volksmusik oder *Manta, Manta* senden würde. Als *Spiegel-TV* am 8. Mai 1988 auf Sendung geht, kündigt ein Moderator im bunten Jackett und mit grauer Miniplifrisur stolz den »seit siebzehn Jahren erfahrenen Fernsehjournalisten« Stefan Aust an, der, so lernen die erstaunten RTL-Zuschauer, auch schon Bücher geschrieben habe. So etwas hat es in der Tat noch nie gegeben, jedenfalls nicht hier.

Dann erscheint der Qualitätsgarant höchstpersönlich so, wie er noch sechzehn Jahre später auf dem Bildschirm zu sehen sein wird: mit gelockertem Krawattenknoten, hochgerollten Ärmeln und einem in homöopathischen Dosen eingesetzten Lächeln, das seine Wortspiele begleitet.

Nur das Drumherum wirkt bei der ersten Sendung noch ein bisschen wie seinerzeit bei der Schülerzeitung. Auf dem Schreibtisch stehen ein Tesa-Roller, ein paar Stifte und ein Telefon – ganz so, als könne jeden Moment mitten in der Sendung jemand Wichtiges anrufen und den ganzen Sendeplan umschmeißen. Und so soll es ja auch aussehen. Zusammen mit der ebenfalls Geschäftigkeit verheißenden Pinnwand voller Zeitungsausschnitte im Hintergrund und der ins Bild ragenden Bürolampe vermittelt *Spiegel-TV* den Eindruck erhöhter Alarmbereitschaft. Auch wenn Aust statt vor einer Pinnwand mittlerweile vor einer Monitorwand sitzt und statt der Ray-Ban-Pilotenbrille ein zurückhaltenderes Modell bevorzugt, ist das bis heute die Corporate identity der Sendung.

Das erste, was man vom neuen Programm sieht, ist das zerbombte Berlin; auch ein Statement. Zum dreiundvierzigsten Jahrestag des Kriegsendes untermalt eine traurige Version der Nationalhymne die Bilder von herumirrenden Trümmerfrauen. Dazu verliest Aust die Zahl der Toten des Zweiten Weltkriegs. Schon dieser Auftakt macht deutlich, dass der Grundtenor der neuen Sendung eher defätistisch ist.

Es wird abgerechnet, und als erster ist Austs Lieblingsgegner dran: der ehemalige schleswig holsteinische Ministerpräsident Gerhard Stoltenberg, der wegen der kritischen Brokdorf-Berichterstattung einst den NDR-Staatsvertrag platzen ließ und gerade knietief in der Barschel-Affäre steckt, über die sich Aust bereits in der *Hamburger Morgenpost* ausgelassen hat. »Meine Meinung« heißt die *MoPo*-Kolumne, die er auch noch nebenbei schreibt und aus der er ernst herausblickt. Austs Meinung im Fall Barschel ist natürlich klar: Stoltenberg sei ein »politisches, moralisches Vakuum« mit dem »Charme einer beleidigten Leberwurst, garniert mit Platitüden, serviert auf dem Silbertablett bürgerlicher Wohlanständigkeit«.

Diese metaphernsatte Süffisanz ist der Soundtrack von *Spiegel-TV*. Stoltenberg bekommt die ganze Häme der Reporter ab und wird als »reisende Gebetsmühle«, »Absteiger des Jahres« und »verblassendes Glanzlicht« vorgeführt. Das ist ein neuer Ton im deutschen Fernsehen, denn so respektlos werden die Politiker bislang nirgendwo behandelt – zum einen sind sie davor geschützt, weil ihre Parteikollegen in den Gremien der öffentlich-rechtlichen Sender sitzen, zum anderen, weil sich die Privatkanäle nicht für sie interessieren. Doch das ist nun anders.

Bedrängte Politiker, die lieber aus dem Bild rennen, anstatt die pampigen Fragen der Reporter zu beantworten, werden so etwas wie das Erkennungsmerkmal von *Spiegel-TV*. Auch Stoltenberg lässt den *Spiegel-TV*-Mann mitten im Interview stehen und geht. Aber Stoltenberg habe, so resümiert Aust, hinter dem Panzerglas seiner Dienstlimousine wohl sowieso den Blick für die Realitäten verloren.

Die *Spiegel-TV*-Macher hingegen sind bald auf dem Boden der Tatsachen. Gerade mal 0,26 Millionen Zuschauer haben der Neuerfindung des politischen Fernsehjournalismus beigewohnt. Das ist ungefähr ein Zehntel vom üblichen RTL-Schnitt.

Es wird noch schlimmer, der Marktanteil fällt weiter. Nur hundertfünfzigtausend Zuschauer sehen unter anderem einen Beitrag über ein Sudetentreffen, nur noch hundertzehntausend interessieren sich für das Lenné-Dreieck in Berlin, einen Streitpunkt zwischen den Autonomen und der Stadt. Ein derartiges Quotenloch hat noch keiner ins RTL-Programm gerissen, und nach ein paar Wochen treibt allein die Nennung von Stefan

Austs Namen die RTL-Manager an den Rand der Verzweiflung.

Doch Aust lernt schnell. Wenn Politik nicht gut läuft, dann vielleicht Robbensterben und Killeralgen, Skinheadkrawalle und Erotikmessen, jugendliche Sadisten und Cybersex. Dass es aufwärtsgeht, liegt nicht nur an den weicheren Themen, sondern auch an den Zeitläuften. Denn als *Spiegel-TV* entsteht, bricht etwas wesentlich Größeres gerade völlig zusammen: der Ostblock. Die Perestroika in der Sowjetunion und der anschließende Zerfall der Bruderstaaten sind für das Magazin ein Segen. Die Reporter von *Spiegel-TV* strömen aus, sammeln Bilder von Montagsdemonstrationen, von stammelnden Funktionären und von verzweifelten Botschaftsflüchtlingen, die in Jeansanzügen am Zaun rütteln, und schaffen so den Grundstock für ein einzigartiges Fernseharchiv. Als an der Bornholmer Brücke in Berlin endlich der Schlagbaum hochgeht, sendet *Spiegel-TV* die Bilder exklusiv.

Besonders im Osten findet *Spiegel-TV* nach der Wende viele Zuschauer, was die Redakteure vom gedruckten *Spiegel* irritiert zur Kenntnis nehmen, denn ihr Blatt, in dem Chefredakteur Erich Böhme zum Entsetzen von Rudolf Augstein schreibt, er wolle nicht wiedervereinigt werden, liegt in der ehemaligen DDR wie Blei. Bis heute hat sich das nicht groß geändert.

Mit der politischen Wende brechen für *Spiegel-TV* blühende Zeiten an. Eine Videokassette über den Fall der Mauer, für die Aust beim *Spiegel* eine halbe Seite Werbung durchsetzt, trägt dazu bei, dass der TV-Ableger knapp zwei Jahre nach seiner Gründung in die schwarzen Zahlen kommt. Zur Ouvertüre der Wagner-Oper *Rienzi* sieht man dräuende Wolken über verstörten Volkspolizisten, jubelnde Menschen, die auf Trabi-Dächer hauen, und sich öffnende Grenzübergänge.

Fünf Wochen im Herbst – Protokoll einer deutschen Revolution heißt das Werk, das man für 39,90 Mark beim *Spiegel*-Verlag bekommt – »gegen Einsendung eines Eurochecks«.

Wieder wird ein deutscher Herbst zum Austschen Kassenschlager, laut Verlag verkaufen sich gleich fünfzigtausend Stück von dieser metaphorischen Fleißarbeit, und Rudolf Augstein spürt, was er beim gedruckten *Spiegel* nicht mehr oft spürt: dass er genau die richtige Personalentscheidung getroffen hat und es weise war, Aust zum Geschäftsführer des Fernsehablegers zu machen und ihm Macht zu geben.

Macht über die Themen, die er sonntags abends, mit Leichenbittermiene aus dem Brooks-Brothers-Hemd guckend, präsentiert, Macht über die Mitarbeiter (darunter viele weibliche Praktikanten, mit denen *Spiegel-TV* kostensparend betrieben wird) und Macht über seine Stellvertreter, von denen es immer zwei gibt, was sicherstellt, dass keiner von den beiden zu stark wird. Selbst die Stellvertreter haben wieder zwei Stellvertreter, die sogenannten Halbleiter.

Nun wird auch Aust selbst zum Thema. Die *Welt* zählt gebannt die Pokale auf seinem Schrank – fünf sind es: zwei Grimme-Preise, zwei Reittrophäen und einer für das erfolgreiche Mauervideo. »Der Macher, der auf Frauen baut«, schwärmt die Zeitschrift *Cosmopolitan*, der der gerade Vater gewordene Fernsehmann exklusiv verrät, was eh jeder sehen kann: »Ich trage nur blau«, also blaues Hemd und Levi's 501. Er umgebe sich mit großen blonden Frauen, heißt es, und sitze am liebsten selbst vor der Kamera. Weil er, wird Aust zitiert, »noch keinen besseren gefunden habe«. Eines Tages ruft sogar die Klatschabteilung der verhassten *Bild*-Zeitung an und fragt, ob der schöne Ring, den die Eislaufprinzessin Katarina Witt neuerdings am Finger trage, von ihm sei. So was nimmt er gelassen, schließlich besteht kein Zweifel: Allmählich geht es ins Glamouröse.

Das Wochenende seiner zumeist sehr jungen Mitarbeiter gehört Aust, denn am Sonntag ist Sendung. Er selbst schont sich auch nicht, was seine Art der Mitarbeiterführung gleich viel glaubwürdiger macht. Für Themen, die ihm gefallen, kann sich

Aust wie kein zweiter begeistern, Menschen, die er für unfähig hält, lässt er das spüren. Widerworte kommen schlecht an bei ihm. »Wer eine gute Geschichte für *Spiegel-TV* aufgestellt hatte, konnte sich im siebten Himmel fühlen. Wer eine Sache in den Sand gesetzt hatte, wurde mit kalter Nichtachtung bestraft«, erzählt eine Mitarbeiterin. Die anderen sind schon froh, nicht schlecht aufzufallen, und lassen sich das Restaurantessen aus dem Cuneo schmecken. Meistens gibt es den Klassiker: gemischte Nudeln.

27. Du musst sein wie Buster Keaton

Nach anfänglichem Schwächeln wird *Spiegel-TV* ein voller Erfolg. In ihrer Hochzeit erreicht die Sendung über sechs Millionen Zuschauer mit grell und erbarmungslos ausgeleuchteten Themen wie Rauschgift, Terror, Obdachlosigkeit, Kindesmissbrauch und Stasi-Greueln. Und, fast wichtiger noch, die Sendung wird ausgezeichnet, bekommt unter anderem den Adolf-Grimme-Preis, von dem sie bei den Öffentlich-Rechtlichen immer träumen und mit dem bis zu diesem Zeitpunkt noch nie das Programm eines Privatsenders ausgezeichnet wurde. Und plötzlich gibt auch der populistische RTL-Chef Helmut Thoma zu, sich in *Spiegel-TV* getäuscht zu haben: »Das ist ganz einfach das Flaggschiff der Informationsmagazine.« Sein Meinungsumschwung ist nicht verwunderlich, schließlich sind die Themen von *Spiegel-TV* fast dieselben wie in Thomas geliebter Boulevardsendung *Explosiv*, in der die kühl-blonde Moderatorin Barbara Eligmann Handkantenschläge Richtung Kamera austeilt.

Bei Sat.1, wo alsbald die *Spiegel-TV-Reportage* läuft, denkt man sogar darüber nach, Stefan Aust als Chefredakteur abzuwerben, um das Profil des Senders zu schärfen. Mit einem entsprechenden Vorschlag geht der damalige Sat.1-Geschäftsführer Werner Klatten zum mächtigen Teilhaber Leo Kirch, der an Aust ebenfalls Energie und Durchsetzungsvermögen schätzt, der aber – konservativ und katholisch wie er ist – politisch wenig mit dem *Spiegel-TV*-Mann anfangen kann. Aber selbst wenn er Aust als Chefredakteur wollte, so lässt Kirch Klatten wissen, Helmut Kohl würde er die Personalie niemals vermitteln können. Dem ist Kirch ein Leben lang dankbar, schließlich hat Kohl dem Privatfernsehen durch ein Pilotprojekt in Rheinland-Pfalz den Weg geebnet und Kirch so die entscheidende Verwertungskette für seine riesigen Spielfilmvorräte erschlossen.

Immerhin holt Klatten kurz darauf den ehemaligen *Spiegel*-Chefredakteur Erich Böhme als Moderator von *Talk im Turm* zum Sender und schlägt den konservativen Gesellschaftern so doch noch ein Schnippchen.

In der Redaktion von *Spiegel-TV* wird das Arbeitsklima derweil rauher, die Fluktuation ist hoch, und nur die wenigsten schaffen den Sprung zum Musterschüler – darunter die Redakteurin Maria Gresz, die sich mit Aust beim Moderieren abwechselt und in ihrer »tiefgekühlten Art noch Auster« wirke als der Chef, wie das Branchenblatt *Kontakter* bibbernd feststellt. Schließlich mache sie schon dieselben Sprüche wie er: »Druck und Psychostress muss man ertragen, sonst geht man besser zu den Öffentlich-Rechtlichen.«

Zusätzlich zum Job in der Redaktion und im Studio arbeiten die beiden Workaholics Aust und Gresz an einem Buch. *Der Pirat* beschreibt das Leben eines jungen Mannes, der vom Kiffer zum Großdealer wird und dabei vor die Hunde geht. »Ich kenne Jan seit frühester Kindheit, habe aus der Distanz über Jahre seinen Weg in den Untergang verfolgt, ohne mich für die schrecklichen Details zu interessieren. Wie man eben gemeinhin einen großen Bogen um jeden Drogenabhängigen macht«, schreibt Aust im Vorwort. Tatsächlich ist der Rauschgiftabhängige aus dem Buch sein Cousin, der sich zwei Jahre zuvor bei Aust gemeldet hatte, mit dem Wunsch, sein Leben zu erzählen, und in dem Wissen, dass ihm dafür nicht mehr viel Zeit bleiben würde, da er sich mit Aids infiziert hatte. Er wusste auch, dass Aust die Geschichte seines Lebens kühlen Herzens aufschreiben würde, ohne Sentimentalitäten. Genau der richtige Stil, um andere Menschen für das Thema zu sensibilisieren, sie wachzurütteln und vor einem ähnlichen Schicksal zu bewahren.

Über ein Jahr lang lässt sich Jan von Maria Gresz befragen, erzählt von der behüteten Kindheit in Blankenese, den ersten Joints im Park, den ersten Schritten als Dealer und wie der Drogenkonsum immer größer wurde, immer mehr Platz in seinem Leben einnahm, bis kaum noch Leben da war und er mit zerstochenen Armen in der Haftanstalt Fuhlsbüttel saß.

So unterschiedlich das Leben der beiden Cousins verlaufen ist, so sehr ähneln sich die Bilder ihrer Kindheit: Der kleine Stefan saß an der Elbe und träumte von der Suche nach Schätzen und davon, so zu sein wie Tom Sawyer. Jan saß flussaufwärts und wünschte sich eine Zukunft als verwegener Rauschgiftschmuggler. Piraten wollten wohl beide gern sein.

Zwanzig Jahre später liegt das eine Leben als ein Stapel Papier auf dem Schreibtisch des anderen. Der, der ein erfolgreicher Journalist wurde, weiß jetzt, welchen Weg sein Familienangehöriger gegangen ist. Wie er das Haschisch im Diplomatengepäck versteckte, wie er in Hamburg zum Propheten des Heroins und des Kokains wurde. Welche Musiker, Bankerben und Verlegersöhne sich in einer alten Villa am vornehmen Rondell trafen. Es handelt sich um Herrschaftswissen aus dem Untergrund, pur, ungefiltert, einfach guter Stoff.

Aus der mehrere tausend Seiten langen Abschrift der Tonbandprotokolle destilliert Aust das Buch, dessen Schwelgen in Detail- und Faktenreichtum in seltsamem Gegensatz zum tragischen Sujet steht. In allen Einzelheiten erzählt Aust, wer sich was wo gespritzt hat und welche Mengen von Heroin den Besitzer gewechselt haben, als ließe sich die Schwere des Schicksals in Gramm messen. Aust bedient sich des Prinzips aus dem *Baader-Meinhof-Komplex* und montiert im Stil eines Dokumentarfilmers chronologisch die Stationen eines Lebens zusammen, doch diesmal ergeben die Teile kein Ganzes. Zwar weiß der Leser nach der Lektüre um den Inhalt sämtlicher Apothekengiftschränke in Hamburg, aber doch wenig über den Menschen und seine Nöte. Warum der einstige Haschprinz aus dem Kreislauf von Sucht, Gefängnis und Kriminalität nicht mehr herausfindet, das bleibt hinter der ermüdenden Aufzählung all der Überfälle und Knastaufenthalte verborgen.

Der Pirat wird trotz eines Vorabdrucks im *Stern* kein Bestseller. Immerhin lobt die *FAZ*, dass das Buch als »Lehrmaterial dienen« könne: »Nicht für die Junkies, die das alles ohnehin wissen, sondern für die Ärzte, die Eltern, die Richter und Therapeuten – für alle jene eben, die dem Süchtigen helfen wollen.«

Nicht lange nach Erscheinen des Buchs, in dem es für Maria Gresz nur zu einer dürren Danksagung reichte, ereilt Austs Lieblingsschülerin schon mit Mitte Zwanzig eine Art Burnout-syndrom, das sie zur Pause zwingt. Auch eine Art Drogenproblematik.

Als Knochenmühle macht sich *Spiegel-TV* ebenso einen Namen wie als Adresse, wo junge, unerfahrene Reporter alle Möglichkeiten haben – auch die, gleich wieder rausgeschmissen zu werden. »Stefan« wird gehasst und bewundert. Für seine Fähigkeit, Wichtiges von Unwichtigem zu trennen. Für sein Themengespür. Und dafür, dass er so ist, wie es Hans Magnus Enzensberger bereits 1957 dem *Spiegel* attestierte: nämlich voll dieser skeptischen Allwissenheit, die den Menschen ein Gefühl der Schadenfreude vermittle und angesichts der Unabänderlichkeit der Verhältnisse moralisch entlastend wirke.

Der Chef – der anscheinend kaum Schlaf und Privatleben braucht – schreibt die meisten Texte selbst und schneidet viele Beiträge noch mal um. Er pflegt eine Art direkter Mitarbeiterführung, die er später beim Magazin vermissen wird. Dort ist der Laden einfach zu groß, und es gibt wesentlich mehr Redakteure, die auch noch was zu sagen haben wollen.

Die »rasende Heckenschere« nennen ihn die Kollegen. Immer wieder hämmert er seinen Leuten die Regeln ein: Der Reporter ist nicht im Bild, die Kamera ist nicht statisch, sondern in Bewegung, es wird nichts nachgestellt oder inszeniert – auch wenn kurzzeitig der Verdacht im Raum steht, *Spiegel-TV* dränge Ost-Berliner Jugendliche dazu, in Marzahn Autos zu demolieren.

Keine Nische der Gesellschaft, die nicht von der *Spiegel-TV*-Kamera ausgeleuchtet wird. Am liebsten gehen die Teams dorthin, wo es weh tut und wo man dem Rest der Republik die eigene Furchtlosigkeit beweisen kann. Hinein in den Mob tobender Neonazis, die sich in Frankfurt/Oder Schlachten mit den polnischen Nachbarn liefern. Hinein in den Knast, in dessen Hinterhof ein toter Gefangener liegt, der sich eben erst vom Dach gestürzt hat. Auf zu den Stasi-Männern, die im dunkeln ihre Pfründe sichern, und zu den Drogentoten auf bundesdeutschen Toiletten, an deren Leblosigkeit sich die Reporter gar nicht satt sehen können. Sensationsgierig kann man das nennen oder auch den neuesten Schrei im Dokumentarfilm.

»Es reicht nicht, dass sich ein junges Mädchen in der gewendeten DDR aus dem Fenster stürzte, nachdem man ihr den Arbeitsplatz gekündigt hatte – man muss auch noch die Mutter auf dem Friedhof stellen, wo sie zuverlässig zum Weinen zu bringen ist [...] So wie es den Bildern gleichgültig ist, ob Neonazis Polen verprügeln oder meuternde Häftlinge vom Gefängnisdach herunterspringen – Hauptsache düster, bewegt und aggressiv –, so ist es auch den Moderatoren gleichgültig, was sie kommentieren – Hauptsache, es gibt ein maliziöses Wortspiel her«, mäkelt eine prominente Fernsehkritikerin, und das Zeitgeistmagazin *Tempo,* selbst ein Organ des offenen Visiers, hält die *Spiegel-TV*-Kamera für die »verlogenste und pseudosubjektivste Kamera der Filmgeschichte«.

»Uns geht es nicht so sehr um die Zuschauerzahlen«, sagt Aust in einem seiner zahlreichen Interviews zum Thema *Spiegel-TV,* aber jeder Besuch in der Redaktion straft ihn Lügen: In den Gängen hängen etliche Diagramme mit roten und grünen Balken, und jede Woche werden es mehr. Es sind die Einschaltquoten, aufgeschlüsselt nach Alter und Herkunft der Zuschauer, nach Ost und West. Es ist ein bisschen wie an der Börse, nur dass die Aktien die Reporter sind, die jeden Tag sehen können, wie hoch sie im Kurs stehen. So entsteht ein Klima extremen Wettbewerbs, das die einen suchen, während es die anderen vertreibt. Wem's in der Küche zu heiß ist, der soll draußen bleiben, sagen die Erfolgreichen. »No hard feelings«, sagt Aust.

Die Redaktion, die im düsteren Chilehaus ihren Sitz hat, einen Steinwurf entfernt vom *Spiegel*-Gebäude, wird zügig ausgebaut. 1990 wird *Spiegel-TV* in eine eigene Gesellschaft umgewandelt, im selben Jahr startet auf dem zweiten großen Privatkanal Sat.1 die *Spiegel-TV-Reportage.* Später kommen noch die Nachrichten für den Kleinsender Vox dazu, die Talk-Show *Freitag Nacht* und die Sexsendung *Wa(h)re Liebe.* Schon da überlegen manche, ob man diese Auslegung der Marke *Spiegel* jemals gewollt hat.

Aust sitzt nun auch in der Montagskonferenz des »Papier-Spiegel«, wie die Fernsehleute das Mutterschiff nennen, weil es so schön nach »Papier-Tiger« klingt. Dort wiederum wundern sich manche Kollegen über die Themen, mit denen Aust im Namen des ehrwürdigen Nachrichtenmagazins Quote macht:

Sexmessen, SS-Männer, Tourismus in der Karibik und solche Sachen. Zu boulevardesk erscheint ihnen, was der Fernsehableger treibt, zu unseriös und unanständig diese Art, überall die Kamera draufzuhalten.

Schließlich ist es ein politisches Thema, das die Entfremdung zwischen TV und Print deutlich macht. Mit besonderer Verve widmet sich *Spiegel-TV* der Frage, ob der brandenburgische Ministerpräsident Manfred Stolpe (SPD) inoffizieller Mitarbeiter der Stasi war, worauf viele Dokumente aus der Gauck-Behörde hinweisen. Der Streit, ob *Spiegel-TV* Stolpe einen Stasi-Spitzel nennen darf, beschäftigt jahrelang die Gerichte und nimmt streckenweise Züge einer persönlichen Feindschaft zwischen Aust und dem heutigen Verkehrsminister an. Stolpe gilt in der Redaktion seither als Inbegriff des Wendehalses.

Besonders hart trifft es Aust, dass er keine Rückendeckung vom *Spiegel* bekommt, der Stolpes Stasi-Kontakte mehr oder weniger ignoriert. Zum einen scheint man dort neidisch auf den Scoop der Kollegen zu sein, zum anderen ist man mit der eigenen Recherche in der Sackgasse und merkt es nicht mal: Beim *Spiegel* gilt nicht Stolpe, sondern Gregor Gysi als der ganz große Fisch in Sachen Stasi. Dass es nicht so ist, will man sich nicht von den Fernsehfuzzis sagen lassen, schließlich hat man gerade einen guten Lauf und deckt Skandale in Reihe auf: Wie die Firma Transnuklear Atommanager schmiert, welche schmutzigen Tricks Uwe Barschel benutzt, wie deutsche Firmen Giftgasfabriken in Libyen bauen und wie der baden-württembergische Ministerpräsident Lothar Späth sich auf Traumschiffreisen einladen lässt – das alles erfahren die Deutschen zuerst aus dem *Spiegel*.

So kommt es zum großen Zerwürfnis zwischen dem Magazin und seinem Fernsehableger. Es geht, wie fast immer im Journalismus, auch um Eitelkeiten. Als unfair empfinden die Kollegen beispielsweise, dass die TV-Truppe mit Namen anmoderiert wird, während die Autoren hinter den schönen *Spiegel*-Geschichten anonym bleiben müssen. Die Fernsehleute wiederum mokieren sich über die *Spiegel*-Redakteure, die ihre Geschichten angeblich nur am Schreibtisch zusammenstückeln, anstatt nach draußen vor die Tür zu gehen.

So verfestigen sich die Klischees, die man übereinander verbreitet: hier die Bodentruppe mit gezückter Handycam, dort die Langweiler vom Magazin, die ihre Artikel im Archiv recherchieren – und die zudem viel mehr Geld verdienen, allein schon durch die Mitarbeiterbeteiligung. Denn seitdem Rudolf Augstein der Belegschaft die Hälfte seines Verlages geschenkt hat, darf sich jeder *Spiegel*-Angestellte, ob er in der Redaktion oder in der Kantine arbeitet, über eine jährliche Ausschüttung freuen, die je nach Ertragslage und nach Dauer der Betriebszugehörigkeit zwischen 10 000 und 70 000 Mark liegt und zusätzlich zum Gehalt bezahlt wird.

Die Redakteure von *Spiegel-TV*, die ja nicht minder hart arbeiten, empfinden das als grobe Ungerechtigkeit.»Hier schleppen Pförtner und Köchinnen die Gewinne weg«, klagen auch der *Spiegel*-Geschäftsführer Adolf Theobald und Chefredakteur Werner Funk, die gemeinsam an einem Modell basteln, das den ungehinderten Geldabfluss bremsen soll. Wenig später sind beide weg vom Fenster.

Zur erhofften Synergie zwischen Fernsehen und Print trägt nicht gerade bei, dass Rudolf Augstein schon mal im kleinen Kreis verkündet, dass auch Aust das Blatt machen könnte, wenn die Chefredakteure zu schwächeln beginnen. Denen bleiben solche Äußerungen natürlich nicht verborgen, auch wenn sie sich selbstsicher geben.

Derweil beweist Aust bei *Spiegel-TV* seine Zähigkeit, sein Vermögen, an einem Thema dranzubleiben. Über zehn Filme macht er über Stolpe, doch der stürzt nicht. Gemeinsam mit dem *Spiegel*, so ist man sich sicher, hätte man ihn zum Rücktritt zwingen können.

Als Stolpe seinen ärgsten Gegner einmal im Flughafenrestaurant von Berlin-Tegel trifft, fragt er ihn, warum er ihn unbedingt stürzen wolle. Seinetwegen, so antwortet Aust dem brandenburgischen Ministerpräsidenten, könne er ruhig im Amt bleiben, denn dann gäbe es noch viele weitere schöne Geschichten über ihn.

Tatsächlich wird der im Chilehaus meistgehasste Ossi irgendwann auch noch Bundesminister, und den *Spiegel-TV*-Redakteuren bleibt nur der Trost, dass Stolpe nicht Bundespräsident geworden ist, auch das war mal im Gespräch.

Augstein gefällt dieser Stil, er selbst ist ja auch nicht menschenfreundlicher als nötig. Wie dieser Aust brennt, wie er seine Leute nervt, wie er nur wenig Widerworte zulässt! So schwärmt Augstein von dem Mann, mit dem er offenbar nicht alles machen kann. Das ist eine ganz neue Erfahrung für ihn, und deshalb imponiert ihm Aust. Einen Rat hat er noch für den, der da mächtig in seine Fußstapfen drängt:»Du musst wie Buster Keaton sein«, verrät er,»egal was du machst, verzieh nie eine Miene.« Es ist sein eigenes Erfolgsrezept.

Von Aust wird es eisern befolgt, zum Beispiel wenn er mit den anderen wichtigen Männern des *Spiegel*-Imperiums am Freitagmorgen im Büro der *Spiegel*-Chefredakteure Werner Funk und Hans Werner Kilz steht und noch ein Thema aus der Tasche zaubert, das seine Leute bei *Spiegel-TV* lange vorbereitet haben und das er nun kurz vor Redaktionsschluss mit Pokerface präsentiert, so dass die beim gedruckten *Spiegel* kaum noch Möglichkeiten haben, die Story selbst zu recherchieren.

So zumindest kommt es den Magazin-Redakteuren vor, die es als Demütigung empfinden, wie die Anfänger zum Fernsehableger pilgern zu müssen, um sich mit dem nötigsten Material zu versorgen, damit die Geschichte nicht nur am Sonntagabend im Fernsehen läuft, sondern auch Montagmorgen im Blatt ist. Auf der anderen Seite ärgert sich Aust, wenn das Magazin ihm bei einem Thema zuvorkommt. Aber das wird schon bald nicht mehr passieren, denn bald macht er das Blatt.

28. Angriff der Info-Elite

Am 18. Januar 1993 ist die Stimmung in der Redaktionskonferenz beim *Spiegel* so gut wie lange nicht. Bei der Blattkritik gibt es wenig zu mäkeln, die aktuelle Ausgabe strotzt vor wichtigen Themen wie der Haftentlassung Erich Honeckers und dessen Abflug nach Chile, den Unabhängigkeitsverhandlungen zwischen Tschetschenien und Russland und den Unterweltkontakten des saarländischen Ministerpräsidenten Oskar Lafontaine. Natürlich hat der *Spiegel* diese »Rotlichtaffäre« enthüllt – wer auch sonst?

Ein anderes Großereignis findet keine Erwähnung in der montäglichen Runde, dass nämlich seit heute ein zweites Nachrichtenmagazin am Kiosk liegt: *Focus* aus dem Burda-Verlag in München. Angekündigt als Blatt für die Info-Elite und vollgepackt mit kurzen Texten und Infografiken für alle, die auch beim Fernsehen gern herumzappen, wandert es bei vielen *Spiegel*-Redakteuren ungelesen in den Papierkorb. Helmut Markwort? Hat der nicht vorher *die aktuelle* und *Ein Herz für Tiere* gemacht?

Auch Rudolf Augstein nimmt die Sache nicht sonderlich ernst, dafür haben sich schon zu viele Verlage Gedanken über eine *Spiegel*-Konkurrenz gemacht und dann doch gekniffen. Der Herausgeber, der nur noch selten an der Konferenz teilnimmt, weilt auch diesen Winter in St. Moritz und erzählt dort seine zwei Lieblingsgeschichten. Die erste handelt davon, wie er einst auf Skiern bergab auf einen anderen Wintersportler zuraste und plötzlich zehn bewaffnete Männer aus dem Gehölz sprangen, weil der andere zufällig der Schah von Persien war, dessen Leibwächter ein Attentat befürchteten. In der zweiten sitzt Augstein mit Hubert Burda beim Bier und bietet dem schwerreichen Verleger aus Offenburg an, dass er in Hamburg beim *Spiegel* immer eine warme Suppe bekomme, wenn er erst mit seinem 100-Millionen-Projekt *Focus* Schiffbruch erlitten habe. Dass es so sein wird, daran gibt es für Augstein keinen Zweifel.

Dann jedoch stellen sich erste Bedenken ein, und die Selbstherrlichkeit der *Spiegel*-Redakteure weicht. Manche erzählen von schockierenden Erlebnissen im Flugzeug, wo junge Geschäftsmänner plötzlich zum *Focus* greifen und der *Spiegel* ungelesen im Fach fürs Handgepäck mitfliegt. Unheil kündigt sich also an, und aus der Anzeigenabteilung kommt prompt die Bestätigung: Die Buchungen gehen zurück, und zwar entschieden.

Tatsächlich schafft Markwort, was vor ihm niemand geschafft hat. Mit seinem Blatt, das einer von Fernsehen und Computer auf Infohappen geeichten Leserschaft entgegenkommt und auf dem Titel fragt, ob die Gene schuld sind, wenn Männer fremdgehen, jagt er dem *Spiegel* Angst ein. Die Führungskräfte in Hamburg zeigen Nerven und machen Fehler. Bei dem Versuch, auf die neue, bunte Konkurrenz zu reagieren, wird der *Spiegel* beliebiger und unpolitischer, mitunter erscheint er nun sogar mit Schäferhunden und Vampiren auf dem Titel. Das hat die Folge, dass sich nun nicht nur die Anzeigenkunden abwenden, sondern auch die Leser, und zwar mit Grausen. Immer öfter fällt die Auflage unter die magische Million.

Und es wird immer schlimmer: Erst sind es 60 Millionen Mark, die der *Spiegel* im Jahr an Umsatz einbüßt, plötzlich schon 90 Millionen, und irgendwann bleibt auch noch die von den Angestellten so geschätzte Kontobewegung kurz vor Weihnachten aus – die Gewinnbeteiligung schmilzt bis auf einen kümmerlichen Rest zusammen, der den Namen kaum verdient. Endgültig Alarmstimmung herrscht, als Gruner + Jahr und Springer zwei ebenfalls farbenfrohe Blätter ankündigen; *Tango* heißt das eine, *Feuer* das andere, dabei brennt es doch schon lichterloh.

Augstein sieht sich gefordert, obwohl ihn der *Spiegel* eigentlich langweilt, wie er im Bekanntenkreis nur halb kokett bekennt. Mittlerweile ganz Misanthrop, stellt er diese Langeweile ostentativ zur Schau, indem er Gäste in seiner Villa am Hamburger Leinpfad gern im weißen Bademantel und mit Bierglas in der Hand empfängt. Wolfgang Kaden, der ihm von den beiden Chefredakteuren weniger kreativ erscheint, kommandiert er ab zum *Manager Magazin,* das ebenfalls in seinem Verlag publiziert wird. Hans Werner Kilz, der Pfälzer, der mit Helmut Kohl schon mal einen Wein trinkt, auch wenn der Kanzler dem *Spiegel* partout kein Interview geben will, darf erst einmal bleiben und allein weitermachen, auch wenn Augstein nun immer unverhohlener von Aust als seinem Joker spricht. Der führt zum siebzigsten Geburtstag von Augstein ein fünfundfünfzigminütiges Gespräch mit seinem Chef für *Spiegel-TV.* Schaden kann es ja nicht.

Dass es auf den »kleinen König« zuläuft, wie Aust wegen seiner geringen Körpergröße und seinem großen Machtwillen genannt wird, zeigt auch die Berufung des ehemaligen Sat.1-Chefs Werner E. Klatten, der gemeinsam mit Aust den kleinen Privatsender Vox vor dem Aus bewahrt hat und nun beim *Spiegel* den Geschäftsbereich »Märkte und Erlöse« leitet, weswegen er schon bald den Spitznamen »der Erlöser« erhält.

Bevor der Alte ihn schasst, ereilt Kilz noch ein letztes Lob wegen des Clous, Kanzler Kohl auf den Titel (»Macht im Griff«) und den Herausforderer Rudolf Scharping (»Griff zur Macht«) auf die Rückseite zu drucken. Wer denn die Idee gehabt habe, fragt ihn Augstein am Telefon, worauf Kilz mehr stolz als beleidigt antwortet: »Das war zufällig mein Einfall.«

Er nutzt ihm nichts mehr, denn das einzige, worauf Augstein noch wartet, um Kilz zu entlassen, ist ein äußerer Anlass, der die Aktion nicht gar so sehr nach Machtpolitik, sondern nach Bewahrung journalistischer Qualitätsstandards aussehen lässt. Ein Vorwand findet sich bald, als der Redakteur Olaf Ihlau einen Kommentar zum Balkaneinsatz der Bundeswehr schreibt, in dem er vorsichtig zur Aufgabe der militärischen Zurückhaltung rät. Für Augstein ist das das Signal, alle Zurückhaltung aufzugeben, denn er ist der einzige, der im *Spiegel* kommentiert, und wenn er das mal nicht selbst tut, möchte er die Meinungen, die gedruckt werden, vorher sehen. Vor allem, wenn es nicht seine sind.

Ob er den Kommentar gesehen hat oder nicht, darüber gibt es verschiedene Versionen. Im Grunde ist es egal, denn so ergibt sich auch für Kilz die Möglichkeit, sein Gesicht zu wahren, geht es doch nun vordergründig um einen inhaltlichen Streit und nicht um einen Paradigmenwechsel. Es ist die Scheinrationalisierung eines Machtkampfs, der von Tag zu Tag mehr zum Theaterstück wird. Darsteller sind neben Kaiser Augstein und dem kleinen König Aust vor allem das Heer der Redakteure, die fürchten, einen Tyrannen vor die Nase gesetzt zu bekommen, als Augstein fordert, Kilz zu entlassen und durch Aust zu ersetzen. Über dessen despotischen Führungsstil kursieren beim *Spiegel* die wildesten Geschichten, und seine TV-Redaktion im nahen Chilehaus wird als Colonia Dignidad bezeichnet – nach einer von einer deutschen Sekte gegründeten Kolonie in Chile, die dem chilenischen Militär zeitweise als Folterstätte diente. Aust presse seine Leute aus, bis Blut komme, heißt es im markigen Jargon der Krisenberichterstatter, die sich daran weiden, dass beim geliebten und gehassten *Spiegel* offensichtlich Chaos herrscht.

Doch Augstein ist fest entschlossen. Er traut Kilz nicht mehr zu, den *Spiegel* gegen *Focus* neu zu positionieren, und lässt ihn bei einem Mittagessen in seinem Lieblingsrestaurant Mühlenkamper Fährhaus über die Klinge springen. Selbst dass Kilz gegen das Anraten vieler Redakteure ein überlanges Gespräch des Herausgebers mit dem russischen Schriftsteller Alexander Solschenizyn ins Blatt gehoben hat, rettet ihn nicht mehr.

Kilz' Schicksal ist besiegelt, und die Redaktion ist in Sorge, weil sie befürchtet, unter dem TV-Mann Aust werde gedrucktes Fernsehen gemacht. Eine Delegation aus den drei Ressortleitern Olaf Ihlau, Gerhard Spörl und Jürgen Petermann bricht zur Villa am Leinpfad auf, um Augstein umzustimmen. Die Redaktion habe Vertrauen zu Kilz und lehne Aust entschieden ab. Gegen den Anwärter auf den Chefposten unterzeichnen über hundert Mitarbeiter eine Unterschriftenliste – auch aus Angst vor dem Verlust an Lebensqualität, denn man sieht ja, wie die jungen Kollegen bei *Spiegel-TV* schuften müssen.

In der Öffentlichkeit wird die Personalie beim *Spiegel* fast als Staatsaffäre gehandelt. Wie ein »afrikanisches Nilpferd« trample Augstein durch die Redaktion, sagt die grüne Bundestagsabgeordnete Antje Vollmer, während die *Süddeutsche Zeitung (SZ)* im *Spiegel* einen »Käfig von Feiglingen« sieht. Als »satt, faul, arrogant« bezeichnet *Bild* die *Spiegel*-Leute und enthüllt: »Die Redaktion hockt auf Trümmern und greint.«

Es nutzt ihr nichts. Obwohl die Mitarbeiter KG in Besitz von 50 Prozent der *Spiegel*-Anteile ist und ohne sie kein Chefredakteur bestellt werden kann, verliert sie den Machtkampf mit Augstein, der in diesen Tagen bereut, den halben Laden je verschenkt zu haben. Nun zieht er seinen letzten Trumpf aus dem Ärmel. Er weiß, dass die Redaktion so viel Mumm auch wieder nicht hat, und droht damit, sich von seinem Lebenswerk zurückzuziehen. »Es gibt gar keinen Zweifel, dass ich in den Sack haue, wenn sie den Aust nicht nehmen«, lässt er die verunsicherte Redaktion in einem Zeitungsinterview wissen. Nach mir die Sintflut.

Einen *Spiegel* ohne Augstein, das kann sich dann doch niemand vorstellen. Eifrig werden Alternativen zu Aust vorgebracht – der *SZ*-Redakteur Heribert Prantl, der *Zeit*-Leitartikler Robert Leicht, der Rowohlt-Verleger Michael Naumann oder sogar der *Tagesthemen*-Moderator Ulrich Wickert. Alle, nur nicht Aust, dessen Biss, Durchsetzungskraft und Radikalität allein Augstein schätzt. Aust traut er zu, die renitente Redaktion zu domestizieren, von der er schon mal sagt, dass es schade sei, dass er bisher so wenige rausgeschmissen habe.

Besonders die Mächtigen in der Redaktion machen sich gegen Aust stark: Gerhard Mauz, der langjährige Gerichtsberichterstatter, die Reporter Hans-Joachim Noack und Cordt Schnibben und der stellvertretende Chefredakteur Joachim Preuß, der noch heute im Amt ist. Aust, so meinen die Oppositionellen, habe zu wenig Blatterfahrung. Ein bisschen *Konkret* und dann die Jahre beim Schmuddelblatt *St. Pauli Nachrichten* – das kann nicht reichen.

Doch alles Drängen hilft nicht. Angesichts Augsteins Ausstiegsdrohung stimmt die Vertretung der Mitarbeiter KG Austs Berufung zum *Spiegel*-Chef kleinlaut zu und muss sich dafür von Augstein auch noch als »Maulwerksburschen« bezeichnen lassen. Wenigstens ein Funken Ehre glimmt noch, und so tritt das fünfköpfige Gremium geschlossen zurück. Chefredakteur Kilz, eben noch erbaut über soviel Loyalität und Solidarität im Haus und nun von allen verlassen, packt seine Sachen und zieht nach München, wo *Focus*-Chef Helmut Markwort gutgelaunt feixt, dass er nun »mit einem kräftigen Linksruck des *Spiegel* rechne«. Das soll wohl die Anzeigenkunden des *Spiegel* weiter abschrecken.

Aust ist am Ziel. Als er sein Büro im elften Stock des *Spiegel*-Gebäudes an der Hamburger Brandstwiete bezieht, berichtet fasziniert das Magazin *Tango,* ruft er erst mal seinen Freund Werner Funk an – früher selbst *Spiegel*-Chef, mittlerweile beim *Stern* – und lässt ihn wissen: »Jetzt sitze ich an deinem Schreibtisch.« Allerdings mit zwei Stellvertretern, weil Augstein so richtig niemandem traut, nicht mal seinem Ziehsohn. Dem soll der dreimal Geschiedene zusätzlich noch das Versprechen abgenommen haben, endlich zu heiraten. Wo Aust doch mit seiner Katrin schon Kinder hat.

III.
Im Spiegel

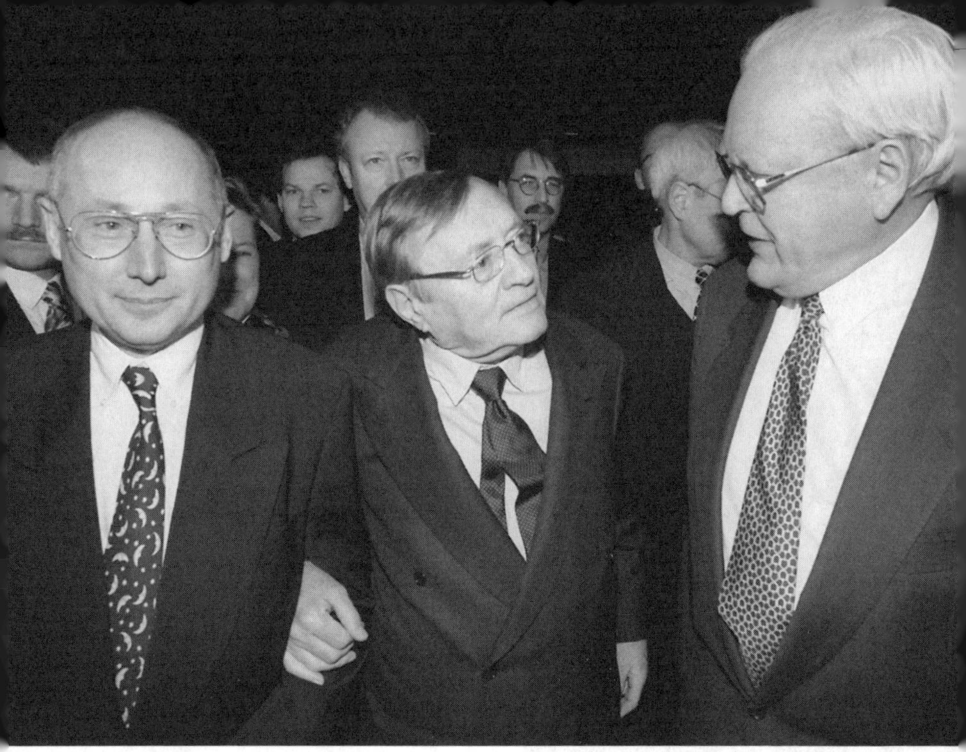

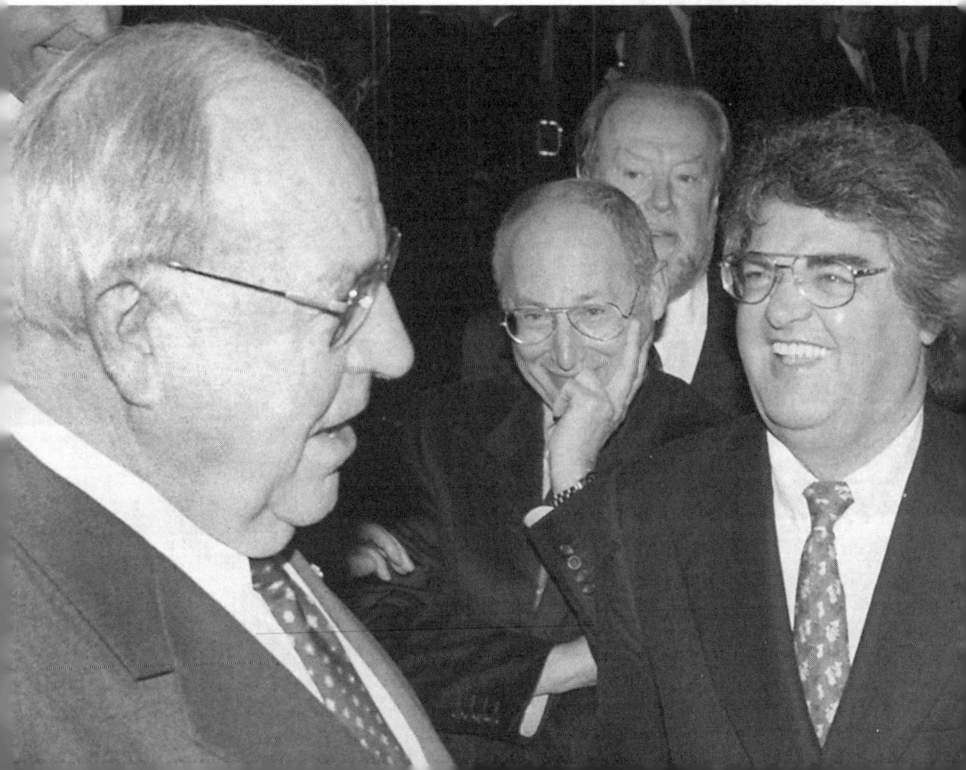

S. 186/187: Als Chefredakteur beim Spiegel
(im Hintergrund die Verkaufskurve der Spiegel-*Titel)*
S. 188 oben: Mit Rudolf Augstein und Bundespräsident
Roman Herzog anlässlich einer Ausstellung zum
50. Jahrestag der Gründung des Spiegel *(15. Januar 1997)*
S. 188 unten: Die Chefredakteure von Deutschland:
Bundeskanzler Helmut Kohl, Stefan Aust (Der Spiegel),
Manfred Bissinger (Die Woche) *und Helmut Markwort*
(Focus) *auf der Generalversammlung des Verbands Deutscher*
Zeitschriftenverleger in Bonn (19. November 1997)
S. 189 oben: Die Spiegel-Springer-Connection:
Aust mit Springer-Vorstandschef Mathias Döpfner
(im Springer-Verlagshaus in Berlin vor der
Deutschland-Premiere des Films Die Kinder des
Monsieur Mathieu; *25. August 2004)*
S. 189 unten: Gespräch auf Augenhöhe:
Mit Innenminister Otto Schily (6. September 2003)
S. 190: Aus der Hand von Stefan Aust erhält
Frank Schirrmacher, Herausgeber der Frankfurter
Allgemeinen Zeitung, *in Hamburg die* »Goldene Feder«
in der Kategorie Print (verliehen vom
Heinrich Bauer Verlag; 14. Mai 2004)
S. 191: Auf der Feier von Spiegel-TV *in Berlin*
(14. Mai 2001)

29. So sein wie Tom Sawyer

In seiner ersten Redaktionskonferenz zerstreut Aust die Bedenken der Redakteure. Und zeigt sich angesichts der Vorwürfe, er sei ein Workaholic und Leuteschinder vom Analphabetenmedium Fernsehen und wolle nun gedrucktes Fernsehen machen, cool. Die kennt er ja, diese Befürchtungen, nur aus einer anderen Perspektive. Als er nach siebzehn Jahren NDR beim Privatfernsehen landete, fürchteten sie bei RTL auch, er werde nun gedrucktes Fernsehen machen. Er hat die Kritiker eines Besseren belehrt.

Mit dem Gefühl, in einem Machtkampf, wie ihn der *Spiegel* noch nie erlebt hat, bestanden zu haben, tritt Aust vor die Magazinredaktion, in der ihn die meisten nicht haben wollen. Der Konferenzraum ist voll wie lange nicht, schließlich wollen alle hören, was der Neue zu sagen hat. Viel ist das nicht. Gedrucktes Fernsehen werde es nicht geben, sowenig wie *Spiegel-TV* ein abgefilmtes Heft sei, sagt Aust. Und denen, die gegen seine Berufung waren, macht er ein Friedensangebot. Er sei nicht nachtragend, versichert er. Dennoch sitzen viele, die gegen ihn opponiert haben, bald nicht mehr an diesem Tisch.

Noch befindet sich die Redaktion in einer Art Starre. Augstein ist unberechenbar geworden. Diesen rüden Umgang hat ihm, um dessen latente Verachtung man ja wusste, denn doch niemand zugetraut. Über Jahre bleibt das Verhältnis zum Übervater gestört. Ein Gefühl der Versöhnung kommt erst viel später auf, zu spät, nämlich als Augstein stirbt und die Redakteure in der Kirche St. Michaelis echte und falsche Tränen vergießen.

Aber das ist noch lange hin, auch wenn seit Mitte der Neunziger immer wieder Gerüchte vom baldigen Ableben des Herausgebers die Runde machen und spekuliert wird, wer dann sein Nachfolger wird. Dass ihm niemand nachfolgt und Aust noch mächtiger wird, als er eh schon ist, kann sich zu diesem Zeitpunkt noch niemand vorstellen.

Austs erste Titelgeschichten als Chefredakteur zeigen, wohin die Reise geht. Es ist seine bewährte Mischung aus Drittem Reich, Terror, Geheimdienst und einem Sinn für historische Querverweise. »Bedingt angriffsbereit« ist ein Bericht über deutsche Soldaten im UNO-Einsatz überschrieben, der auf den Auslöser der *Spiegel*-Affäre verweist. »Bedingt abwehrbereit« hatte es damals über die Bundeswehr geheißen, und weil Adenauer und Strauß darin einen »Abgrund an Landesverrat« erblickten, musste Augstein ins Gefängnis. Solche Reminiszenzen gefallen dem Herausgeber natürlich gut, und verkaufen tut sich das Heft auch nicht schlecht. Im Gegensatz zu *Stern* und *Focus* macht der *Spiegel* aus dem Jahrestag der Befreiung von Auschwitz eine Titelgeschichte, die zur meistverkauften der letzten zwölf Monate wird und besonders bei jungen Lesern Erfolg hat. Selbst der Tod des beliebten Fernsehjournalisten Hanns-Joachim Friedrichs trägt zum Erfolg von Aust bei, den der zu einem eher schattigen Wesen neigende Augstein zuweilen »Sonnenschein« nennt, denn Friedrichs stirbt, kurz nachdem er auf dem Titel des *Spiegel* ist und im Blattinneren ein großes Interview mit ihm steht.

Auch das »Milliardengrab Aufschwung Ost« und »Die letzten Tage im Führerbunker« verkaufen sich gut – letztere auch beim Herausgeber, dem ja manche ein Faible nachsagen für alles, was mit Hitler zu tun hat. Und ein kleiner Scoop ist auch schon dabei – die Enthüllung über den vom BND inszenierten Plutoniumschmuggel, den der Starreporter Hans Leyendecker mit aufdeckt, der schon bald darauf den *Spiegel* verlässt, weil er wohl mit Austs autokratischem Führungsstil nicht mehr klarkommt. Aber davon ist in diesen seligen Anfangstagen noch nicht die Rede.

Der *Spiegel,* der die Welt überwiegend noch schwarzweiß sieht, bekommt plötzlich Farbe, ohne dabei bunt zu werden. Aust kopiert nicht *Focus,* sondern gibt die Parole »back to the roots« aus und bringt seine Kritiker rasant zum Schweigen. Nach einem halben Jahr müssen sie einsehen, dass der neue Mann im Chefsessel, den man von hinten kommend gar nicht darin sieht, im Blattmachen ein Großer ist. Und einer, der die Situation befriedet. Unter Aust kommt aus Hamburg kaum mehr Kritik am *Focus,* statt dessen telefoniert er mit Helmut Markwort und spricht schon mal über Themen und Titel. Das Ende des Kleinkriegs ist der Anfang einer friedlichen Koexistenz, die erst Jahre später endet, als der *Spiegel* darüber berichtet, dass der *Focus* Aktien empfiehlt, die seine Redakteure selbst kaufen, und *Spiegel*-Mitarbeiter Helmut Markwort anrufen und fragen, ob er womöglich auch zu der Sorte gehöre. Das empfindet der *Focus*-Chef als ehrenrührig und verzichtet vorerst auf freundschaftliche Kontakte.

Der Erfolg gibt Augstein einstweilen recht, und dennoch bleiben sich Aust und die Redaktion fremd. Manche finden den Blick des neuen Chefredakteurs auf die Welt arg begrenzt und registrieren argwöhnisch, dass er bei den Konferenzen ungeduldig auf die Uhr schaut, sobald die Themen Kultur, Sport oder Ausland besprochen werden. Aust selbst versucht den *Spiegel* so zu führen wie *Spiegel-TV.* Er richtet die Redaktion ganz auf sich aus und stößt damit viele vor den Kopf, die bislang ebenfalls Leitungsposten innehatten. Doch das ist plötzlich sehr relativ.

Die größte Veränderung spüren die Redakteure im Ressort D1, das für die Bundespolitik zuständig ist und dessen Ressortleiter stets die wichtigsten im Hause waren. Doch Aust ist kein politischer Mensch, er hat für das Geplänkel der Parteien wenig übrig, interessiert sich höchstens dafür, welcher Politiker sich von der Wirtschaft aushalten lässt. Seine Liebe gilt dem Ressort D2, das für die Geschichten jenseits der Politik steht: für Affären, für Blaulicht, für Mord und Totschlag, für Terror und Stasi, fürs Bernsteinzimmer, für die DNA von Kaspar Hauser, eigentlich für alles, was Aust interessiert. Es sind die Geschichten, die Geheimnisse bergen, Kleine-Jungs-Geschichten.

»Man versucht so zu sein wie Tom Sawyer«, sagt Aust in einem Interview mit der *Frankfurter Allgemeinen.* »Da heißt es: ›Ein jeder Junge wollte mal einen Schatz finden.‹ Jede Art von Recherche ist eine Schatzsuche. Das war für mich immer das Tollste, seit ich Journalist bin, auf irgendeine Akte zu stoßen.« Wo es keine Akten gibt, erlischt das Interesse eben schnell – nicht nur in der Politik, auch im kulturellen Bereich. »Da interessieren ihn höchstens mal die Rolling Stones«, sagt ein Redakteur, »und dann auch nur, wie die Burschen es schaffen, in dem Alter noch so auf der Bühne herumzuhüpfen.« So wird die Politik im Blatt unwichtiger und Austs Vorlieben ein Faktor beim Blattmachen.

Bei der Suche nach Brisantem vertraut er nach wie vor auf seine Leute von *Spiegel-TV.* Der andere Laden kommt ihm anscheinend noch zu verkrustet vor, voller altgedienter Redakteure, die sich auf ihren Lorbeeren ausruhen und Fett angesetzt haben. Um das zu ändern, schickt Aust die TV-Macher und die Magazinredakteure gemeinsam auf die Spur, was die letzteren als ehrenrührig empfinden. Man ist ja eh irritiert, dass Stefan Aust *Spiegel-TV* einfach weitermacht, immerhin galt die Leitung des Nachrichtenmagazins bislang als ausfüllende Tätigkeit.

Doch Austs Lieblingskind bleibt das Fernsehen, schließlich könnte das sein Lebenswerk werden. Der *Spiegel* ist Augsteins Baby und wird es immer sein. Beim Fernsehableger hingegen sieht die Sache anders aus. Dessen Erfolg ist ganz allein Austs Verdienst.

Um so schlimmer, als der Erfolg plötzlich nachlässt. Während die Auflage beim *Spiegel* steigt, beginnen die Quoten von *Spiegel-TV* zu bröckeln. Austs Nachfolger haben kein Gespür dafür, wieviel Boulevard sein darf und wieviel Seriosität sein muss. Nun rächt sich, dass der TV-Ableger trotz einer großen Redaktion im Grunde genommen immer eine One-Man-Show war. Von 16,5 Prozent Marktanteil 1994 sinkt *Spiegel-TV* innerhalb von drei Jahren auf knapp über 10 Prozent.

Auch die Reportage schwächelt ein wenig. Manche Dokumentationen – etwa zum Urmenschen – schauen gerade mal siebenhunderttausend Zuschauer. Viel mehr sitzen vor dem Fernseher, wenn *Spiegel-TV* auf Sex setzt. »China: Blitzkrieg im Bett« oder das Thema »Sexspionage« sind absolute Renner. Bei der Suche nach abgründigen, spektakulären Themen jedoch unterlaufen Austs Nachfolgern bei *Spiegel-TV* schwere Fehler – und plötzlich ist man selbst Objekt der Berichterstatter und steht am Pranger: als Abnehmer gefälschter Filme.

30. Bring mir die Asche von Michael Kühnen

Das große Vorbild vieler Reporter ist Egon Erwin Kisch, nach dem Gruner + Jahr seinen hochdotierten und daher heißbegehrten Journalistenpreis benannt hat. In den zwanziger Jahren hatte Kisch als Volontär einer Prager Zeitung eine Geschichte über den Brand der Schittkauer Mühlen untergeschoben, in der viele Details erfunden waren. Kischs Kollege bei einem Konkurrenzblatt, der sich bei seinem Chefredakteur dafür entschuldigte, selber nichts so Dramatisches erlebt zu haben, bekam die Antwort: »Komisch, dass sich die anderen immer die interessantesten Lügen ausdenken und Sie immer nur die langweiligste Wahrheit wissen.«

Mitte der neunziger Jahre ist die Konkurrenz zwischen den Fernsehsendern so groß, dass die Wahrheit mit der Produktion telegener Geschichten kaum mehr mithalten kann. Die Zahl der Sender steigt genauso rapide wie die der Magazine, die alle um die Storys buhlen, die das Leben so schreibt. Günther Jauch geht mit *Stern-TV* auf Sendung, Friedrich Küppersbusch mit *ZAK,* und *Focus* startet ebenfalls ein eigenes Fernsehmagazin bei Pro Sieben. Der Bedarf nach Beiträgen ist riesig, und so tummeln sich schon bald Hunderte von freien Produktionsfirmen und Autoren auf dem Markt.

Einer dieser Autoren rennt mit Armyweste, Vollbart und Stirnband durch das Unterholz deutscher Mittelgebirge und dreht mit seinen Freunden einen Beitrag nach dem nächsten. Einmal spielen sie Jäger, die entlaufene Katzen abschießen, ein anderes Mal springen sie als Ku-Klux-Klan-Anhänger verkleidet um ein Lagerfeuer herum, dann wieder basteln sie als PKK-Angehörige aus alten Zigarettenschachteln Bomben. Am Schluss sitzen sie vor der Kamera und lecken Kröten ab – weil das angeblich so schön high macht.

Die Filme mit diesem Mummenschanz verkaufen sich bestens. Vor allem *Stern-TV* reißt dem Fernsehfälscher Michael Born die kruden Streifen aus den Händen. Aber auch andere Magazine merken entweder nicht, dass die Bärte angeklebt sind und die Geschichten zu hanebüchen, um wahr zu sein, oder sie wollen es nicht merken. Neben *Stern-TV* laufen »echte Borns« auch bei *ZAK,* bei *Focus-TV* und eben auch bei *Spiegel-TV.* Dort erfahren die Zuschauer eines Tages, dass die Urne mit der Asche des prominenten Neonazis Michael Kühnen ausgegraben wurde und sich nun entweder bei seiner Verlobten auf der Anrichte befindet oder in den Händen von Autonomen, die sie irgendwo im märkischen Sand verbuddeln.

Als Born, der Fälscher, auffliegt und das ganze Ausmaß

seiner Täuschungen deutlich wird, redet man sich bei *Spiegel-TV* damit raus, dass die Urnen-Story doch eher eine Glosse gewesen sei, also nichts Ernstes, sondern eher Spaß beziehungsweise Satire. Dem Beitrag ist davon freilich wenig anzumerken. Allen Ernstes besuchen die Reporter den Friedhof, auf dem die Urne ausgebuddelt worden sein soll, interviewen Kühnens Verlobte und fahren mit dem vermeintlichen »Umtopfungskommando« aus dem linken Berliner Spektrum gemeinsam in den Wald. Von eindeutiger Distanzierung ist nicht viel zu spüren, nur der Unterton ist süffisant wie immer. Mehr aber auch nicht.

Born wird verhaftet und in Untersuchungshaft gesteckt. Während er in dieser Zeit auf sechzig Kilo abmagert, versucht sich die Fernsehbranche reinzuwaschen und das Problem gemeinsam mit Born verschwinden zu lassen. Friede seiner Masche.

Man sei betrogen worden, heißt es, und habe nach bestem Wissen und Gewissen die Beiträge ins Programm gehoben. Doch angesichts der dilettantischen Machart der gefälschten Filme, in denen schon mal ein aufgeklebter Bart verrutscht, bricht diese Argumentationslinie schnell in sich zusammen. Statt dessen zeigen die TV-Macher nun gegenseitig aufeinander und beschuldigen jeweils den anderen, die größten Fehler gemacht zu haben.

So tritt in *Stern-TV* ein sichtlich frustrierter Günther Jauch vor die Kamera und verspricht schonungslose Aufklärung. Die besteht vor allem darin, dass er das eigene Versagen mit anderen Beispielen aus der Unterwelt des Privatfernsehens relativiert. So werden Ausschnitte aus dem Born-Beitrag für *Spiegel-TV* gezeigt, der schon angesichts des Themas »Neonazi-Asche verschollen« besonders bizarr wirkt. Stefan Aust sieht darin einen Angriff auf sein Lebenswerk und befürchtet zu Recht, dass Jauchs Anwürfe Wasser auf die Mühlen seiner Kritiker sind, die *Spiegel-TV* seit langem vorwerfen, für die

Einschaltquote journalistische Standards zu opfern. Ausgerechnet der TV-Ableger des Magazins, das mit den Hitler-Tagebüchern den größten Flop der Pressegeschichte gelandet hat, will ihm an den Karren fahren. Da kann Aust nur mit voller Wucht zurückschießen. Unter Verweis auf den Hitler-Tagebuch-Fälscher Konrad Kujau bezeichnet er Jauch als »Günther Kujauch«. Jauch, so Aust, habe den inkriminierten *Spiegel-TV*-Beitrag so zurechtschneiden lassen, dass die Distanz, die *Spiegel-TV* zu der Nummer gehabt habe, nicht zur Geltung komme. »Auch das ist Fälschung«, bescheidet er den Konkurrenten.

Bei dem Prozess gegen Born kommt wesentlich Entscheidenderes ans Tageslicht, nämlich dass in den meisten Redaktionen Journalisten arbeiten, denen die Bilder gar nicht blutig und sensationell genug sein können, um im Konkurrrenzkampf zu bestehen. Tatsächlich weiß dank Michael Born nun selbst der blödeste Zuschauer, wie das im Fernsehen so läuft: dass nämlich erst die Geschichten und dann die passenden Bilder dazu *gemacht* werden. Doch lernen will niemand aus der Erkenntnis.

Für das Volkstheaterstück vor dem Koblenzer Landgericht werden neunundsiebzig Zeugen benannt, die prominentesten sind Günther Jauch, Stefan Aust, *ZAK*-Mann Friedrich Küppersbusch und Pro-Sieben-Chefredakteur Gerd Berger. Um 300 000 Mark für einundzwanzig ganz oder teilweise gefälschte Filme soll Born allen voran *Stern-TV* geprellt haben. Zwar haben sämtliche Magazine mit seiner Bastelstunde Quote gemacht, doch für den Imageschaden wollen sie nun Vergeltung. Zu dumm nur, dass da kein ausgebuffter Medienprofi auf der Anklagebank sitzt, sondern eher ein Fall für den Psychiater, dessen Aussagen die Mitschuld der Redaktionen immer größer erscheinen lassen. Als dann noch der Zeuge Günther Jauch behauptet, er habe noch nie in einem Schneideraum gesessen, ist der letzte Rest Vertrauen aufgebraucht.

200

Wie naiv Born ist, zeigt sich während des Prozesses, als er immer wieder durch verschwörerisches Augenzwinkern in Richtung der Pressebank Rückhalt und Zustimmung sucht. Ich bin doch einer von euch, soll das signalisieren, als hätte er den ganzen Prozess über keinen der Artikel gelesen, in denen die Kollegen von der schreibenden Zunft genüsslich über ihn herfielen.

Gnade kann Born weder von den Kollegen erwarten noch vom Koblenzer Staatsanwalt Walter Schmengler. Als der die Anklageschrift verliest, wird klar, dass er Born zur Rechenschaft ziehen will, auch wenn er dazu alle möglichen Delikte, die nichts mit dem Vorwurf der Fälschung zu tun haben, heranziehen muss. So wirft er Born unerlaubten Waffenbesitz und -gebrauch vor, außerdem Urkundenfälschung, Fahren ohne Führerschein, Aufstachelung zum Rassenhass und das »Töten eines Wirbeltiers ohne vernünftigen Grund«.

Born soll also büßen. Nicht weil er gefälscht hat, sondern weil er so manchen Paragraphen aus dem Strafgesetzbuch für sich ausblendete: »Wäre die Katze ein Mensch gewesen, hätten wir es in diesem Prozess mit blutigem Mord zu tun gehabt«, sagt der Staatsanwalt.

Sie ist aber kein Mensch. Und Born ist nicht Charles Manson, sondern nur ein ziemlich einfältiger Journalist, der wegen verhältnismäßig geringer Verstöße für Jahre ins Gefängnis soll. Doch dort, so mahnt die *taz*, »nützt er weder als abschreckendes Beispiel noch als Sündenbock. Ein Praktikum bei *Monitor* wäre für den Fernseh-Kujau Strafe genug [...] Michael Borns Vergehen war pure Blasphemie – nicht, weil er fälschte, sondern weil er sich erwischen ließ und so den Menschen (wenn auch unbeabsichtigt) vor Augen führte, dass Authentizität im Fernsehen eine Fiktion ist.«

Im Gericht kommt es während der Verlesung der dreißigseitigen Anklage immer wieder zu heftigem Gelächter, besonders als Staatsanwalt Schmengler erzählt, wie Born einer Kröte

Kondensmilch auf den Hinterkopf träufelte, um sie von einem vermeintlich Süchtigen ablecken zu lassen.

Doch Born und sein Anwalt kommen nicht durch mit der Nummer vom Schwejk oder Eulenspiegel. Dafür zeigt der Fälscher vor Gericht weder genügend Reue noch Verstand. Statt dessen präsentiert er sich in ähnlich multiplen Rollen, wie er sie zuvor seiner Laienspielschar auf den Leib geschrieben hatte: mal der Jesus-Freak, der den Menschen alles Elend dieser Welt vor Augen führen will, mal das Rädchen im Getriebe, das in einer gutgeölten Medienmaschine funktionierte. Zu allem Überfluss meldete sich Born auch noch via *Playboy* aus der U-Haft, um sich zwischen nackten Mädchen als »Werkzeug der Macher« zu gerieren.

Born wird schließlich zu vier Jahren Haft verurteilt, und als er rauskommt, bemüht er sich erfolglos um die Verfilmung seines Lebens. Obwohl das ja strenggenommen ein Stoff wie der aus *Schtonk* ist, passiert nichts. Born verschwindet, und mit ihm die gebotene Skepsis dem Medium Fernsehen gegenüber. Ausgerechnet *Spiegel-TV* ist wenig später schon wieder mit dem Vorwurf konfrontiert, Beiträge zu manipulieren oder zu fälschen.

31. Die Kuba-Krise

Unter dem Titel »Händler, Huren, Guerilleros«, der klingt, als wäre er der Wortspielhölle des Dumpfsenders RTL II entsprungen, sendet *Spiegel-TV* am 23. Januar 1996 eine Reportage über den Tourismus auf Kuba. Man zeigt das Übliche: Mädchen in Bikinis, das blaue Meer und Arbeiterinnen in der Zigarrenfabrik, denen aus der Parteizeitung vorgelesen wird.

Zwischendurch kommen deutsche Männer am Strand zu Wort, die die kubanischen Frauen irgendwie heißer finden als ihre eigenen daheim. »Die kubanische Mentalität« entspreche sowieso mehr dem leichten Leben, weiß der *Spiegel-TV*-Kommentator und diagnostiziert ein »karibisches Körpergefühl mit einem Hauch von Las Vegas«. Doch so richtig frivol mag es trotz allem nicht werden. Statt dessen widmet sich der Beitrag ausführlich einer dreißig Jahre alten ehemaligen Dozentin an der Universität von Havanna, die ihre Arbeit als Fotografin verloren hat und vor der Kamera ausführlich den Stolz kubanischer Frauen lobpreist. »Jetzt sucht Anita Kontakt zu ausländischen Männern. Dabei ist sie Patriotin geblieben«, erzählt der Sprecher und fügt an: »Wenn die Verhältnisse nicht so wären, wie sie sind, würde Anita einfach lieben wollen und geliebt werden. Aber heute läuft gar nichts.«

Und dann läuft doch noch was, denn *Spiegel-TV* sichtet einen Lover für Anita – er erscheint in Form des deutschen Journalisten Georg Hohmann, der ein Filmfestival auf Kuba besucht und Anita zum Essen einlädt. Mit am Tisch ist eine deutsche Kollegin von Hohmann, die Geburtstag feiert – mit anderen Worten, es sieht immer noch wenig nach »Händlern, Huren und Guerilleros« aus, sondern nach einem ganz normalen Abendessen unter Freunden. Dennoch bleibt *Spiegel-TV* dran und begleitet die kleine Gesellschaft nach dem Essen in eine Diskothek. »Dort kommen sich Georg und Anita näher«, heißt es, aber im Bild sieht man Anita mit einem anderen Mann tanzen. Doch dann gelingt den *Spiegel-TV*-Reportern der Beweis, dass alle immer nur das eine wollen, wenn sie nach Kuba reisen, und der Journalist Hohmann eben auch: Man sieht, wie er und Anita gemeinsam in ein Taxi steigen, und der Kommentator triumphiert: »An diesem Abend entscheiden sie sich für eine gemeinsame Heimfahrt.«

»Das war, als ob eine Dampfwalze über mich hinwegrollt«,

schildert Hohmann, der bei der *Süddeutschen Zeitung* arbeitet, später sein Gefühl vor dem Fernseher. Er setzt alle Hebel in Bewegung, um seinen Ruf zu retten. In Wahrheit habe er sich auf Kuba mit einer Mitarbeiterin des lateinamerikanischen Filmfestivals getroffen – von Sex keine Spur. Als ihn das Team von *Spiegel-TV* gebeten habe, bei einer Reportage über junge, selbständige Kubaner mitzumachen, habe er schon aus reiner Kollegialität eingewilligt.

Doch die Kollegen von *Spiegel-TV* zeigten sich undankbar: Die gedrehten Szenen von einer Geburtstagsfeier und anschließender Taxifahrt wurden im Schneideraum der Austschen Fernsehschmiede zu einer Art Dauervorspiel zusammengemengt und mit geil raunender Prosa unterlegt.

Angesichts der dreisten Entstellungen verklagt Georg Hohmann das Fernsehmagazin wegen Rufschädigung. Doch die Hanseaten bleiben stur. Der zuständige Redakteur, der Kameramann und die Dolmetscherin geben eidesstattliche Erklärungen ab, mit denen sie die krude Bettgeschichte unter karibischer Sonne untermauern. Berichtende Zeitungen wie die *Süddeutsche* oder die *taz* überzieht Chefredakteur Stefan Aust gar mit einer Flut Einstweiliger Verfügungen, heldenhaft stellt er sich vor seine Mannschaft, obwohl ihm bei nochmaligem Sichten des Beitrags eigentlich aufgehen müsste, dass seine Truppe Mist gebaut hat. Doch bei *Spiegel-TV* entscheidet man sich für die Bunkertaktik.

Obwohl der als Sextourist verunglimpfte Hohmann den zuständigen Redakteur bittet, durch einen Brief an seine Freundin wenigstens seinen häuslichen Frieden zu sichern, passiert nichts. So erscheint wenig später in der *Süddeutschen Zeitung* ein Artikel über die Reportage, die Hohmanns Sicht der Dinge wiedergibt. Daneben berichtet die *SZ* über den TV-Fälscher Michael Born und schreibt groß drüber: »Kann man dem Fernsehen noch trauen? Die Geschichte eines Fälschungsopfers und die Karriere eines mutmaßlichen Täters.« Auf der nächsten

Seite folgt ein Leitartikel von Austs Vorgänger Hans Werner Kilz, der nun Chefredakteur bei der *Süddeutschen* ist und die Gelegenheit nutzt, Aust die Leviten zu lesen. Unter der Überschrift »Verirrter Journalismus« fragt Kilz, ob »Fernsehen die Wirklichkeit, das reale Leben« zeige, was Fernsehjournalisten veranlasst, »so schamlos zu manipulieren«, und »wer eigentlich in der Medienwelt der Information und der Desinformation vor wem zu retten ist: das Publikum vor den Massenmedien und ihren Machern oder die Journalisten vor dem schier unstillbaren Hunger der Konsumenten nach dem Sensationellen, Grellen und Grässlichen?«

Bevor der Streit der beiden einander in herzlicher Ablehnung zugetanen Journalisten eskaliert, einigen sie sich darauf, dass die *Süddeutsche Zeitung* nicht mehr behauptet, der Beitrag sei eine Fälschung, und *Spiegel-TV* darauf verzichtet, die Reportage noch einmal zu senden. Ein Gentlemen's Agreement, nur ohne Gentleman, denn prompt erzählt Aust der Hamburger *Woche,* dass die *SZ* ihre Behauptungen nicht mehr aufstellt, aber nicht, wie es dazu gekommen ist – und dass Hohmann inzwischen beim Landgericht Hamburg eine Einstweilige Verfügung gegen die Ausstrahlung der Reportage erwirkt hat. »Wir sind nicht von unserer Berichterstattung zurückgetreten«, kontert daraufhin der *SZ*-Chefredakteur, der Aust noch einmal gönnerhaft eine goldene Brücke baut. »Eine Entschuldigung von Aust bei Hohmann genügt.«

Aber Entschuldigen, das ist nichts für Aust, der auch dann gern recht behält, wenn er es nicht hat. Und so geht die Angelegenheit doch noch vor Gericht. 60 000 Mark Schadensersatz fordert Hohmann, die er einer karitativen Organisation auf Kuba spenden will. »Denen gehört eins zwischen die Hörner«, hatte er bereits kurz nach der Ausstrahlung des zweifelhaften Beitrags in der *taz* gewettert, und davon ist er noch mehr überzeugt, als er die Klageerwiderung liest, für die *Spiegel-TV* fleißig weiter an der vermeintlichen Sexstory gestrickt hat. Eifrig haben sie bei *Spiegel-TV* eidesstattliche Versicherungen gesammelt für die Schlammschlacht mit der *SZ.* So erinnert sich der Kameramann plötzlich daran, dass die Kubanerin Kondome in der Tasche gehabt habe.

Das unwürdige Spektakel endet mit einer Niederlage für Aust. *Spiegel-TV* einigt sich außergerichtlich mit Hohmann und zahlt ihm nach jahrelangem Tauziehen rund 20 000 Mark. Der zuständige Redakteur verlässt *Spiegel-TV.*

Jahre danach stellt Aust einen jungen Redakteur nicht ein, weil der ihm verschweigt, über den Fall berichtet zu haben. »In Bewerbungsgesprächen«, schreibt Aust in den Brief mit der Absage, »wird nicht gelogen.«

32. In der Mauss-Falle

Es ist unmöglich, die Geschichte eines Menschen lückenlos zu rekonstruieren. Zu begrenzt sind Zeugenaussagen, zu begrenzt sind auch Selbstzeugnisse, etwa in Form von Berichten über ihre eigenen Taten. Jeder Zeuge, auch der sachlichste, gibt immer nur seine Sicht der Dinge wieder. Gefühle, Motivationen, innere Regungen entziehen sich ohnehin weitgehend der Berichterstattung. Grobe Verfehlungen werden von Beteiligten selbstverständlich nur ungern geschildert.«

Diese Worte, die Aust an den Anfang seines Buches über den Geheimagenten Werner Mauss stellt, klingen wie ein Eingeständnis, beim *Baader-Meinhof-Komplex* den Fehler gemacht zu haben, die Kronzeugenaussagen eins zu eins zu übernehmen. Aber so ist es nicht gemeint. Aust will die Leser darauf vorbereiten, dass sein Buch *Mauss. Ein deutscher Agent*, das er 1988 veröffentlicht, ein Jahr vor seinem Buch *Der Pirat*, viele

Fragen offenlässt. Weil sich das Objekt der Berichterstattung einer genaueren Untersuchung entzieht. Das haben Agenten so an sich.

Das Leben des vom Verfassungsschutz und vom Bundeskanzleramt geführten Agenten Mauss ist in der Tat so unglaublich und verworren, dass man es für den Einfall eines schlechten Drehbuchautors halten könnte. Kein Wunder, dass der Münchener Regisseur Helmut Dietl daran denkt, den Stoff zu verfilmen: ein Mann, der sich vom Staubsaugervertreter zum deutschen James Bond hochdient – mit Privatzoo und Flugzeug. Einer, der erst als Detektiv Versicherungen bei der Aufklärung von getürkten Schadensfällen hilft und später im Bundeskanzleramt ein und aus geht, als wäre er ein hoher Funktionär.

Mauss' Leben hat einiges zu bieten, was Aust fasziniert: einen übergeschnappten Hauptdarsteller, eine skrupellose Regierung und schlampige Geheimdienste. Und ein Faible für Pferde hat Mauss auch noch.

Aust kommt dem Agenten sehr nah. Zu nah. Als er 1986 gemeinsam mit dem Journalisten Rudolf Müller eine Serie im *Stern* über den Undercovermann veröffentlicht, versucht Mauss bereits, das zu verhindern. Sein Anwalt stellt beim Landgericht München einen Antrag auf Erlassung einer Einstweiligen Verfügung, mit der dem *Stern* verboten werden soll, »das Lebensbild des Antragstellers öffentlich darzustellen«. Im Fall einer Zuwiderhandlung werden eine halbe Million Mark Ordnungsgeld angedroht, ersatzweise Ordnungshaft von sechs Monaten. Die Serie erscheint trotzdem.

»Die Tätigkeit des Antragstellers lässt sich am besten als Undercoveragent bezeichnen«, schreibt Mauss' Anwalt in entwaffnender Offenheit, und weiter: »Er ist Sachverständiger insbesondere auf dem Gebiet der Bandenkriminalität« und werde »nur in Fällen großer und größter Bedeutung« eingeschaltet. »Durch eine Veröffentlichung soll Mauss in jeder Hinsicht bloßgestellt [...] sozusagen ausgezogen werden. Er soll als Person gleichsam nackt dastehen. Jedermann soll ihn bestaunen oder bespucken können.« Die Worte des Anwalts müssen Aust zusätzlich befeuert haben. Jetzt erst recht! Seine Recherchen zu dem Buch zeigen, wie sehr der Topagent seinen Führungsleuten entglitten ist und auf welche Weise private und staatliche Interessen bei der Verbrechensbekämpfung verknüpft worden sind. Und dass Mauss ein Mann ist, der im rechtsfreien Raum agiert und längst selbst zum Sicherheitsrisiko geworden ist.

Doch Austs Buch, das 1988 erscheint, kann Mauss nicht schaden. Er ist, als Aust in der Chefredaktion des *Spiegel* landet, die Karriereleiter schon wieder ein paar Sprossen hinaufgeklettert und nun praktisch im Regierungsauftrag unterwegs. Beispielsweise setzt ihn der Kanzleramtsminister Bernd Schmidbauer bei Entführungen in Kolumbien ein – als Vermittler zwischen linken Guerilleros und westlichen Konzernen, deren Mitarbeiter immer wieder gekidnappt werden. Ein seltsames Geschäft ist das und natürlich eine gute *Spiegel*-Geschichte.

Aust trifft Mauss 1995 zu einem Gespräch in einem Mainzer Hotel, wo ihm der Agent von seiner Friedensmission in Kolumbien vorschwärmt. Zum Wohle aller und quasi in höchstem Regierungsauftrag hole er dort die Geiseln aus dem Dschungel, so Mauss, über den zu diesem Zeitpunkt bereits Gerüchte kursieren, dass er mit den kolumbianischen Entführern gemeinsame Sache mache und die Lösegelder künstlich in die Höhe treibe.

Mauss macht Aust ein Angebot, das der nicht abschlagen kann. Der *Spiegel* solle ihn doch mal bei einer Befreiungsaktion in Südamerika begleiten, schlägt er vor, um zu sehen, wie das Geschäft mit den Geiseln vor Ort ablaufe. Die Entführer hätten bestimmt nichts dagegen, schließlich würde auf diese Art ihr gerechtes Anliegen, der Befreiungskampf in Kolumbien, mehr Gehör bekommen. Es gebe da nur eine Bedingung, so der

Undercoverspezialist: Er selbst dürfe in dem Bericht über die Geiselbefreiung keinesfalls auftauchen, weder im Text noch im Bild. Diese schriftliche Vereinbarung erweist sich für beide Seiten von Vorteil: Mauss kann inkognito bleiben, und die *Spiegel*-Leute können später so tun, als hätten sie die Geiseln persönlich befreit. Dennoch ist es ein erstaunliches Geschäft, denn schließlich hat Aust in seinem Buch über vierhundert Seiten hinweg beschrieben, wie wenig dem dubiosen Mauss zu trauen ist – und nun macht er selbst gemeinsame Sache mit ihm. Aber, so Aust später, die journalistische Neugier habe gesiegt. Vielleicht hat auch der Gedanke eine Rolle gespielt, dass er nun der erste war, der Mauss in der Falle hatte.

Im Herbst 1995 fliegen die *Spiegel*-Redakteure Jens Glüsing, Georg Mascolo und Hans Leyendecker gemeinsam mit einem *Spiegel*-TV-Team nach Kolumbien, um dort mit dem Ehepaar Mauss durch den Dschungel zu den bewaffneten Männern des Nationalen Befreiungsheers (ELN) weiterzureisen, die gerade zwei italienische Ingenieure in ihrer Gewalt haben. »Am Fluss Rio Magdalena wiegen sich die Mangobäume und Bananenstauden leise im Wind«, so malerisch wird der Trip durch den Dschungel im *Spiegel* beschrieben. »Den *Spiegel*-Reportern, die sie im Buschlager besuchten, übergaben die Guerilleros zwei italienische Geiseln«, heißt es da, und weiter: »Nun umklammern die Männer das Satellitentelefon der Journalisten, sie wissen, dass sie sich in der unzugänglichen Welt nicht länger verschanzen müssen. Ponzanelli ruft seine Frau in Sarzana an: ›Hallo, hört ihr mich, ich komme nach Hause.‹ Rossis Tochter Francesca, 25, trägt ihrem Vater auf: ›Papa, du fährst nie wieder weg.‹«

Das Satellitentelefon in diesem Rührstück gehört freilich Mauss, der mit der Geschichte der *Spiegel*-Leute zufrieden ist. Die ELN, der er als Vermittler dient, kommt recht gut weg, und an ihr Versprechen, ihn nicht zu erwähnen, haben sich die Journalisten auch gehalten. Aber das ändert sich schon sehr bald.

Nur ein Jahr später werden Mauss und seine Frau in Medellín verhaftet – nach der Befreiung der Deutschen Birgit Schöne, an der das Agentenpaar beteiligt gewesen sein soll. Den Tip sollen die Behörden von der britischen Firma Control Risks erhalten haben, die Mauss auf dem dubiosen Markt der Geiselbefreiungen als lästigen Konkurrenten und Quertreiber sieht. Das deutsche Agentenduo wird von schwerbewaffneten Milizen am Flughafen gestellt und wenig später der Presse vorgeführt. Die Bilder mit dem verschreckten Mauss, der so gar nicht nach James Bond, sondern nach altem Mann im Anorak aussieht, gehen um die Welt. So verliert der Superagent das, was zeitlebens das Wichtigste für ihn war: seine Tarnung. Der entlarvte Mauss und seine Frau wandern getrennt in kleine Zellen, wo sie, wie sie später in einem Interview berichten, aus Angst vor gedungenen Mördern kaum schlafen und die Schreie der Gefolterten hören.

Dass Mauss mit den ELN-Rebellen gemeinsame Sache gemacht haben soll, dafür findet der kolumbianische Staatsanwalt allerdings nur schwer Beweise. Bis im deutschen Fernsehen ein Film zu sehen ist, der Mauss und seine Frau im Dschungel zeigt, wo sie von den Rebellen herzlich begrüßt und verabschiedet werden. Die Bilder, die zügig in die Akten des Staatsanwalts kommen, laufen bei *Spiegel-TV*. Es sind die Aufnahmen, die die *Spiegel*-Leute ein Jahr zuvor auf ihrem Trip mit Mauss gemacht haben und die sie niemals zu zeigen versprochen hatten.

Für die kolumbianischen Behörden ist der *Spiegel-TV*-Beitrag der sichtbare Beweis für die Kumpanei zwischen den Rebellen und dem deutschen Agenten. »Dieser Film beweist doch alles«, sagt Alvaro Uribe Vélez, damals noch Gouverneur der Provinz Antioquia, heute Staatspräsident von Kolumbien. Dem Ehepaar Mauss drohen nach der Ausstrahlung der kompromittierenden Bilder sehr lange Haftstrafen.

Auch im *Spiegel* macht Aust mit Mauss' Enttarnung Auflage und nimmt die Verhaftung zum Anlass für eine detaillierte

Titelgeschichte. Ausführlich wird Mauss' Rolle in Kolumbien beschrieben – die einst mit Mauss getroffene Vereinbarung scheint angesichts der aktuellen Ereignisse Makulatur zu sein. Nun gilt es, auszupacken.»Nachdem Mauss verhaftet worden war und auch seine Rolle in diesem Geiselbusiness bekannt war, wäre es journalistisch unverantwortlich gewesen, unser Wissen nicht zu veröffentlichen«, rechtfertigt Aust die Vorgehensweise.

Der Agent erfährt wenig später eine kleine Wiedergutmachung. Jedenfalls druckt der *Spiegel* einen Bittbrief von Ida Mauss an den Gouverneur in Medellín, in dem sie ihre besten Absichten versichert.»Wenn meine Gefangennahme, die Verleumdungen, der psychische Schaden, die Misshandlungen durch einige Personen, dazu die Trennung von meinen geliebten Angehörigen etwas Positives zu diesem Land beitragen könnten, dann wäre mein Leiden nicht vergebens gewesen. Ich fühle keinen Hass in meinem Herzen und auch keinen Groll für das, was man mir angetan hat.«

Ida Mauss schreibt noch einen zweiten Brief – später, nachdem sie und ihr Mann wegen Mangels an Beweisen entlassen werden. Er richtet sich an den *Spiegel*-Reporter Hans Leyendecker, dem Ida Mauss vorwirft, maßgeblich schuld an der langen Zeit im Knast gewesen zu sein.»Lieber Hans«, beginnt das Schreiben, in dem sie dem *Spiegel*»Pressekriminalität« vorwirft und beklagt, dass mehrere Artikel und insbesondere ein von *Spiegel-TV* ausgestrahlter Film»die kolumbianischen Behörden irritiert und deshalb unseren Gefängnisaufenthalt erheblich verlängert haben«. Trotz eines Ehrenworts habe Leyendecker sie und ihren Mann für eine»Handvoll Dollar« verkauft.»Du, lieber Hans, hast das Geschäft Deines Lebens gewittert und den Film aus dem Guerillacamp weltweit verkauft und so zusammengeschnitten, dass wir dem Zuschauer als Hauptdarsteller kriminalisierend präsentiert wurden.« Dabei habe er sich selbst nicht mit Solidaritätsgesten an die Adresse der Rebellen zurückgehalten. Von den ELN-Leuten um einen Beitrag zur deutschen Kultur gebeten, so schreibt Ida Mauss, »hast Du vor mehr als 100 Guerilleros die kommunistische Internationale angestimmt. In diesem Zusammenhang kann ich mich noch gut an Deine Worte – links denken, rechts leben – erinnern.«

Hans Leyendeckers Antwort auf den Brief fällt schmallippig aus. In einer Stellungnahme weist er darauf hin, dass es »nicht meine Entscheidung war, diese Bilder zu bringen, und es lag auch nicht in meiner Kompetenz«. Womit er zweifellos recht hat, denn die Kompetenz beim *Spiegel* hat natürlich Aust.

Tatsächlich hatte es zwischen ihm und Leyendecker Streit über die Mauss-Geschichte gegeben, die Leyendecker unter Verweis auf die Vereinbarung mit Mauss nicht schreiben wollte. Informanten, so Leyendecker, seien unantastbar, sonst könne man gleich aufhören. Er wolle keine verbrannte Erde hinterlassen.

Kurze Zeit nach diesem Vorfall verließ Leyendecker den *Spiegel*, für den er jahrzehntelang Affären aufgedeckt hatte, und ging zur *Süddeutschen Zeitung*. Die Vergangenheit holte ihn wieder ein, als eine Geschichte im *Focus* erschien, die seine Rolle in Kolumbien beleuchtete. *Focus* zeigte auch ein Foto von ihm – er in Kolumbien, im Arm eine Kalaschnikow.

33. Eine verhängnisvolle Affäre

Vor Leyendecker hat bereits ein anderer das Blatt im Streit verlassen. Hellmuth Karasek, den eine Zeitung bei seinem Abgang als bekanntesten Journalisten des Landes bezeichnet, worauf Augstein in der Redaktion anruft und sagt, das sei doch er.

Karasek, mächtiger Feuilletonist des *Spiegel*, schreibt nicht nur für das Blatt Filmkritiken, sondern sitzt auch im *Literarischen Quartett* des ZDF und streitet sich mit Marcel Reich-Ranicki, der im Herbst 1993 auf dem Titel des *Spiegel* als buchfressender Kampfhund (»Der Verreißer«) erschien, was sein Verhältnis zu dem Magazin von einem Tag auf den anderen erheblich abkühlte.

Karasek ist der Star, und so benimmt er sich auch. Er tritt aus der anonymen *Spiegel*-Masse heraus, ist mit Augstein befreundet, kanzelt Kollegen ab, sitzt in Talk-Shows und Nachmittagssendungen.

Eine Hälfte der Redaktion hält ihn für größenwahnsinnig, die andere für genial. »Während Gründervater Augstein mit schwerem Gerät die dicken Bretter der deutschen und universellen Geschichte« bohre, »tänzele Karasek« durch die Medienwelt, heißt es halb hämisch und halb bewundernd in Kritiken. Aber starke Persönlichkeiten, das ist das letzte, was Aust brauchen kann – das hat er von Augstein gelernt, der sich auch immer dann von Menschen trennte, wenn sie anfingen, ihn zu überstrahlen. Außerdem hatte sich Karasek damals für Austs Vorgänger Hans Werner Kilz stark gemacht.

Als Karasek im Sommer 1996 einen Drehbericht über den Helmut-Dietl-Film *Rossini* schreibt, ist seine Stunde gekommen. Der Artikel sei weit unter Karaseks Niveau, lässt die Chefredaktion verlauten, und knapp unter dem des *Spiegel*. Das ist charmant ausgedrückt, aber dennoch ein Affront, den Karasek in seinen zwanzig Jahren beim *Spiegel* noch nicht erlebt hat. Das muss er sich nicht gefallen lassen. Karasek geht mit großem Aplomb, und als er weg ist, ist er plötzlich doch wieder da: mit einem Schlüsselroman über den *Spiegel,* der zwei Jahre nach seinem Abgang veröffentlicht und von der Kritik in einer Art verrissen wird, wie sonst nur der *Spiegel* über Autoren herfällt.

Deutlich höhere Wellen als Karaseks Abgang schlägt die Kündigung zweier weiterer gedienter Kräfte. Im Frühjahr 1999 macht die Nachricht die Runde, dass der Redakteur Klaus Wirtgen und der Düsseldorfer Korrespondent Richard Rickelmann zum *Stern* wechseln. Wirtgen hatte in den sechziger Jahren beim *Spiegel* angefangen und viele Jahre im Bonner Parlamentsbüro gearbeitet, unter der Leitung von Dirk Koch. Er führte viele Gespräche mit Willy Brandt und machte 1976 das letzte Interview, das Helmut Kohl dem *Spiegel* gab.»Institution« ist das Wort, das *Spiegel*-Redakteuren zu ihm einfällt.

Noch bis Anfang der neunziger Jahre war das Bonner Büro mit Abstand das mächtigste Ressort im *Spiegel,* in dem fast sämtliche Deutschland-Aufmacher entstanden – oft nach Telefonaten zwischen Chefredakteur Erich Böhme und Büroleiter Koch. Unter Kilz und Kaden hatte sich das geändert. Die eifersüchtigen Hamburger Kollegen vom ebenfalls für die Bundespolitik zuständigen Ressort Deutschland I sollen dafür gesorgt haben, dass Kilz den Redakteur Olaf Ihlau nach Bonn entsandte, den viele dort als eine Art Spion sahen, einen Aufpasser. Wirtgen jedenfalls entschloss sich schon bald, lieber in den Frühruhestand zu gehen, als unter Hamburger Kuratel zu arbeiten. Doch als Aust Chef wurde, gelang es ihm, Wirtgen zum Weitermachen zu überreden. Er erhielt einen Vertrag als Autor.

Wirtgen und Rickelmann galten Mitte der neunziger Jahre als begnadete Rechercheure – bis ihnen eine Recherche zum

Verhängnis wird. Beide widmen sich journalistisch einem Mann, der bis heute als einer der wichtigsten Informanten beim Hamburger Nachrichtenmagazin gilt, besonders wenn es um die SPD und Bundeskanzler Gerhard Schröder geht: Bodo Hombach, mittlerweile Geschäftsführer bei der WAZ-Gruppe, früher Kanzleramtsminister, danach zum Balkanbeauftragten der Europäischen Union degradiert. Weil er sich seinen Hausbau angeblich zum Teil vom Immobilienkonzern Veba finanzieren ließ, musste er schnell von der Bildfläche verschwinden, ehe er dem Image von Rot-Grün Schaden zufügen konnte. Als Wirtgen und Rickelmann die Affäre recherchieren, ist Hombach auf dem Zenit seiner Macht. Wenn er dicke Zigarren raucht, tut es der Kanzler wenig später auch. Auch dem *Spiegel* gilt Hombach als politisches Ausnahmetalent, das für den nordrhein-westfälischen Ministerpräsidenten Johannes Rau klassische Slogans wie »Versöhnen statt Spalten« oder »Wir in NRW« erfindet – und für den neuen Bundeskanzler Gerhard Schröder die »neue Mitte«.

Als Gerüchte aufkommen, Hombach habe von der Wirtschaft unerlaubt Vergünstigungen erhalten, kommt der SPD-Politiker in Bedrängnis. Im Prozess gegen Manager des Stromkonzerns Veba, die sich selbst bereichert haben, indem sie bei Mietern zuviel abkassierten, kommt heraus, dass es im Unternehmen eine Abteilung zur Betreuung von VIPs gab. Die, so sagt ein Zeuge vor Gericht, habe sich auch um Hombach gekümmert und dafür gesorgt, dass dessen rund anderthalb Millionen Mark teurer Neubau in Mülheim an der Ruhr nicht ganz so teuer wurde. Beweisen lässt sich freilich nichts, und verjährt wäre das Delikt auch, aber gegenüber der Bochumer Justiz sagen Ex-Veba-Manager aus, dass beim Bau von Hombachs Villa 1986/87 Beträge in sechsstelliger Höhe »verrechnet« worden seien. Der angebliche Trick habe darin bestanden, dass die Handwerkerfirmen nur einen Teil in Rechnung stellten und sich den Rest von der Veba bezahlen ließen, durch

Scheinrechnungen für Arbeiten an konzerneigenen Gütern und Gebäuden.

Der Vorwurf steht also im Raum, doch die Faktenlage ist knifflig. Wirtgen und Rickelmann tragen die Zeugenaussagen zusammen, doch was dann tatsächlich im Heft erscheint, ist nicht mehr allein ihr Werk. Die Vorwürfe gegen Hombach, so klagen sie, seien von der Chefredaktion ohne ihr Wissen und ohne Grund abgeschwächt worden. In letzter Minute ziehen die Reporter ihre Namen unter dem Text zurück, obwohl Aust gerade erst die Namenszeilen eingeführt hat und alle mächtig stolz sind, aus der anonymen Masse hervorzutreten. Nur Wirtgen und Rickelmann verzichten darauf – die wollen ihre Namen nicht unter dem redigierten Artikel sehen. So erscheint die Hombach-Recherche namenlos, wie in alten Zeiten.

Doch sonst ist nichts wie in alten Zeiten, sagen Wirtgen und Rickelmann, im Gegenteil: Ihnen sei massiv ins Handwerk gepfuscht worden, die Chefetage aber ist der Überzeugung, dass sich Wirtgen und Rickelmann in ihrer Recherche verirrt haben. Die Auseinandersetzung trägt Züge eines Machtkampfs: Mal sehen, wer der stärkere ist.

Dass längst Aust am längeren Hebel ist, erfahren die Altstars, als sich in dem Artikel viele Passagen finden, die für Hombach entlastend sind. Er habe sämtliche Rechnungen bezahlt, heißt es, zudem habe eine Unternehmensberatung seine Unterlagen geprüft – alles sei sauber. Und wenn die Vorwürfe doch zuträfen, so schreibt der *Spiegel,* könne es ja auch sein, dass Hombach von der Vorteilsnahme gar nichts mitbekommen habe.

Tatsächlich ergeben mehrere Prüfungen, dass es keine Unterlagen über eine Vorteilsnahme gibt. Hombach scheint sauber, auch wenn das Wirtgen und Rickelmann anders sehen. Immerhin kommt das Bochumer Landgericht später im Meineidprozess gegen den früheren Bauleiter zu einem recht eindeutigen Urteil. In der Begründung vom August 1999 betonten die Richter, dass sie den Bauleiter, der die Veba-Verrechnungspraxis beim Hombach-Haus umfassend eingeräumt hatte, als glaubhaft einschätzen. Weil er zunächst jedoch alles abgestritten hatte, wurde er zu sieben Monaten auf Bewährung verurteilt.

Die Rechercheure halten fest an ihrer Version und verlassen den *Spiegel,* wütend darüber, dass es mit ihnen keine Rücksprache gegeben hat, bevor der Text zu Hombachs Gunsten geändert wurde. Das haben sie noch nie erlebt beim *Spiegel,* und sie sind ja schon recht lange dabei. Zusammen gehen sie zum *Stern,* der in der Folge in Sachen Hombach-Affäre die Marktführerschaft übernimmt – was Aust nicht so recht traurig zu stimmen scheint.

34. Vom Sturmgeschütz zur Gulaschkanone

Im Jahr 1998 dürfte Aust erstmals ein Gefühl der Allmacht beim *Spiegel* durchfluten. Hausinternen Widerspruch gibt es kaum noch, und Augstein, der ihn der Redaktion einst als »vermutlich mein unehelicher Sohn« vorstellte, erweist sich als zunehmend mildere Vaterfigur und lässt Aust freie Hand. »Er ist ein Aufreißer, ein ganz temperamentvoller Bursche«, sagt er denen, die an Aust zweifeln.

Zum guten Gefühl trägt auch bei, dass sich in der Bundesrepublik eine politische Wende abzeichnet und der *Spiegel* mithilft, den SPD-Kandidaten Gerhard Schröder zum Bundeskanzler zu machen. Die Zeit des *Spiegel*-Feindes Helmut Kohl scheint endlich abgelaufen zu sein.

Schröder und Aust sind sich ähnlich, ein politisch-publizistisches Traumpaar. Beide kommen aus kleinen Verhältnissen und haben sich aus eigener Kraft nach oben gearbeitet mit ihrem Gespür für Macht und Machbares. Beide halten nichts von der Theorie, sondern sind Pragmatiker, Männer, die anpacken, ohne lange zu reden. Intellektuelle Höhenflüge seien Schröder so fremd wie tiefschürfende Reflexionen, heißt es in seinem Umfeld; Aust könne alles runterbrechen, nur nichts rauf, heißt es über Aust.

Tatsächlich weiß Gerhard Schröder, der gern und öffentlich Zigarren der Marke Cohiba Esplendido raucht, erstaunlich wenig über das Land, das er regieren will. Als er mit einem *Spiegel*-Reporter an der Siegessäule in Berlin vorbeifährt, fragt er, wofür das Denkmal stehe. Auf die Antwort, es erinnere an den Deutsch-Französischen Krieg, reagiert Schröder mit der Frage, wer den denn gewonnen habe.

Aust kennt den Mann, dem der Anlass der Reichsgründung von 1871 entfallen war, schon lange. Sein erstes Interview mit ihm hat er 1978 gemacht, damals war Schröder Anwalt und Aust *Panorama*-Redakteur. Man mag und duzt sich (mit seiner Frau steht Schröder auf Austs Geburtstag am Stehtischchen herum), was dem Konkurrenten Helmut Markwort als Zeichen der Kumpanei zwischen Presse und Politik gilt. Aber Aust kennt halt viele Bundespolitiker noch von 1968, dem Jahr, das das Land nach links rücken ließ und in dem Markwort in die FDP eintrat – quasi als Gegenaktion.

Im *Spiegel* selbst erscheint auch Kritisches. »Als den größten aller Schwindel der Nachkriegszeit« bezeichnet das Blatt den Wahlkampf 1998. »Je größer die Probleme, desto schlimmer die Verlogenheit.« Tatsächlich präsentieren sich die Kandidaten bei ihren Reisen durchs Land vor allem als grenzenlose Optimisten mit guter Laune. Der FDP-Mann Jürgen Möllemann springt seine Wähler von oben mit dem Fallschirm an, die SPD-Genossin Herta Däubler-Gmelin donnert mit einem Monstertruck über den Nürburgring, Gerhard Schröder eröffnet seinen Wahlkampf in einem Zirkuszelt, bevor er als Komparse in der

RTL-Serie *Gute Zeiten, schlechte Zeiten* auftaucht, und der unglücklich wirkende CDU-Generalsekretär Peter Hintze präsentiert ein Wahlkampfplakat mit dem Claim:»Keep Kohl«.

Aber das wollen die wenigsten Deutschen, und der *Spiegel* will es schon gar nicht. Unter dem Motto»Projekt Deutschland 2000« stellen seine Reporter dem Land eine beängstigende Diagnose und machen Vorschläge für notwendige Reformen: Die Alterssicherung soll durch eine Art Privatrente aufgestockt werden, der Arbeitsmarkt durch Niedriglohnjobs flexibler und der Staat durch eine Reform der Sozialleistungen entlastet werden. Die Kürzung des Arbeitslosengeldes soll zusätzlich motivieren, sich einen Job zu suchen, und mit Hochdruck solle der Staat den Ausbau umweltschonender Energien wie etwa der Windkraft fördern. Die Vorschläge des *Spiegel* von 1998 lesen sich wie das spätere Regierungsprogramm von Rot-Grün.

Man ist sich nah in dieser Zeit: Der *Spiegel* gilt SPD und Grünen und vor allem den Spitzenkandidaten Gerhard Schröder und Joschka Fischer als verlässlicher Streiter für einen Politikwechsel.»Unverkennbar ist [...], dass die emotionale Energie des Kandidaten, die er lieber Ausstrahlung nennen möchte als Charisma, nicht nur im Fernsehen, sondern auch im Alltag wirksam ist«, schwärmt kurz vor der Wahl *Spiegel*-Reporter Jürgen Leinemann, der sich mit Schröder ziemlich gut versteht, manche meinen zu gut, weswegen selige Sentenzen wie diese ins Blatt fänden:»Wo immer er sich öffentlich zeigt, fassen Menschen ihn an, tragen ihm ihre ganz privaten Lebens- und Glückserwartungen vor.«

So möchte Stefan Aust wohl auch sein, jedenfalls macht er in diesen Tagen, wo aus alt neu werden soll, auch eine Art Wahlkampf für sich selbst. Nicht nur Kanzler des *Spiegel* und Spitzenkandidat von *Spiegel-TV* will er sein, die Menschen sollen ihn lieben lernen, am besten im Fernsehen. Auch das hat er mit Schröder gemein, der sagt, er brauche zur Selbstdarstellung nur »*Bild* und Glotze«.

Bild, soweit ist Aust noch nicht, aber in der Glotze – da geht immer was. Allein schon durch seine guten Drähte zum Privatfernsehen, insbesondere zu Sat.1, das dem Springer-Verlag und Leo Kirch gehört und wo ein Platz als Moderator frei wird. Noch sitzt einer von Austs Vorgängern als *Spiegel*-Chef auf dem Platz, Erich Böhme nämlich, nach dem sich viele beim *Spiegel* zurücksehnen und der als Moderator von *Talk im Turm* noch eine Fernsehkarriere an seine *Spiegel*-Zeit drangehängt hat.

Doch der juvenile, aber wenig erfolgreiche Sat.1-Chef Fred Kogel möchte sein Programm verjüngen, und in diesem Plan kommt ein siebzigjähriger Journalist, der seinen Gesprächspartnern bedächtig an der Brille kauend gegenübersitzt, nicht mehr vor. Böhme ahnt wohl, was da auf ihn zukommt, und kokettiert in Vorwegnahme anderer Entscheidungen mit der Möglichkeit, den Bettel hinzuwerfen. Einfach zum Hühnerzüchten nach Südfrankreich ziehen, anstatt Sonntag für Sonntag im Foyer des Berliner Hotels Intercontinental zu sitzen und *Talk im Turm* zu moderieren, wie er es seit über acht Jahren macht.

Beim gemeinsamen Mittagessen besprechen Böhme und Kogel den Ausstieg. Seine letzte Sendung soll Böhme am Tag der Bundestagswahl, dem 27. September, moderieren. »Man soll gehen, wenn die Party auf dem Höhepunkt ist«, sagt Böhme zu seinem Abschied, »und am 27. September ist die Party definitiv auf dem Höhepunkt.«

Das mag für die Politik zutreffen, für *Talk im Turm* eher nicht. Die Sendung hat ihre besten Jahre hinter sich. Vor allem seit Sabine Christiansen zeitgleich talkt und zu ähnlichen Themen schon mal eine Million Zuschauer mehr versammelt als Böhme.

Kogel beschwört zwar zu Böhmes Abschied dessen hervorragende Leistungen, allerdings fand man zuletzt, dass er lustlos agiere, vom Redaktionskonzept abschweife und sich nicht ausreichend vorbereite. Dass Böhme zudem keine Gelegenheit ausließ, in Interviews die angestrengten Verjüngungsversuche von Sat.1 zu bemäkeln, und sich zu einer Art Bergdoktor des Talkwesens stilisierte, soll den Programmchef zusätzlich genervt haben. Trotzdem verwehrt er seinem einstigen Starmoderator die goldene Brücke nicht. Der *Berliner Zeitung* sagt Kogel: »Erich Böhme hat mich mit seiner Entscheidung, aufzuhören, sehr überrascht.« Das ist so aufrichtig, als hätte jemand Helmut Kohl nach der Wahlniederlage gefragt, warum er aufhört.

Der Abschied fällt schwer, auch wenn Böhme den Spruch prägte »Journalism is for boys.« Jetzt, wo es um ihn selbst geht, stimmt das plötzlich nicht mehr. Der Mann, der angeblich aus freien Stücken aufhört, tritt um sich. In einer endlosen Interviewreihe kritisiert Böhme das Privatfernsehen als solches sowie Sat.1, seinen Chef Fred Kogel und seinen Nachfolger Stefan Aust im speziellen. »Lasst die anderen ihr Kinderfernsehen allein machen«, pöbelt er, die Privaten hätten das Publikum eh nur »dümmer gemacht«. Der heutige *Spiegel*-Chef mache »billige Populärtitel«, so Böhme, und übernehme zu viele Jobs. »Wer in zu vielen Restaurants kocht, die auch noch miteinander konkurrieren, dessen Speisen schmecken nicht mehr gut.«

Böhmes Rundumschlag erinnert viele an Bernhard Vogel, der nach dreizehn Jahren als Ministerpräsident mit den Worten zurücktrat: »Gott schütze Rheinland-Pfalz.« Vogel tauchte kurze Zeit später im Osten wieder auf, Erich Böhme beim Nachrichtensender n-tv. Auch da macht man Privatfernsehen, nur mit weniger Zuschauern. »Böhme würde selbst im Offenen Kanal weitermachen, um die Menschen vor der Verblödung zu retten«, schreibt die *Süddeutsche*, »so wie er es sicher angemessen gefunden hätte, wenn der *Spiegel* nach seinem Abschied eingestellt worden wäre. Außer ihm ist doch kein Top-Journalist in Sicht.«

Böhmes Eitelkeit verschreckt selbst seine Freunde, aber in

einem Punkt müssen ihm die *Spiegel*-Redakteure recht geben: Dass Aust demnächst Talkmoderator bei Sat.1 wird, hält kaum einer für eine gute Idee. Schon früher war sein ungebrochenes Engagement für das hauseigene *Spiegel-TV* auf Argwohn in der Mitarbeitergesellschaft gestoßen. Angesichts seiner Moderation von *Talk im Turm* werden nun wieder Zweifel laut, ob die Doppelfunktion der Zeitschrift nicht eher schade. Zudem tritt Aust mit *Talk im Turm* in Konkurrenz zu seinem *Spiegel-TV-Magazin,* das am Sonntagabend auf RTL ausgestrahlt wird.

Doch Aust zerstreut die Bedenken. »*Spiegel-TV* hat ja ohnehin Konkurrenz. Da finde ich es besser, wenn die aus dem eigenen Haus kommt«, sagt er, und außerdem werde er durch die Moderation nicht dümmer. Stimmt, nur wenige Wochen später ist er schlauer und weiß, dass er den größten Fehler seines Lebens gemacht hat. Er, der Fernsehprofi, gibt sich im Fernsehen dem Spott der Nation preis.

Schon Austs erste Sendung gerät zum Debakel, obwohl ihn der gerade gewählte Bundeskanzler Gerhard Schröder unterstützt. Als Premierengast sitzt er Aust gegenüber, der ihn – wie die *Süddeutsche Zeitung* höhnt – wie ein rohes Ei behandelt. Auch der Rest der Kritik ist sich einig: Aust kann es nicht. Allerdings sind die Rezensionen wohl auch geprägt vom Verlangen, sich mal nach Herzenslust an einem der obersten Journalisten des Landes auszutoben.

Ein Gratismut, der Aust erstaunlicherweise beeindruckt, denn auch bei seiner zweiten Sendung ist ihm die Anspannung anzumerken. Da er aber selten im Bild ist, fällt seine bebende Unterlippe kaum auf. Die Redaktion hat diesmal ganze Arbeit geleistet und eine Runde geladen, die einer Moderation nicht bedarf. So herzlich streiten sich Joachim Gauck, Arnulf Baring und Richard Schröder über die Regierungsfähigkeit der PDS, dass sich Aust in aller Ruhe akklimatisieren kann. Wie fremd ihm die Welt des Livetalks immer noch ist, zeigt seine hölzerne

Überleitung zur Werbung, in der sich frecherweise Helmut Markwort per Werbespot zu Wort meldet und den neuen *Focus* preist.

Vielleicht liegt es an dieser Irritation, auf jeden Fall ist nach der Werbepause die Luft ganz raus; die Austsche Grundsatzfrage nach einem politischen Paradigmenwechsel klingt zumindest nicht gerade endspurtverdächtig.

Doch der Talknovize ist lernfähig. Die großen Notizzettel mit den vorformulierten Fragen weichen unauffälligeren Karteikarten. Auch drängt es den *Spiegel*-Chef, der ja nie unter verschärftem Humorverdacht stand, nicht mehr nach jeder Pointe, um den jovialeren Böhme vergessen zu machen.

Bald gehören die Fernsehkritiken für Stefan Aust am Wochenanfang genauso zur Stammlektüre wie der neue *Spiegel.* Wochenlang kann er da nachlesen, was die Rezensenten von ihm als neuem *Talk-im-Turm*-Moderator halten. Nicht sonderlich viel: Aust habe sich für Sat.1 selbst vom »Chefredakteur des Sturmgeschützes der Demokratie zum Befehlshaber einer Gulaschkanone« degradiert, mäkelt die *Frankfurter Allgemeine,* die Berliner *B.Z.* kürt Aust zum »Verlierer der Woche«, und die *Süddeutsche Zeitung* plädiert für ein vorzeitiges Ende, kurz und schmerzlos: »Wir buhten nicht, wir gähnten. Und wünschten Aust wenigstens Mut genug, seinen neuen Job ganz schnell wieder aufzugeben.«

Doch Aust denkt gar nicht ans Aufhören und bleibt stur. Auf die Frage, ob er mit sich als Moderator zufrieden sei, sagt er der Illustrierten *Bunte:* »Das ist nicht die Frage. Ich mache lange genug Fernsehen, um zu wissen, dass es mal auf und mal ab geht.«

Die Frage, die sich Aust lieber stellt, ist die nach der Unabhängigkeit seiner Kritiker. So wirft er dem Chefredakteur der *Süddeutschen Zeitung,* Hans Werner Kilz, im *Bunte*-Interview vor, dazu zu neigen, »seine Privatkriege in seinem Blatt auszutragen«. Daher sei es auch nicht weiter verwunderlich, dass die *SZ* in ihrer Rezension kein gutes Haar an ihm gelassen habe.

Hans Werner Kilz nimmt die Kritik gelassen. Er sei bei Austs Premiere als Moderator im Urlaub gewesen, »außerdem habe ich noch keine einzige *Talk-im-Turm*-Sendung mit Stefan Aust gesehen«. Auch die Unterstellung, es wurme ihn immer noch, dass Aust beim *Spiegel* sein Nachfolger geworden sei, bezeichnete Kilz als abwegig. »Wer die *Süddeutsche Zeitung* liest, merkt, wieviel Spaß mir der Job macht.« Immerhin so viel Spaß, dass er als einer der wenigen Chefredakteure auf einen Fernsehjob verzichtet.

Das Ende kommt ganz schnell. Aust muss das Handtuch werfen, und daran sind nicht die Kritiker schuld, auch nicht Fred Kogel, der mit Sorge die sinkenden Quoten sieht. Schuld ist Rudolf Augstein, der Aust in einem Brief bittet, ganz schnell mit der Moderation aufzuhören. Zum Wohle des *Spiegel* und zu seinem eigenen.

35. Genosse der Bosse

Sich selbst gegenüber kann Aust nicht nachtragend sein. No hard feelings, denkt er sich nach dem Flop mit *Talk im Turm* – einer seiner Lieblingssprüche. Der andere lautet: I'll cross the bridge when I reach it.

Leider aber gibt es gar keine Brücke mehr, die er erreichen könnte. Er hat ja schon alle überquert und ist als Chefredakteur des *Spiegel* und als Geschäftsführer von *Spiegel-TV* auf dem Höhepunkt seiner Macht angekommen. Dennoch spürt er diesen ungeheuren Gestaltungswillen in sich, nicht unbedingt journalistisch, eher unternehmerisch.

Aber spätestens seit die Mitarbeiter das Sagen haben, ist das Unternehmerische beim *Spiegel* so eine Sache, denn die nehmen es mit der journalistischen Unabhängigkeit meist so genau, dass nur wenig Platz für freies Unternehmertum bleibt. Immer wenn Aust seine Gedanken in diese Richtung schweifen lässt, dürfte er vor seinem inneren Auge schon das Kopfschütteln der Redakteure sehen. So war es zum Beispiel, als er den Verlag an der Talk-Show-Schmiede des RTL-Moderators Hans Meiser beteiligen wollte. Das wäre ein gutes Geschäft gewesen.

Es gibt eben ein grundsätzliches Missverständnis zwischen ihm und den Redakteuren: Während die schon seine Doppelfunktion bei *Spiegel* und *Spiegel-TV* kritisch sehen, ist ihm selbst das viel zu wenig. Den einen ist nach Erhalten, ihm nach Gründen. Und weil man den *Spiegel* nicht einfach größer machen kann, weitet Aust vor allem das Geschäftsfeld von *Spiegel-TV* aus. 1995 wird die hundertprozentige Tochterfirma a+i gegründet, was zwar für »art and information« steht, aber strenggenommen gehört beides nicht zum Programm. Statt dessen produziert man die Talk-Show von Johannes B. Kerner, also eher leichte TV-Ware. Hinzu kommt die Sexsendung *Wa(h)re Liebe*, mit der man bei Vox den Markt der Erotikmagazine bereichert. Mit dem *Spiegel* hat das alles nichts mehr zu tun, aber das stört keinen. Zumindest nicht Aust.

Viel mehr an Diversifikation ist nicht drin, so dass der gerade mit einem neuen Fünfjahresvertrag ausgestattete Aust kurz vor der Jahrtausendwende ein wenig gelangweilt den Alltag meistert. Um ihn herum sind nun lauter Jungunternehmer, die in der Hochzeit der New Economy mit kleinen Ideen das große Geld machen. So ist die Firma EM.TV, die mit fast nichts als mit alten Filmrechten von Leo Kirch handelt, plötzlich so viel wert wie die Lufthansa. Das dürfte für einen wie Aust, der mit einem Vielfachen der Arbeit nur einen Bruchteil des Geldes erlöst, nicht gut zu ertragen sein. Und vielleicht sind deshalb die Geschichten über all diese windigen Glücksritter, die künstlich den Aktienkurs in die Höhe treiben, im *Spiegel* immer besonders bissig. Das Magazin ist jedenfalls das einzige

Blatt, das frühzeitig das Platzen der New-Economy-Blase vorhersagt.

Mit zunehmender Ehrfurcht nähert sich Aust jenen, die in reellen Branchen werkeln, in denen man es ohne halbseidene Börsendeals zu einem eigenen Privatflugzeug bringen kann. Der VW-Chef Ferdinand Piëch ist so einer oder der L'tur-Gründer Karlheinz Kögel, der in Baden-Baden recht willkürlich einen Medienpreis vergibt, mal an Michail Gorbatschow, mal an Bill oder Hillary Clinton. Warum, weiß niemand so recht, aber dabei sind alle – auch Aust.

Die schon von Berufs wegen argwöhnischen *Spiegel*-Redakteure notieren mit Befremden, dass Austs Distanz zur Wirtschaft zunehmend schwindet. Erschreckt entnehmen sie einem Wirtschaftsdienst, dass einer der Ihren in Austs Beisein zwanzig Minuten lang von VW-Chef Piëch abgekanzelt worden sein soll – wegen einer korrekten Meldung und ohne dass der Chef für ihn Partei ergriffen hätte. Dass Aust in einem Museumswagen von Mercedes-Benz beim Promi-Autorennen Mille Miglia in Italien mitfährt, wissen nur wenige, aber die, die es wissen, schütteln den Kopf.

Ein spezielles Verhältnis verbindet Aust offenbar mit Ron Sommer, dessen Misserfolg bei der Sanierung der Telekom lange Zeit unsichtbar bleibt – auch, weil er wie kaum ein anderer Manager versteht, die Presse für sich zu gewinnen. Für diese knifflige Aufgabe hat er seinen Kommunikationschef Jürgen Kindervater, der Sportreportern, die schlecht über die Radprofis vom Team Telekom schreiben, schon mal rät, ihren »Arsch zur Seite zu schieben«. Kindervater macht die Zuteilung von Informationen mitunter davon abhängig, wie kritisch die Medien über die Telekom berichten. Diesbezüglich hat der magentafarbene Konzern traumatische Erfahrungen gemacht, als man ihn 1996 öffentlich auseinandernahm, weil aufgrund eines Softwarefehlers den Kunden überteuerte Telefonrechnungen zugestellt wurden.

Als das perfekte Instrument der Landschaftspflege schafft die Telekom den sogenannten Medienbeirat, eine Zusammenkunft von zwanzig »Meinungsführern« der »deutschen Medienlandschaft«, die »den Vorstand der Deutschen Telekom in medienpolitischen Belangen berät«, wie es in der Geschäftsordnung heißt. Darunter sind etliche Journalisten, denen die Telekom immer mal wieder ihre Zukunftsstrategien erklärt, die auch die Zukunft des Landes betreffen: Was wird aus den UMTS-Frequenzen, was aus den Kabelnetzen und was aus den Börsengängen der Telekom – das sind so die Fragen, die in dem Zirkel auf der Tagesordnung stehen. Ob man noch unabhängig über die Telekom berichten kann, wenn man ständig in kleinerer Runde Herrschaftswissen mit ihren Managern austauscht, diese Frage stellt sich offenbar niemand.

Auch Aust ist Mitglied des Medienbeirats. Als Journalist weiß er, dass es nicht schaden kann, Dinge zu erfahren, die andere nicht wissen. Dumm nur, dass einige von den anderen ebenfalls in dem Gremium sitzen: Helmut Markwort, Chefredakteur des Konkurrenzblatts *Focus*, Karl-Ulrich Kuhlo, Aufsichtsratschef des Nachrichtenkanals n-tv, der Vielschreiber Peter Glotz und der ZDF-Intendant Dieter Stolte. Keiner von diesen gedienten Journalisten hat offenbar ein Problem damit, sich von der Telekom einspannen zu lassen. Sie selbst können mit den Informationen herzlich wenig anfangen, denn die Geschäftsordnung des Beirats verbietet allen Mitgliedern, ihr Wissen in der Berichterstattung zu verwenden. Das schmälert den Wert der Veranstaltung ungemein. Dafür gibt es andere Vorteile. Zum Beispiel darf Stefan Aust eines Tages mal im Begleitfahrzeug der Telekom bei der Tour de France mitfahren, obwohl ihn Radfahren eigentlich nicht sonderlich interessiert.

Ein Journalist darf es sich nicht bequem machen und »erst recht nicht denjenigen, über die er schreibt«. Nicht Aust, sondern Augstein hat diese Maxime im *Spiegel-Special*, einem Ableger des *Spiegel,* aufgestellt. Dass Aust nun nicht nur bei einem Konzern in der Chefetage herumsitzt, sondern dafür auch noch Geld bekommt, kann Augstein gar nicht gefallen. Laut der Neufassung der Geschäftsordnung vom 1. Januar 2002 zahlt die Telekom den Mitgliedern des Beirats»als Ausgleich für ihre Tätigkeit [...] ein Honorar von 5000 Euro für jährlich zwei Sitzungen, für jede weitere Sitzung 2500 Euro. Als Ersatz für ihre Auslage erhalten sie darüber hinaus ein Sitzungsgeld von 400 Euro.« Das Geld nimmt Aust natürlich nicht an, sondern spendet es Amnesty International, sein Konkurrent Markwort steckt es in den burdaeigenen Kindergarten. So was gibt es beim *Spiegel* nicht, dort arbeiten zu wenig Frauen.

Die sorgfältige Pflege der publizistischen Landschaft zahlt sich für die Telekom aus – zumindest im Fall des *Spiegel.* Eine Geschichte, in der detailliert beschrieben wird, wie die Telekom Zeitungen und Zeitschriften, die kritisch über den Konzern berichten, mit einem Anzeigenboykott belegt, findet nicht den Weg ins Blatt, obwohl die Redaktion lange dafür recherchiert hat. Lieber berichtet der *Spiegel* über das sogenannte Future-Lab, das Forschungszentrum der Telekom, das der Medienbeirat auf einer Art Wandertag besucht und das kurze Zeit darauf im *Spiegel* als »Datenwelt von morgen« gefeiert wird, in der »das Fernsehen dreidimensional wird« und die »Musik in CD-Qualität aus der Telefonleitung quillt«.

Ausgesprochen überzeugt ist der *Spiegel* auch vom T-Online-Chef Wolfgang Keuntje, den man als Mitglied der weltweiten »Cyber-Elite« feiert und zu den »Giganten der Kommunikationsindustrie« zählt. In einem Cebit-Extra des *Spiegel* taucht Keuntje sogar in den »Top twenty der Web-Society« auf – neben Bill Gates (Microsoft) und Jerry Yang (Yahoo). Die Liste basiert offenbar auf einem ähnlichen Ranking im US-Magazin *Time.* Dort finden sich dieselben Namen, nur Keuntje nicht, für den sich der *Spiegel* auch noch als Aktienverkäufer in die Brust wirft: »Wer an T-Online glaubt, kann kaufen.«

In der Redaktion wird beklagt, dass es das noch nie gegeben habe – Börsentips im *Spiegel*. In der Konferenz wird zudem kritisiert, dass redaktioneller Inhalt und Werbung miteinander vermengt worden seien, und tatsächlich befindet sich zu allem Überfluss auf der Titelseite des Heftes ein Hinweis auf eine beigelegte CD-ROM von T-Online. Ein Versehen sei das, räumt der *Spiegel* ein, als sich Journalisten anderer Medien fragen, was denn da los ist.

Austs Treue zur Telekom hält bis zu Ron Sommers Ende im Juli 2002. Der Manager, der sich bis zuletzt heftig gegen das Ansinnen von Gerhard Schröder wehrt, ihn auszutauschen, muss irgendwann wegen anhaltender Erfolglosigkeit den Schreibtisch räumen. Die Meldung von Sommers bevorstehendem Rauswurf kippt Aust Freitag spätabends persönlich aus dem Blatt, obwohl sie von mehreren Redakteuren recherchiert wurde. Als die Meldung dann am Wochenende über die Nachrichtenagenturen läuft – mit Verweis auf den *Focus* als Quelle –, kommt es zum Streit. In der Ressortleiterkonferenz am Montag beschwert sich ein Wirtschaftsressortleiter, dass die Meldung gekippt wurde. Der stellvertretende Leiter des Hauptstadtbüros in Berlin, Ulrich Deupmann, in dessen Regie die Meldung entstand, verliest den gekippten Text und endet mit dem Satz:»Schöne Geschichte, hätte ich gern im *Spiegel* gelesen.« Nur wenige Monate später hat auch er den *Spiegel* verlassen.

36. Der gute Mensch aus Gütersloh und der verzweifelte aus Hamburg

Während sich Aust gegen Vorwürfe wehrt, dass der *Spiegel* käuflich sei, tobt hinter den Kulissen ein Kampf, bei dem es ebenfalls um ihn geht. Der Flop mit *Talk im Turm* und die Pleite mit der Telekom-CD haben Augstein, der doch so viel von Aust hält, nachdenklich gemacht. Auch sein machtvoller Ziehsohn, so dünkt ihm, braucht zuweilen Führung und Beratung – auch wenn er oft beratungsresistent wirkt. Aber das kennt Augstein von sich selbst.

Wer aber soll Aust bremsen, wenn er nicht mehr da ist? Wer soll den Chefredakteur in die Schranken weisen, wenn es keinen Herausgeber mehr gibt? So wie die Sache steht, wird niemand dasein.

Das weiß auch Augstein, und das Schlimme dabei ist, dass er selbst daran schuld ist, denn als er 1974 seinen halben Verlag den Mitarbeitern übertrug, um deren Ruf nach mehr Mitbestimmung zu ersticken, ließ er ein kompliziertes Vertragswerk aufsetzen, das seine Erben nach seinem Tod quasi entmündigt. So wurde verfügt, dass Augsteins Kinder nach dem Tod ihres Vaters von den geerbten 25 Prozent je ein halbes Prozent an die beiden anderen Gesellschafter abgeben müssen – also an Gruner + Jahr (25 Prozent) und an die Mitarbeiter KG (50 Prozent). Weil aber beim *Spiegel* alle Entscheidungen mit einer Mehrheit von 76 Prozent getroffen werden, hätten die Kinder dann nichts mehr zu sagen.

Warum es Augstein seinen Kindern so schwer gemacht hat, darüber gibt es verschiedene Versionen. Gruner + Jahr habe das zur Bedingung für einen Einstieg gemacht, heißt es, schließlich holte Augstein mit dem Großverlag einen zusätzlichen Finanzier ins Boot, der auch etwaige Verluste mitgetragen hätte. Zudem soll Augstein nichts von einem dynastisch geführten Unternehmen gehalten haben. Er war alles andere als ein Familienmensch, und es war ihm möglicherweise egal, was beruflich aus seinen Kindern wird. Er hat ihnen nie empfohlen, Journalisten zu werden. »Macht, was ihr wollt und was euch Spaß macht«, das war sein Rat an Franziska und Jakob, seine Kinder aus der Ehe mit der Übersetzerin Maria Carlsson.

Dass den Kindern später der Journalismus Spaß machte und sie bei der *FAZ* beziehungsweise der *Süddeutschen Zeitung* Karriere machten, war für Augstein damals nicht vorauszusehen. Und als es soweit war, war es zu spät.

»Wenn Rudolf Augstein letztwillig oder im Zuge einer vorweggenommenen Erbfolge bezüglich der ihm zustehenden Geschäftsanteile an der Rudolf Augstein GmbH andere Destinäre als [den Verlagsdirektor] Hans Detlev Becker bedenkt, steht den Gesellschaftern der Rudolf Augstein GmbH ein Vorerwerbsrecht in Höhe von insgesamt 1 Prozent der Geschäftsanteile der Rudolf Augstein GmbH zu.« Dieser Passus, der als Paragraph 10 (4) Eingang in den Gesellschaftervertrag fand, macht Augstein ein Vierteljahrhundert später schwer zu schaffen. Denn die Geister, die er rief, wird er nicht mehr los.

Die Geister sitzen am Baumwall, nur ein paar hundert Meter weit weg vom Hamburger *Spiegel*-Gebäude. Dort befindet sich der Unternehmenssitz des zum Gütersloher Medienkonzern Bertelsmann gehörenden Verlages Gruner + Jahr *(Stern, Brigitte, Geo)*, den Augstein zwar beteiligt hat, dessen Manager aber beim *Spiegel* kaum etwas zu melden haben, denn Augstein hat vertraglich bestimmen lassen, dass redaktionelle Belange ausnahmsweise von ihm und den Mitarbeitern mit einer 75-Prozent-Mehrheit bestimmt werden können. Bei der Berufung und Entlassung von Chefredakteuren haben die G + J-Vertreter also nicht mitzureden, was die als das empfinden, was es ist:

eine Entmündigung. Aber irgendwann wird Augstein ja auch mal tot sein.

Augstein weiß, dass Gruner + Jahr mehr Macht in seinem Haus möchte, er befürchtet sogar, dass der Konzern zum Erreichen dieses Ziels die Mitarbeiter auszahlen könnte – wer sagt schon nein, wenn man plötzlich Millionen geboten bekommt. Besonders der G + J-Vorsitzende Gerd Schulte-Hillen, den alle Bela nennen, ist Augstein nicht geheuer. Im Oktober 1999 schreibt Augstein an den Bertelsmann-Patriarchen Reinhard Mohn einen Brief, der noch heute im Konzern sorgfältig gehütet wird:

»Lieber, sehr verehrter Herr Mohn,
von Senior zu Senior: Bela ist dabei, dem Hause Bertelsmann eine schmerzende Niederlage beizubringen. Er hat es sich in den Kopf gesetzt, den *Spiegel*-Verlag nach und nach unfreundlich zu übernehmen. Wenn man ihn nicht zurückhält, wird das in einer großen Blamage enden. Was immer er anstellen mag, es ist zu riskant geworden. Er wird keinen Fuß in die Tür kriegen. Dafür sorge ich, dafür sorgen meine Erben, auch die Mitarbeiter KG (50 Prozent der Anteile) ist geschlossen dagegen, ebenso die gesamte Redaktion samt Verlag und die Dokumentation. Mehr als das, was er hat, nämlich 25 Prozent der Anteile, kann er nicht kriegen, eine Sperrminorität also. Die wird ihm ja niemand wegnehmen wollen. Ich bitte Sie, sich diesmal zu engagieren und mit mir eine kosmetische Lösung zu erarbeiten.«

Doch Kosmetik am Vertrag, der vorsieht, dass irgendwann Gruner + Jahr mitbestimmt, was beim *Spiegel* redaktionell läuft, ist alles andere als das, was die Bertelsmänner anstreben. Im Gegenteil: Sie wollen endlich mehr Macht beim *Spiegel*. Entsprechend kühl ist die Antwort des »guten Menschen aus

Gütersloh«, wie Reinhard Mohn seiner Bibeltreue wegen genannt wird, an den verzweifelten Menschen aus Eppendorf:

»Lieber Herr Augstein,
mit Erstaunen erfahre ich aus Ihrem Brief von den Plänen, die Sie Herrn Schulte-Hillen unterstellen. Von einem solchen Vorhaben ist mir nichts bekannt. Ich hatte soeben Gelegenheit, Ihr Schreiben auch mit Herrn Dr. Mark Wössner zu besprechen. Er meint, dass es sich hier um ein Missverständnis handeln muss. Da ich kurz vor einer längeren Reise stehe, habe ich Herrn Dr. Wössner gebeten, sich mit Ihnen in Verbindung zu setzen – wenn das Ihrem Wunsche entsprechen sollte. Auf jeden Fall dürfen Sie aber davon ausgehen, dass das Haus Bertelsmann abgeschlossene Verträge einhalten wird. Ich hoffe, dass wir den Vorgang freundschaftlich abklären können. Für heute einen herzlichen Gruß.«

Welch ein Hohn. Natürlich hat Rudolf Augstein gar keinen Zweifel daran, dass Bertelsmann diesen Vertrag einhält. Das ist es ja gerade.

Schulte-Hillen selbst ist empört, dass Augstein ihn hinter seinem Rücken bei Mohn anschwärzt. Er fühlt sich von Augstein denunziert, wenngleich der in einigen Punkten recht hat, denn in der Tat hält Schulte-Hillen die Mitarbeiterbeteiligung für wenig zeitgemäß. Dass von der Kantinenkraft bis zum Archivar jeder Mitarbeiter die schönen Gewinne nach Hause schleppt, kann in der sich zügig ändernden Medienwelt, in der mittelgroße Unternehmen kaum eine Chance haben, nur von Nachteil sein. Was ist, wenn Rücklagen gebraucht werden, wenn Akquisitionen anstehen? Dann ist der *Spiegel* ein hoffnungsloser Fall.

Augstein beißt auf Granit. Bei Gruner + Jahr denkt niemand daran, für das Seelenheil des älter werdenden Herausgebers auf das entscheidende Vorkaufsrecht zu verzichten. Augstein gleich

Spiegel, Spiegel gleich Augstein – diese Gleichung wird nach seinem Tod keine Gültigkeit mehr haben, es sei denn, Augstein gelingt es doch noch, die Einprozentregel zu kippen und eines seiner Kinder als Herausgeber zu installieren. Um das zu erreichen, schreibt Augstein im Herbst 2000 einen weiteren Brief an Mohn, der wesentlich kämpferischer und entschiedener klingt als der erste:

»Was die Bertelsmann AG gegenüber dem *Spiegel* entwickelt, ist krasses Machtstreben und ermangelt der menschlichen Solidarität, die Sie [...] als eine Ihrer moralischen Leitgrößen preisen. Sie wollen Ihr Haus heute schon auf zehn Jahre sichern. Ich will das auch. Aber unsolidarisches Machtstreben Ihres Hauses hindert mich daran. Alle Mitarbeiter des *Spiegel* und der übrigen *Spiegel*-Unternehmen wollen, dass der Name Augstein auch über meinen Tod hinaus den *Spiegel* prägt. Jetzt schon stehen zwei meiner Kinder zur Verfügung, die sich in beruflicher und fachgerechter Hinsicht ausgezeichnet haben: Dr. Franziska Augstein und Jakob Augstein. Beide haben ihre geschäftliche Schulung in erster Linie durch mich erfahren. Beide wissen, was sie zu tun haben. Beide sind im Hause überaus beliebt, obwohl nur einer meine Nachfolge antreten kann. Keiner von beiden wird meine Nachfolge antreten, wenn meine Erben nicht die 25 Prozent bekommen, die ich als Gründer des Blattes *Der Spiegel* und langjähriger Geldbeschaffer für Ihr Haus beanspruchen kann. Hinter beiden werden *Zeit,* die *Welt,* die *Frankfurter Rundschau,* die *FAZ,* wo meine Tochter heute schon ein Star ist, und zweifellos auch die *Süddeutsche Zeitung,* zu der ich beste Beziehungen unterhalte, stehen.«

Dass Augstein glaubt, ausgerechnet die *Süddeutsche Zeitung* ließe sich für eine wie auch immer geartete Pressekampagne für seine Begehren einspannen, wird Mohn nicht sonderlich beeindruckt haben, schließlich weiß auch er, dass dort Hans Werner Kilz Chefredakteur ist, der den schnöden Rausschmiss nie ganz überwunden hat. Weiter schreibt Augstein:

»Bela wird Ihnen sicherlich gesagt haben, dass wir im *Spiegel* die beste, die fortschrittlichste Betriebsverfassung der Welt haben. Ich habe sie eingerichtet, bevor eine reale Mitbestimmung der bei uns Beschäftigten überhaupt im Gespräch war. Sie, Herr Mohn, haben es bis heute nicht geschafft. Wo ist die reale Mitbestimmung konsequenter verwirklicht worden? Ich hatte 100 Prozent der Anteile in meinem Besitz. Heute sitzen die beiden Vertreter der Beteiligungsgesellschaft mit Bela und John Jahr an einem Tisch. Es ist keine Schande, sich von einem gleichaltrigen und gleich erfolgreichen Mann darüber ins Bild setzen zu lassen, dass die bisher eingenommene Haltung verfehlt ist und deshalb schleunigst zurückgenommen werden muss. In Ihrem ganzen Befehlsbereich hat das *Spiegel*-Haus eine minimale Bedeutung, sagen wir von einem Prozent [...] Sie haben mein Buch *Jesus Menschensohn* ermöglicht , ja, Sie haben es verlegen lassen. Dafür danke ich Ihnen, aber Sie dürfen versichert sein, dass der weltumspannende Riese Bertelsmann keinen Fuß auf das *Spiegel*-Terrain setzen wird. Bisher haben Sie nur kassiert. Ich werde über den Tod hinaus stärker sein als Sie, wenn es um Angelegenheiten unserer Unternehmen geht. Es sitzen nämlich im *Spiegel* Leute, die auch über meinen Tod hinaus verhindern werden, dass der Gigant Bertelsmann den *Spiegel* unter seine Kontrolle bringt [...]«

Es ist schwer vorstellbar, dass Augstein diesen Brief nur geschrieben hat, um sein schlechtes Gewissen gegenüber seinen Kindern zu beruhigen und seiner Rolle als sorgender Vater spät gerecht zu werden, wie es Gruner + Jahr nach seinem Tod verbreiten wird und wie es auch Dieter Schröder in seiner Augstein-Biographie anklingen lässt. Tatsächlich dachte Augstein, »der größte Egozentriker« (so *Spiegel*-Chefredakteur Werner Funk), wohl zum ersten Mal daran, was nach ihm kommt. Es kommt natürlich alles so, wie er es befürchtet. Der »Gigant Bertelsmann« bescheidet ihn in Person Reinhard Mohns erneut in soldatischer Knappheit, dass er die Angelegenheit an seine Manager weitergeben werde. Alles Gute und schönen Gruß aus Ostwestfalen.

Augsteins Kampf ist beendet. Er gibt auf. Auf die Frage eines Interviewers, ob eines seiner Kinder sein journalistischer Nachfolger wird, antwortet er wenige Wochen später: »Das ist noch gar nicht spruchreif. Das könnten die im Augenblick gar nicht, das wollten die im Augenblick gar nicht, und sie würden im Augenblick auch gar nicht akzeptiert. Und ich will es auch nicht. Das ist in diesem Fall mein Alleinentscheid. Und sie, sie haben recht, es nicht zu wollen. Der erste, der nach mir kommt, wird gnadenlos in fünf Jahren verheizt.« Dispositionen könne man gar nicht treffen, so Augstein, »wenn ich weg bin, bin ich weg. Meine Nachfolger müssen selbst entscheiden. Das sind ja geschulte Leute, die brauchen den Rat eines Toten dann nicht mehr.«

Augstein führt dieses Gespräch anlässlich der Verleihung des Ludwig-Börne-Preises im Frühjahr 2001, die, als größte Ehrung geplant, für ihn zu einer weiteren Schlappe wird. Just bevor der nach dem verfolgten jüdischen Publizisten benannte Preis an ihn vergeben wird, tauchen Artikel über das Wirken ehemaliger Nationalsozialisten beim *Spiegel* auf, von denen es eine ganze Reihe gab. Augstein, der in seinen letzten Lebensjahren immer deutschnationaler wird, in manchem Kommentar in antisemitische Klischees abdriftet und Ende 2001 durch einen Vergleich von Ministerpräsident Ariel Scharon mit Hitler auf den »Anti-Semite-Watch-Lists« der Jüdischen Gemeinschaft landet, sagt die Preisverleihung zunächst ab – offiziell wegen einer Krankheit. Inoffiziell heißt es nachher, dass er eine Rede geschrieben habe, die so nationaltümelnd gewesen sei, dass sie nicht nur seinem Ansehen, sondern dem des *Spiegel* geschadet hätte. Stefan Aust persönlich sei zur Villa am Leinpfad gefahren und habe sie ihm ausgeredet. Ein anderer hätte den Mut nicht aufgebracht.

Schließlich schleppt sich Augstein doch noch in die Frankfurter Paulskirche, um den Preis ausgerechnet vom Laudator Frank Schirrmacher entgegenzunehmen. Über den *FAZ*-Herausgeber hatte der *Spiegel* einst geschrieben, er habe für seine Doktorarbeit ein längst erschienenes Buch über Franz Kafka zweitverwertet. Auch die dadurch im Raum stehende Möglichkeit, dass sich Schirrmacher nun furchtbar rächt für die üble Nachrede im *Spiegel,* trägt zum Gespenstischen der Veranstaltung bei, die die Hamburger *Woche* so beschreibt: »Beklemmend hinfällig und dann doch jäh wieder äußerst präsent, bedankte sich der ausgezeichnete ›Großfabrikant des deutschen Nachkriegsbewusstseins‹ mit einer Patchwork-Erzählung aus seinem Leben. Am Ende waren alle froh, die bereits einmal verschobene Verleihung des Ludwig-Börne-Preises vor den lichten Reihen in der Frankfurter Paulskirche einigermaßen würdig über die Bühne gebracht zu haben.« Es war Augsteins letzter großer Auftritt in der Öffentlichkeit.

37. Jäger der verlorenen Schätze

Im Grunde genommen hat Stefan Aust großes Glück, dass er noch lebt, denn, so zitiert der *Spiegel* einen Kenner, »mindestens drei Dutzend Tote habe es bei der Suche nach dem Bernsteinzimmer gegeben, alle umgekommen unter ungeklärten Umständen«. Die Leiche eines Schatzsuchers sei im Wald gefunden worden: die Brust von Messerstichen perforiert, der Bauch tief aufgeschlitzt, die Därme mit Gras und Erde vermatscht. »Die Leiche war noch so frisch, dass sie dampfte, als Spaziergänger sie fanden«, so der *Spiegel*, dessen Chefredakteur so eifrig nach dem Bernsteinzimmer geforscht hat wie sonst wohl nur noch die Stasi unter dem Decknamen Operation Puschkin. Gemeinsam haben die Spione aus dem Osten und der Chefredakteur aus dem Westen, dass ihre Suche letztlich erfolglos war.

Jahrelang hat der *Spiegel* über den Verbleib des Schatzes berichtet, den Friedrich Wilhelm I. einst dem russischen Zaren Peter I. schenkte und den die deutsche Wehrmacht aus dem Zarenschloss Zarskoje Selo bei St. Petersburg raubte und nach Königsberg brachte, wo er möglicherweise im Feuersturm verbrannte. Denn das ist das Tückische: Bernstein, eine Kohlenstoffverbindung, verbrennt praktisch rückstandsfrei, und womöglich deshalb ist das Bernsteinzimmer bis heute unauffindbar.

Stefan Aust aber sucht viel zu gern nach Schätzen, als dass er sich mit einer solch schnöden Erklärung zufriedengeben würde. Möglich wäre auch, dass ihn Rudolf Augstein befeuert hat, angeblich war auch der von der Suche nach dem verschollenen Kleinod fasziniert. Nur später, da sei es ihm mächtig auf den Geist gegangen, erzählt seine Tochter Franziska Augstein. Er konnte ja auch nicht ahnen, dass die Suche so lange dauern und dass sich Aust so sehr darin verlieren würde. Dabei bringt der *Spiegel* selbst schon früh die Möglichkeit ins Spiel, dass der ganze Aufwand womöglich gar nicht lohnt, weil nicht das Feuer, sondern die Russen eine verheerende Rolle spielten: »Ja, natürlich kann man sich gut vorstellen, dass die Rotarmisten, die brunftig und besoffen in Krankenhäuser einfielen und frischoperierte Frauen vergewaltigten, das nötige Brachialpotential

238

hatten, um aus alter Kunst Kleinholz zu machen. Gut möglich, dass das dabei untergegangen ist.«

Den Russen ist alles zuzutrauen, doch wie der ganze Rest, so bleibt auch ihre Rolle im dunkeln der Geschichte. Die des *Spiegel* hingegen ist klar: Dessen Jagd nach dem verlorenen Schatz beginnt angeblich im Frühjahr 1997, als einem Polizisten in Potsdam ein Zettel aus der Tasche fällt, auf dem »Bernsteinzimmer« steht. Dieser Hinweis führt die *Spiegel*-Redakteure letztendlich in eine Bremer Anwaltskanzlei, wo unter einer Wolldecke ein Mosaik zum Vorschein kommt – aus Marmor und Onyx in einem mit Halbedelsteinen besetzten Goldblechrahmen. Es zeigt zwei Paare vor einer italienischen Gartenlandschaft mit einem voluminösen Torbogen, an dem zwei Hunde spielen.

Soweit die Version des *Spiegel*. Der Polizei zufolge sollen Informationen über das Mosaik mehreren Verlagen angeboten worden sein, und der *Spiegel* habe eben zugegriffen. Von 600 000 Mark ist die Rede – Aust dementiert und spricht lediglich von einem Finderlohn. Immerhin ist es eine Investition, durch die das Nachrichtenmagazin Geschichte schreibt und zur halbamtlichen Stelle in Sachen Beutekunst aufsteigt, die die Beschlagnahmung des Mosaiks ermöglicht.

Wenig später hat Aust kurz nacheinander zwei erhebende Momente: Der erste führt ihn mit Boris Igdalow, dem Chef der Rekonstruktionsabteilung des Museums im Katharinenpalais bei St. Petersburg, zum Landeskriminalamt nach Potsdam, wo alle Bernsteinzimmerinteressierten ein verschärftes Auge auf das Mosaik werfen. Und dann trifft Aust im St. Petersburger Museum den russischen Staatspräsidenten Viktor Tschernomyrdin und übergibt ihm ein Foto mit dem Mosaik. Quasi als Bundesbeauftragter für Beutekunst. Der sonst eher kühle russische Regierungschef zeigt sich angemessen angetan: »Das sind Tränen, Tränen unserer Vorfahren.«

Auch daheim in Deutschland fließen Tränen, teilweise vor

Lachen. »Stefan und die Detektive«, höhnt die *Süddeutsche Zeitung*, und selbst im eigenen Haus muss sich Aust anpflaumen lassen. Als »Traumziel aller Sandkastenbuddler« bezeichnet das Feuilleton das Bernsteinzimmer, an anderer Stelle ist im *Spiegel* von einer »Medienobsession« die Rede. Das muss Aust irgendwie durchgegangen sein.

Dabei ist er so vorsichtig, wie man nur sein kann, wenn man es mit Leuten zu tun hat, die auch Selbstporträts von Adolf Hitler im Angebot haben. Gleich mehrere Experten beschäftigt der *Spiegel,* um die Echtheit des Mosaiks zu prüfen. Russland und Deutschland sparen in dieser Zeit viel Geld.

Zur Erleichterung aller sind die Gutachter begeistert und loben in ihren Expertisen die »hervorragende Schnittechnik«, »die Raffinesse bei der Wahl der natürlichen Farbtöne der Edelsteine« – sizilianischer und böhmischer Jaspis für die Bäume im Hintergrund, Arno-Jaspis für die rechte Bildstruktur, Jade für einige Bodenbereiche – sowie den unverkennbar »transparenten, leicht angefärbten Alabaster« für die Himmelspartien.

Das Mosaik ist also echt, nur was nützt es? Der Beweis, dass es das Bernsteinzimmer noch gibt, fehlt weiterhin. Denn dass einzelne Teile nicht mit verbrannt oder mit verschwunden sind, ist nichts Neues. Zudem nimmt Austs Schatzsuche nach dem erfolgreichen Auftakt eine Wende ins Unbefriedigende. Denn trotz jahrelanger Weiterbeschäftigung mit dem Thema und trotz Aufbietung aller Recherchekraft bleibt die *Spiegel*-Schlagzeile »Bernsteinzimmer entdeckt« ein Traum. Doch weil dieser Traum längst eine unerhörte Eigendynamik entwickelt hat, füllt sich *Spiegel*-Seite um *Spiegel*-Seite mit so viel Hörensagen, dass praktisch kein Fundort mehr ausgeschlossen werden kann.

Ein thüringisches Silberbergwerk, ostpreußische Katakomben, Los Angeles, Deutschneudorf im Erzgebirge – nichts Genaues weiß auch der *Spiegel* nicht, verbreitet aber ungeachtet dessen fleißig Gerüchte: Möglich, dass »die Kisten in irgendeinem ost- oder mitteldeutschen Hohlraum stehen [...] Vermutlich in einem Radius von maximal acht Lkw-Stunden (unter Kriegsbedingungen) um die Goethestadt Weimar.« Oder ist das Bernsteinzimmer »mit einem Flüchtlingsschiff in der Ostsee untergegangen? Oder hat es ein russischer Kunstfreund aus Königsberg mitgenommen? Oder vielleicht ein Ami-GI aus Thüringen? Haben es Konspirateure aus dem Umfeld um den europäischen Hochadel verschwinden lassen? Ist es nicht doch vielleicht im Bombenhagel der Royal Air Force verbrannt?« Oder hat es Chefredakteur Aust im Reitstall versteckt – so zumindest flachsen einige Redakteure, die sich im Angesicht dieser Spökenkiekerei tapfer mühen, den Spiegel-typischen Gestus skeptischer Allwissenheit im Rest des Blattes aufrechtzuerhalten. Was natürlich schwer ist, wenn der Chef ständig Indiana Jones spielt.

Der eifrige Spiegel-Leser ist nach der Lektüre unzähliger Bernsteinzimmergeschichten nicht schlauer, weiß aber, welcher Lastwagen mit welchem Kennzeichen im Auftrag welches Nationalsozialisten welche Kiste, in der möglicherweise Wertvolleres lagerte, wohin gefahren hat. Oder auch, wann Hitler wem einen Brief von allergrößter Wichtigkeit übergeben hat.

Welche inneren Konflikte die ständig wechselnden Bernsteinbeauftragten beim Spiegel bei der Bewältigung des Großthemas zu überstehen haben, wird zuweilen deutlich, wenn innere Monologe den Weg ins Blatt finden: »Nein, nein, es bleibt dabei, die stärksten Indizien sprechen für das Zielgebiet Aue / Crimmitschau / Elsterberg. Ganz besonders für das Projekt Schwalbe V in Berga. Es liegt mitten im Stammland von Standartenführer Albert Popp, der Gauleiter Erich Kochs private Kunstsammlung nach Weimar brachte.«

Doch auch das Projekt Schwalbe V entpuppt sich als Ente, und als der Spiegel dann noch einmal in einer letzten Kraftanstrengung in den Resten des Königsberger Schlosses nach verschollenen Kunstgütern graben lässt und wieder einmal auf nichts Weltbewegendes stößt, wird die Operation abgeblasen und nach Jahren der vergeblichen Suche ein Schlussstrich gezogen – mit Worten, die schwer nach überstandenem Entzug klingen: »Der Wert des Bernsteinzimmers ist nicht quantifizierbar. Aber es ist ein Objekt, für das man schon mal ein paar tausend Baggerstunden investieren könnte. Doch der Gegenwert wäre gegebenenfalls kaum zu liquidieren. In dem Moment, in dem es auftauchen würde, wäre es auch schon beschlagnahmt. Als Eigentum der Russischen Republik oder als Faustpfand der Regierung in Berlin für deutsch-russische Beutekunstverhandlungen. Es gibt nicht mal einen Rechtsanspruch auf Finderlohn. Und deswegen ist es unwirtschaftlich, das zu suchen. Und wenn die enigmatische Geschichte niemals endet, wenn das nicht gefunden wird, dann ist es auch nicht schlimm. Ein Schatz, der so viele schöne Träume und Aufregungen an sich bindet, ist doch auch schon eine ganze Menge. Selbst wenn es ihn nur noch in der Phantasie seiner Verehrer gibt.«

All das Geld, all die Seiten – sie waren nicht umsonst. Trösten kann sich Aust auch mit dem Ergebnis einer anderen Geschichtsstunde, die sein Blatt den Lesern erteilt und die sich ebenfalls um einen deutschen Mythos dreht. In diesem Fall ist das Ausgangsmaterial kein Stein, sondern Blut in einer alten Unterhose. Es geht um das Findelkind Kaspar Hauser, in dem manche einen Betrüger sehen, der sich in adlige Kreise einschleichen wollte; den meisten anderen gilt er als ein Erbprinz von Baden, den man als Kind verschleppt und dadurch um den Thron gebracht hat.

Mit dieser Legende räumt der *Spiegel* ein für allemal auf, indem er das Erbgut aus dem Blutfleck in Hausers Unterhose mit dem Erbgut von weiblichen Nachkommen der Großherzogin von Baden vergleichen lässt. Das für alle Hauser-Fans ernüchternde Ergebnis präsentiert Chefredakteur Stefan Aust in der Ansbacher Orangerie, nur wenige Schritte von dem Ort entfernt, an dem Kaspar Hauser am 14. Dezember 1833 von einem Unbekannten mit einem Messer so schwer verletzt wurde, dass an der Stelle nun ein Gedenkstein steht. »Hier wurde ein Geheimnisvoller auf geheimnisvolle Art getötet«, so lautet die lateinische Inschrift.

Die im Auftrag des *Spiegel* erstellte DNS-Analyse beweist, dass der wilde Bursche aus dem Wald nicht mit dem Hause Baden verwandt ist. Die »herzlähmende Geschichte«, wie der Dramatiker Rolf Hochhuth sie nennt, schrumpft auf eine *Spiegel*-Titelstory zusammen, in der stolz erzählt wird, dass die eigene »Fährtensuche lebhaftes Interesse unter Kollegen fand« und »sich Medienvertreter etliche Male und mitunter trickreich bemühten, bei den britischen oder den deutschen Wissenschaftlern vorab an die Ergebnisse zu kommen«.

Mit dem Ergebnis der *Spiegel*-Recherche sind freilich nicht alle einverstanden, vor allem nicht die, die vom Verkauf von Kaspar-Hauser-Torte, Kaspar-Hauser-Puppen oder Kaspar-Hauser-T-Shirts leben, und das sind in Ansbach nicht wenige. Dort lässt man sich seinen Helden nicht einfach von ein paar hergelaufenen Hamburger Journalisten nehmen, die einen romantischen Mythos rein kriminologisch angehen. »Die Wahrheit über Kaspar Hauser ist so langweilig wie das Badische Haus«, schreibt ein erboster Leser an den *Spiegel:* »Ihre Unterhosenforschung übersieht die individuellen und kollektiven Phänomene des Hauser-Mythos: Jedes Kind träumt in Phasen der Ablösung von königlicher oder göttlicher Abstammung, und in Baden identifizierte sich das unterdrückte und verarmte Volk mit Kaspar Hauser. Die Verschmelzung dieser Empfindungen gebar den Hauser-Mythos. Auch der Nachweis, dass Hauser Thronfolger war, wäre bedeutungslos, gemessen an seinem Symbolwert. Kaspar Hauser ist und bleibt das Symbol der Badischen Revolution.«

Gegenwind bekommt der *Spiegel* auch vom ZDF, das im Fall des Bernsteinzimmers und in Gestalt des Fernsehhistorikers

Guido Knopp noch mit *Spiegel-TV* gemeinsam in die Räuber-pistolenproduktion einstieg, sich aber bei Hauser zum medialen Gegenspieler aufschwingt und Jahre nach der *Spiegel*-Untersuchung ein paar angebliche Hauser-Haare unters Mikroskop legt – mit dem Resultat, dass er eben doch ein Prinz war. Ein Experte räumt daraufhin ein, dass die Ergebnisse zu einem kriminalistischen Patt führen: »Es gibt keinen Beweis, dass Kaspar Hauser mit dem Haus Baden verwandt ist; allerdings sollte man es auch nicht als unmöglich ausschließen.« Damit steht es sozusagen unentschieden zwischen *Spiegel* und ZDF, auch so was gibt es im Journalismus.

Nicht nur die Herkunft von Kaspar Hauser, auch die Geschichte des Untergangs der Estonia bleibt im Vagen – ein weiteres von Austs Leib-und-Magen-Themen, möglicherweise sogar das liebste von allen. Zumindest stellt er sich irgendwann ein Stück der zerborstenen Bugplatte in den Vorgarten beziehungsweise etwas, das täuschend ähnlich aussieht. Tatsächlich ist es ein Stück Stahl aus dem Bundesamt für Materialforschung, an dem im Auftrag des *Spiegel* so lange herumgedoktert wurde, bis man ein recht eindeutiges Ergebnis hatte: Schuld am Untergang des estnischen Fährschiffs, bei dem im Herbst 1994 über achthundert Menschen umkamen, war keine Bombe, sondern schlichtweg Materialschwäche. Die verdächtig nach Explosionen ausschauenden Spuren entstanden, so die *Spiegel*-Expertise, bei einem ganz normalen Entrostungsvorgang.

Dass der *Spiegel* nach eingehender Recherche letztendlich zum Lüften des Geheimnisses beiträgt, ist natürlich schön. Weniger schön ist allerdings, dass *Spiegel* und *Spiegel-TV* in den Jahren zuvor keine noch so abstruse Verschwörungstheorie ausgelassen haben, um die größte Katastrophe der europäischen Schiffahrt nach dem Zweiten Weltkrieg zu erklären. Zunächst schrieb der *Spiegel* über geheime Berichte, wonach womöglich der russische Geheimdienst dahinterstecke, weil sich an Bord Lkws der Estonia mit Schmuggelware befanden: Drogen und Kobalt. Während der stürmischen Fahrt, so diese Krimiversion, könnte versucht worden sein, das Bugtor der Fähre zu öffnen, um die Lkws ins Wasser zu kippen.

Später schwenkt der *Spiegel* dann auf die Bombentheorie um und schwärmt bereits vom möglicherweise »größten Verbrechen der Kriminalgeschichte«. Hinweise sprächen dafür, dass schwedische Behörden mit einem Bombenattentat auf das Schiff gerechnet haben könnten und trotzdem nichts unternahmen, um es zu verhindern. Aus diesen Hinweisen macht der *Spiegel* gleich eine Titelgeschichte, in der man erfährt, dass auf den Aufnahmen aus sechzig Meter Tiefe eigenartige Löcher im Schiff zu sehen seien, in denen ein mit allen Wassern gewaschener Commander der britischen Navy (»verantwortlich für alle Sprengstoff-Operationen östlich von Suez«) eindeutig Anzeichen für pyromanische Manipulationen erkennt. So gesehen, so der *Spiegel,* sei mit dem Abschlussbericht der Regierungen noch lange nicht das letzte Wort gesprochen.

Doch genau dieser zügig vorgelegte Abschlussbericht beweist, dass als träge verrufene Regierungsbeamte zuweilen effektiver agieren als Journalisten, die sich nach spannenderen Geschichten sehnen, als sie das Leben zuweilen liefert. Nach jahrelanger Recherche und etlichen Seiten Seemannsgarn beugt sich schließlich auch der *Spiegel* dieser Einsicht und vermeldet, dass am Bugtor der Estonia »keine Anzeichen von Explosionen zu entdecken« seien. Zu Testzwecken habe man eigens ähnliche Stahlplatten, wie sie beim Bau des untergegangenen Schiffes verwendet wurden, mit Stahlkugeln beschießen lassen, wie es bei der Reinigung von Schiffen üblich ist. »Strukturveränderungen im Metall, die zunächst auf Explosionen hindeuteten«, so setzt der *Spiegel* recht schnöde einen Schlussstrich unter das extrem redakteursverschleißende Kapitel, »erwiesen sich dabei als Folge des im Schiffbau üblichen Rostschutzes durch Beschuss mit Metallkügelchen. Das Gutachten, so ein BAM

(Bundesamt für Materialforschung)-Experte, stehe wie ein Fels in den Wellen.«

Die beschossene Stahlplatte steht nun in Austs Garten. Wahrscheinlich als Zeichen des Triumphs.

38. Ich war in Indien

Ich bin überdurchschnittlich durchschnittlich«, so beschreibt Stefan Aust sein Erfolgsgeheimnis. Seine Kritiker beim *Spiegel* sagen, er habe kein Abstraktionsvermögen, null Intellekt und wenig Interesse an politischen Zusammenhängen. Fakt ist: Aust hat mit seinem Bauchgefühl eine ganze Menge erfolgreicher Titel gemacht. Und während manche seiner Vorgänger noch am Freitagmittag – also kurz vor der Deadline – mit zehn verschiedenen Titelideen herumliefen und sich für keine entscheiden konnten, weiß Aust meist sehr früh, was die Menschen am nächsten Montag interessieren könnte.

Nun ist es aber nicht so, dass allein die Verkaufszahlen über den Erfolg eines *Spiegel*-Chefredakteurs entscheiden. Vom Nachrichtenmagazin erwartet man mehr als eine gute Bilanz, nämlich dass es Affären aufdeckt, Skandale wittert und am besten ab und zu mal einen Politiker zu Fall bringt. Flick, Barschel, Coop, Neue Heimat – mit all diesen Begriffen verbinden sich Großtaten des *Spiegel,* die bis heute sein Image prägen, ein Image, das der *Spiegel* selbst gern verbreitet. Etwa mit einem Werbespot, bei dem eine Rockband aus Politikerpuppen singt: »Monday morning feels so bad«. Doch inzwischen sind die Zeiten vorbei, in denen sich die Politiker montags davor fürchten, was der *Spiegel* wieder Böses über sie geschrieben haben könnte. Enthüllungen sind selten geworden.

Es ist ein schweres Erbe, mit dem Aust ständig konfrontiert ist. Wenn er in den Fahrstuhl steigt, kann es sein, dass schon ein Mann darin steht, den sie auf den Fluren respektvoll »den Barschel-Knauer« nennen, weil er – damals noch beim *Stern* – den schleswig-holsteinischen CDU-Politiker tot in der Badewanne in einem Genfer Hotel fand und jene Fotos schoss, die bis heute zu den Presse-Ikonen zählen. Wenn Aust durch das Berliner Büro streift, trifft er mitunter einen Kollegen, der auf dem Fußboden kniet und sich über etwas beugt, das aussieht wie der Schnittmusterbogen einer Frauenzeitschrift, in Wirklichkeit aber eine Übersicht der Kontoverbindungen in der Leuna-Affäre ist. Und es gibt beim *Spiegel* Redakteure, die sich als Zeichen der Hochachtung voreinander gegenseitig Spielzeugmodelle von Spürpanzern schenken. Die stehen dann auf dem Schreibtisch und erinnern an die guten alten Zeiten.

Mit vielen Namen von Chefredakteuren verbinden sich Enthüllungsgeschichten, die das Land in Atem gehalten haben – nur mit Aust, der doch bei *Panorama* mit seinen Recherchen Mediengeschichte schrieb, verbindet man nichts Staatsbewegendes. Ausgerechnet beim größten Politskandal Ende der neunziger Jahre, der Kohl-Spendenaffäre, schreibt der *Spiegel* der *Süddeutschen Zeitung* hinterher, wo sich der ehemalige *Spiegel*-Wühler Hans Leyendecker der Sache annimmt.

Doch dann bietet sich Aust plötzlich die Chance, die Scharte auszuwetzen und seinen Namen für immer in die Liste derer einzutragen, die die ganz Großen zum Umfallen bringen. Und größer geht es gar nicht: Bundespräsident Johannes Rau ist in eine Affäre verwickelt.

Rau war als Ministerpräsident von Nordrhein-Westfalen jahrelang auf Kosten der Westdeutschen Landesbank (WestLB) mit Charterflugzeugen durch die Gegend gedüst – im Cockpit ein Pilot, der nicht nur völlig überteuerte Rechnungen stellte, sondern seiner Frau ein brisantes Testament hinterließ. »Wenn ich tot bin«, so schrieb Peter Wichmann in seinen Computer,

»musst du die ganze Sauerei dem *Spiegel* erzählen.« Möglicherweise war der im Oktober 1997 verstorbene Flugkapitän ein besonders aufmerksamer Leser, dem aufgefallen war, dass das Magazin lange nichts Bewegendes mehr enthüllt hatte.

Vielleicht wollte er aber auch nur seine Frau gut versorgt wissen, denn immerhin zahlt ihr der *Spiegel* 100 000 Mark für die Informationen über das fliegende Kabinett aus Düsseldorf – das sagt sie später vor Gericht aus –, darunter detaillierte Informationen, wer wann wohin flog und ob weibliche Begleitung dabei war. Tatsächlich verbirgt sich hinter der »Sauerei« eine ausgewachsene Affäre, die die komplette SPD in Nordrhein-Westfalen ins Schleudern bringt, wo die sich doch eben noch über die Vertuschungsversuche der in den Parteispendenskandal verwickelten CDU amüsiert hat. Nun finassieren die Genossen genauso und erhärten in der Bevölkerung den Verdacht, dass es zwischen schwarzem und rotem Filz keinen Unterschied gibt. Stückchenweise stellt sich heraus, dass die SPD-Granden mit einer von der Landesbank finanzierten Flugbereitschaft kreuz und quer durch Europa geflogen sind, zu Parteiterminen ebenso wie zur Bärenjagd nach Jugoslawien, zum Segeln an die Adria, zur Geburtstagsfeier bei Helmut Schmidt oder zum Opernball nach Wien. Auf dem Rückflug, und das liest sich natürlich gut, war der ganze Gepäckraum voller Sachertorte.

Doch das Schicksal missachtet den Wunsch des toten Piloten, denn die Sache läuft nicht nur für die SPD schlecht, sondern auch für den *Spiegel*. Eine Woche bevor der die Erinnerungen der Fliegerwitwe ausbreitet, enthüllt ausgerechnet der *Focus* den Skandal, von dem man doch eigentlich dachte, er wolle nur die Anzeigen des *Spiegel* und ihm nicht ins Kerngeschäft reinpfuschen.

Man hat sich getäuscht. *Focus* hat zwar nicht die Witwe am Wickel, dafür aber einen ehemaligen Flugzeugingenieur von Wichmanns Firma Private Jet Charter, der wegen Drogenschmuggels im Gefängnis sitzt und sich ebenfalls gut an die

Genossen im Jet erinnern kann – und das für deutlich weniger Geld: für gar nichts nämlich, wie *Focus*-Chef Helmut Markwort schwört.

Und so berichtet *Focus* als erster über den nordrhein-westfälischen Finanzminister und Skatbruder von Johannes Rau, Heinz Schleußer, der sich mehrere Male zum Urlauben nach Kroatien bringen ließ, um sich an Bord der Yacht »She« von den Zahlenkolonnen daheim zu erholen.

Erst die Woche drauf legt der *Spiegel* nach und verbreitet Ungeheuerliches über den Bundespräsidenten, der als Ministerpräsident von Nordrhein-Westfalen zu allen möglichen dienstlichen und nichtdienstlichen Terminen geflogen sei und sogar zu faul war, die wenigen Meter zum Learjet zu Fuß zu gehen. Seine Dienstlimousine habe direkt vorfahren müssen. Eine »Luftnummer« sei das alles, grummelt daraufhin Wolfgang Clement, die WestLB gehöre ja zu 40 Prozent dem Land, und so gesehen seien die von der Bank gecharterten Flugzeuge eigentlich eine Dienstflotte. Alles »Quatsch«, morst auch Rau aus dem sicheren Schloss Bellevue, im Vertrauen darauf, dass selbst wenige Wörter des Bundespräsidenten Gewicht haben.

Doch das erweist sich als Hybris, denn fürs schnelle Abhaken sind die Vorwürfe dann doch zu groß, schließlich sollen die Gewinne der Bank dem Steuerzahler zugute kommen und nicht dem Reisefieber der Politiker. Es wird sogar noch schlimmer: Einmal heißt es, Finanzminister Schleußer habe den WestLB-Chef Friedel Neuber vor einer Razzia der Steuerfahndung gewarnt, also vor seinen eigenen Leuten, dann wieder, dass Johannes Rau einen Hubschraubertick habe und den Helikopter selbst dann nehme, wenn er billig Linie fliegen könne oder nur mal kurz um die Ecke müsse. Und als hätte man die Redaktionen von *Focus* und *Spiegel* zwecks Abschaffung der SPD kurzfristig zusammengelegt, entlarven sie Seite an Seite die Sozen als sorglose Schwadron, die ohne Unterlass am Himmel kreist, mit den schönen Kürzeln »D-CHEF« und »D-Clan« am Leitwerk, unterwegs zu Kirchenfeiern, Arbeiterwohlfahrttreffen oder zum Angeln nach Sylt, auf jeden Fall aber zu Terminen, die keinen einzigen Bundesbürger weiterbringen. »Jeder«, so der *Spiegel*, »hat seinen Platz im Himmelreich der Sozi-Bank. Und Gottvater aus der Vorstandsetage verteilt Belohnung und Strafe aus eigener Machtvollkommenheit.«

Doch in der Disziplin Aussitzen erweisen sich die Sozialdemokraten der CDU als fast ebenbürtig. »Wir sind der Auffassung, dass so etwas möglich sein muss, weil sich das Leben von Spitzenpolitikern mit überfüllten Terminkalendern nicht anders organisieren lässt«, meldet sich der Rau-Anwalt zu Wort. Beim *Spiegel* ist man angesichts der Jagd auf den Bundespräsidenten gespalten. Im Berliner Büro hängt in diesen Tagen ein Grußschreiben vom erkrankten Rau am Schwarzen Brett, in dem er sich bei den Parlamentskorrespondenten artig für die Genesungswünsche bedankt – und jetzt so ein Ärger. Auch Rudolf Augstein zeigt Anflüge von Altersmilde und taucht mal wieder in der Konferenz auf. Er wolle noch mal darauf hinweisen, dass ihn Hildegard Knef vor langer Zeit nicht abgewiesen habe, wie in einem eben erschienenen Buch über den *Stern*-Gründer Henri Nannen stehe – und, ach ja, die Redaktion solle den Bundespräsidenten in Ruhe lassen.

Leicht gesagt, wo der zunehmend ins Schwimmen gerät und einen der teuersten Anwälte vorschickt, der wieder nur ein bisschen Wahrheit verkündet. »Schon ist nicht mehr auszuschließen«, schreibt der *Spiegel*, »dass erstmals in der Geschichte der Bundesrepublik ein amtierender Bundespräsident vor einem Untersuchungsausschuss als Betroffener gehört wird.« Doch soweit kommt es nicht, auch wenn aus dem Bruder längst der Amigo Johannes geworden ist.

Rau bleibt im Amt, und Deutschland hat nun einen Bundespräsidenten mit einem eigentümlichen Verhältnis zu Dienstflügen. Einer, der für Zehntausende Mark zum Treffen der elbischen Kirche flog oder zur Preisverleihung der Stiftung Bibel und Kultur, deren Vorsitzender er war. Heinz Schleußer, der nordrhein-westfälische Finanzminister, immerhin tritt zurück, nachdem er nicht mehr leugnen kann, dass auf seinen Flügen zum Segelschiff in Kroatien sogar noch eine Freundin dabei war. Aber was ist schon ein nordrhein-westfälischer Finanzminister, verglichen mit dem ersten Mann im Staat? Dass endgültig die Luft raus ist, merken alle Beteiligten, als schließlich der *Stern* berichtet, dass sich unter den Akten, die dem Untersuchungsausschuss übergeben worden seien, zahlreiche pornographische Aufnahmen von anderen Vielfliegern befänden.

Und dann passiert das, was immer passiert, wenn Affären zu lange vor sich hin gären und das Ergebnis eher unbefriedigend ist: Die Rolle der Medien rückt in den Vordergrund.

»Wir sind die Schweinereien leid«, donnert der SPD-Fraktionsvorsitzende im Düsseldorfer Landtag, Manfred Dammeyer, und meint nicht die Flüge für Millionen, sondern die Berichte darüber. Besonders der *Spiegel* rückt in den Fokus, der nordrhein-westfälische Ministerpräsident wirft Aust vor, »eine Art Kopfgeld« auf ihn und seinen Amtsvorgänger Johannes Rau ausgesetzt zu haben. Immerhin habe das Nachrichtenmagazin der Pilotenwitwe 100 000 Mark gezahlt und weitere 150 000 Mark geboten, falls Clement und Rau aufgrund weiterer Informationen geschasst würden, erzählt ein Zeuge dem Untersuchungsausschuss. Aust bestätigt die Stückelung des Honorars, wehrt sich aber gegen den Begriff »Kopfgeld«. Man habe nur eine Ware beschrieben, sonst nichts. »Ich denke, dass diese Vorgehensweise korrekt ist«, schreibt er an Clement. Den Informantenvertrag will er dem Untersuchungsausschuss freilich nicht vorlegen.

Wolfgang Clement beschwert sich bei Herausgeber Augstein. Aust erklärt, er habe den Vertrag nicht gekannt und sei zur fraglichen Zeit auch gar nicht im Hause gewesen, sondern in Indien. Dass der Chefredakteur nicht über alle Details informiert war, mag so recht niemand glauben.

Was bleibt von der Flugaffäre, ist ein geflügeltes Wort: Es gibt Redakteure, die sich seitdem für Fehler mit den Worten entschuldigen:»Ich war in Indien.«

39. Unter Putztruppen

Es ist ja nicht so, als wollte Aust keinen Politiker stürzen, aber die Verhältnisse, die sind nicht immer danach. Dabei müht er sich redlich. Zum Beispiel, als Ende 2000 Fotos auf dem Markt sind, die den Außenminister so zeigen, wie ihn manche lange nicht und viele noch nie gesehen haben: mit Motorradhelm, Lederjacke und erhobener Faust, die gerade auf einen Polizisten niedergeht. Da war Joschka Fischer noch Chef der linken Frankfurter »Putztruppe«, die im Häuserkampf und auf Demos wenig zimperlich war.

Dass die Manieren des Außenministers nicht unbedingt besser geworden sind, mussten Aust und seine Kollegen bereits im Sommer 2000 erfahren, als sie sich auf den beschwerlichen Weg zum Interview in Fischers italienisches Feriendomizil aufgemacht hatten und dort nicht gut behandelt wurden, wie sie fanden. Der Minister trat ihnen im verschwitzten Joggingdress gegenüber und offerierte den durstigen und hungrigen *Spiegel*-Leuten gerade mal einen Apfel, ein bisschen Pecorino-Käse und zwei Flaschen Wasser. Jemand, der beim Hungern und Dürsten dabei war, will auch gehört haben, wie Fischers damalige Ehefrau Nicola Leske – immerhin eine Journalistenkollegin – die Toilettentür etwas zu laut zuknallte, nachdem Aust sie zuvor offengelassen haben soll.

So hatten sich die Redakteure den Ausflug in die Toskana nicht vorgestellt, und deshalb schrieben sie nach ihrer Rückkehr eine »Hausmitteilung« über Fischers Auftreten – das ist das Vorwort beim *Spiegel*, in dem die Geschichten rund ums Reporterleben stehen und das intern als wöchentliche Verabreichung von Zuckerbrot und Peitsche gilt: Wer brav ist, darf mit Foto rein, wer nicht spurt, muss leider draußen bleiben. Auch der Verleger schätzt den Außenminister nicht sonderlich. »Augstein hielt Fischer für einen Lumpen und Proleten«, sagt ein leitender Redakteur. Im November 2000 nun steht Joschka Fischer nicht mehr an vorderster Front in der Straßenschlacht, sondern im Zentrum eines Medienkriegs. Etliche Reporter, darunter ein paar der versiertesten *Spiegel*-Kräfte, drehen 2000 in Frankfurt am Main jeden Stein um und besuchen mit und ohne Türöffner ehemalige und noch linke Weggefährten von Fischer, unter anderem den Autor Heipe Weiss, der 1979 das Buch des in Frankreich untergetauchten Exterroristen Hans-Joachim Klein redigierte. Klein ist einer der Angeklagten im sogenannten Opec-Prozess, der jetzt unmittelbar bevorsteht. Dabei geht es um ein Attentat auf die Opec-Konferenz 1975 in Wien, bei dem drei Menschen getötet wurden.

Später erinnert sich Weiss an die Reporterinvasion eher ungern. Ihm sei gesagt worden, es gehe darum, Klein zu helfen. Was Journalisten halt so sagen, wenn sie nicht gleich jedem erzählen wollen, dass sie eigentlich gern Fotos hätten, die den Außenminister bei einer Prügelei mit der Polizei zeigen.

Dass dieser Rüpel im Bundeskabinett, der für die wichtigsten Journalisten des Landes nur ein paar Käsespäne erübrigt, früher Polizeibeamte geschlagen hat, passt gut ins Bild, und die Chancen, dass der *Spiegel* Fischer entlarvt und Aust endlich einen Scoop landen kann, sind groß. Die Fotos vom maskierten Fischer entdeckt schließlich eine alte Bekannte des Chefredakteurs, der er einst das Leben gerettet hat, als sie noch recht klein war: Bettina Röhl, eine der beiden Zwillingstöchter von Ulrike Meinhof, die Aust damals in Italien aus den Händen von Andreas Baaders Freunden gerettet und ihrem Vater Klaus Rainer

Röhl überbracht hat, bevor die RAF sie und ihre Schwester in ein Waisenlager in Jordanien stecken konnte. Später hat Aust sie dann bei *Spiegel-TV* beschäftigt, ein bisschen Dankbarkeit wäre also angebracht.

Doch im Journalistengeschäft kommt man mit einem großen Herz nicht weiter. Das weiß Aust am besten, und deshalb kann es ihn eigentlich nicht wundern, dass Röhl nicht mit ihm handelseinig wird, sondern mit denen, die neben warmen Worten auch ausreichend Geld spenden. Sie hat ja auch schon einiges ausgegeben für ihre jahrelangen Nachforschungen in der Frankfurter Szene, in deren Zuge sie irgendwann bei dem Fotografen Lutz Kleinhans gelandet war, der gar nicht wusste, wer sich da auf seinen Bildern prügelte. »Die Journalistin Bettina Röhl hat mich im Zusammenhang mit einer Buchrecherche angesprochen. Es war nicht vereinbart worden, dass die Fotos im *Stern* publiziert werden sollten«, gibt er später verdutzt zu Protokoll.

Die Bilder erscheinen also im *Stern,* wo man angesichts sinkender Auflagen einen Aufreger dieses Kalibers gut gebrauchen kann. Aber weil man beides will, die Sensation und weiterhin einen guten Draht zum Außenminister, druckt man sie sehr, sehr klein. Der *Stern* habe »sich vor Angst in die Hose gemacht«, sagt Röhl, die nun selbst zum Thema wird. Sie habe für Fotos, für die sie gar keine Rechte besitzt, horrende Summen verlangt, heißt es; von einem sechs-, gar siebenstelligen Betrag ist die Rede. Außerdem werde sie gelenkt von niederen Instinkten und führe einen Privatkrieg gegen Fischer. Bedingt durch ihre schwere Kindheit unter Terroristen, wolle sie sich nun an allen Linken rächen.

In der ARD wird fieberhaft nach Sequenzen gesucht, die Fischer ebenfalls als Schläger zeigen, aber im Archiv findet sich nichts. Auch diese jahrelang unbeachteten Bänder hat sich Röhl bereits ausgeliehen, und so muss Austs guter Bekannter Ulrich Wickert in den *Tagesthemen* zähneknirschend auf

Röhls tragende Rolle bei der Entschlüsselung des Materials hinweisen.

Vier Tage später macht der *Spiegel* doch noch eine Titelgeschichte über Fischers Sponti-Zeit auf Frankfurter Straßen, für den Geschmack des Außenministers mit ein bisschen zu viel Furor, den er dem Magazin nachhaltig übelnimmt. »Für Pille-Palle aus den Siebzigern«, wie es in seinem Umfeld heißt, habe das Blatt das rot-grüne Reformprojekt gefährdet. Immerhin lässt er sich noch zu einem Interview breitschlagen, das er weidlich zur Verteidigung nutzt: »Wir saßen in den besetzten Frankfurter Häusern bei Immigrantenfamilien in den Wohnungen. Spekulanten schickten Trupps, die sie hinausschmeißen wollten, auch mit physischer Gewalt. Die Erläuterung ist nicht als Rechtfertigung gemeint. Doch wir machten Erfahrungen von überzogener Polizeigewalt, von schlimmer Hetze, nicht nur in den Medien.«

Eine Woche später darf Joschkas Freund Daniel Cohn-Bendit im *Spiegel* erzählen, dass Fischer gar nicht der Prolet ist, für den ihn viele halten. Im Gegenteil: »Er hat stundenlang gelesen.« In den Büchern von Marx, Hegel und Lessing habe er vieles dick unterstrichen und riesige Zettelkästen mit Karteikarten gefüllt, auf denen Zitate standen. »Fischer war«, so Cohn-Bendit, »für die Radikalsten schon ganz früh nicht koscher wegen seines Gehirnschmalzes.«

Aber so einfach kommt Fischer nicht davon. Der *Spiegel* hat seine publizistische Putztruppe nicht umsonst nach Frankfurt geschickt. Sie bringt von ihrer Recherche-Reise noch die brisante Frage mit, ob Fischer 1969 an einem PLO-Kongress teilgenommen hat. Sonst noch was? antwortet der im Gespräch, aber später denkt er noch mal verschärft darüber nach und kommt zu dem Schluss: Da war doch was. Zumal der *Spiegel* eifrig Aussagen sammelt, nach denen Fischer, der anfangs nur einen harmlosen Urlaubstrip durch den Nahen Osten einräumt, andächtig Arafat gelauscht habe, als der den Endsieg gegen Israel anmahnte. »Wenn man fragte«, so merkt der *Spiegel* in gut gespielter Traurigkeit an, »was eigentlich noch authentisch sei an diesem wandlungsfähigen Super-Aufsteiger, war eine Antwort klar: sein Verhältnis zu Israel. Fischers politische Weltsicht hatte eine Konstante, und die hieß Auschwitz. Und nun soll dieser einst den bewaffneten Widerstand des palästinensischen Volkes zur Befreiung des Heimatlandes bis zum Endsieg unterstützt haben, gegen den Staat Israel und das rassistische, expansionistische und kolonialistische System des Zionismus, wie es in der offiziellen Abschlussverlautbarung des Kongresses heißt. Seite an Seite mit dem Anführer der amerikanischen Black Panther, Eldridge Cleaver, der ebenfalls in Algier dabei war.«

Beweisen lässt sich das nicht, auch wenn sich der von Fischer zur Verteidigung vorgeschickte Staatssekretär Ludger Volmer ständig in Widersprüche verstrickt. Genausowenig lässt sich eine Beteiligung Fischers an einem Angriff mit Molotowcocktails auf das spanische Generalkonsulat 1975 oder an den Ausschreitungen einen Tag nach Ulrike Meinhofs Selbstmord nachweisen, bei denen ein Polizist durch einen Molotowcocktail in Brand gesteckt wurde und fast umkam. Fischer wankt nicht, auch wenn sich der *Spiegel* reichlich müht, seine Leserschaft schonend auf einen baldigen Rücktritt des Außenministers vorzubereiten. Zwar habe Gerhard Schröder seinem grünen Freund »ohne Abstriche vollstes Vertrauen« zugesichert, so das Magazin, aber die Londoner *Times* unke bereits, dass »Joschka Fischers Chancen, im Amt des Außenministers zu überleben, dramatisch sanken«. Soso, die Londoner *Times,* denken da Fischers Freunde im Außenministerium und merken, dass die größte Gefahr bereits vorüber ist.

Fischer bleibt nicht nur im Amt, sondern geht in die jüngere Zeitgeschichte ein – als personifizierter Beweis dafür, dass sich dieses Land auch mit einem ehemaligen Steinewerfer, der mit dem Terrorismus auf Tuchfühlung war, als Außenminister anfreunden kann. So aufgeklärt und emanzipiert ist es.

Hohe Zeit für den *Spiegel,* auf Volkes Meinung umzuschwenken. »Ist Fischer bei aller Militanz nicht doch immer einer von uns gewesen? Einer, der in der Wohngemeinschaft Ordnung gehalten hat, gutes Essen schätzte, sogar Fußball spielte und sich zum Auto einen ADAC-Schutzbrief besorgte?« Das muss jetzt auch der *Spiegel* mal fragen, wo man natürlich Angst davor hat, den guten Draht ins Außenministerium verspielt zu haben.

Geradezu halsbrecherisch ändert das Magazin die Richtung und sieht mit einem Mal in den Steinwürfen von damals den Kern für die gedeihliche Politikerkarriere von heute: »Attacke hat er damals gelernt und später im Bundestag perfekt beherrscht. Wie Steinwürfe hagelten seine Zwischenrufe auf die Redner nieder. Und das Sitzfleisch, das er sich in den endlosen Theoriesitzungen des RK [der militanten Gruppe ›Revolutionärer Kampf‹] ersessen hat, kommt ihm bei den langen Nächten mit den EU-Kollegen sehr zugute.«

Auch sonst tut sich aufgrund der wiederentdeckten Fischer-Fotos Unerhörtes: Der Springer-Verlag übernimmt in einem Leitartikel der Zeitung *Die Welt* erstmals die moralische Mitverantwortung an den Studentenunruhen des Jahres 1968 und an dem Attentat auf Rudi Dutschke. Der zum *Welt*-Mitarbeiter bekehrte Wolf Biermann schreibt: »Immerhin war es vor allem die Hetze in Springers *Bild*-Zeitung in den heißesten Zeiten des Kalten Krieges, die in Westberlin eine Stimmung in der Bevölkerung aufheizte, ohne die der junge Nazi Bachmann wohl kaum seine drei Kugeln in den Kopf von Rudi Dutschke geschossen hätte. Die durch die Schüsse auf den Studentenführer ausgelöste Springer-Blockade in Frankfurt am Ostermontag 68 bezeichnet Fischer als sein revolutionäres Erweckungserlebnis. Die Kugel Nummer eins«, so die *Welt,* sei »aus Springers Zeitungswald« gekommen.

Und Peter Boenisch, der auf dem Höhepunkt der Studentenproteste *Bild*-Chefredakteur war, schreibt in *Bild:* »Fischer war, wie er war, und er ist, wie er ist. Heute entscheiden allein seine diplomatischen Ergebnisse und nicht die Bilder aus einer beiderseits gewalttätigen und hasserfüllten Vergangenheit. Und ich weiß, worüber ich rede. *Bild* und ich standen in jener Zeit auf der anderen Seite der Barrikade.«

Mehr Versöhnung war nie – nur eine bleibt auf der Strecke. Ausgerechnet Bettina Röhl, die durch die Entdeckung der Fotos maßgeblich zur Beschäftigung mit dem Erbe von 68 beigetragen hat. Von *FAZ, Süddeutscher Zeitung* und Bundespräsident Johannes Rau wird sie als durchgeknallte Terroristentochter gebrandmarkt. Als Urheber der Nachrede vermutet sie Stefan Aust: »Das war der mediale Sündenfall des *Spiegel,* der, nachdem er Fischer selber nicht stürzen konnte – dazu war die eigene Recherche zu schlecht – sich dann bei Fischer anzubiedern versuchte, indem meine Person und damit meine Recherche herabgewürdigt wurde«, schreibt sie in einem offenen Brief und nutzt die Gelegenheit, recht unverblümt auch mit Austs früherem Wirken abzurechnen: »Die Medien können dafür um Verzeihung bitten, dass sie Ulrike Meinhof seit über dreißig Jahren zu einer guten Terroristenheldin hochstilisieren – das ist auch pietätlos gegenüber den Opfern der RAF.«

40. Das Kreuz mit dem Islam

Fischer und Aust werden keine Freunde mehr, dabei sind sie sich – zumindest vom Auftreten her – gar nicht so unähnlich. Der »kleine König« Aust legt im Büro öfter mal die Füße auf den Tisch und nimmt sie auch nicht runter, wenn die Ressortleiter zur Konferenz erscheinen. Mitten im Interview mit Theo Waigel kommt zur Verwunderung von Redakteuren und Finanzminister plötzlich die Eislaufgrazie Katarina Witt herein, um Aust abzuholen. Und als der leitende Redakteur Ulrich Deupmann in Austs Beisein von Gerhard Schröder abgewatscht wird (wegen einer Geschichte über die Opposition innerhalb der SPD), unternimmt Aust nichts, um ihm beizuspringen. Allmählich schwant einigen, dass die einst loyale Gemeinschaft zerbröselt. Dass nun jeder auf sich gestellt ist, nichts mehr sicher ist. Über die Jahre schwindet die Macht der Ressortleiter, und manche von den Mächtigen verschwinden auch.

So zerfällt das »Sturmgeschütz der Demokratie« unter Aust in drei Lager: Die erste Gruppe klagt, dass der *Spiegel* unpolitisch geworden sei, herumeiere, heute dies und morgen jenes schreibe. Mal werde das Dosenpfand unterstützt, dann wieder nicht. Mal der Kanzler aufs Schild gehoben, dann wieder fallengelassen. In der Ressortleiterkonferenz werde nur noch das besprochen, »was auf der zweiten Seite der *Bild*-Zeitung oben, unten und in der Mitte steht«, wie ein Redakteur aus dem Parlamentsbüro klagt. »Wir werden bei den Politikern nicht mehr ernstgenommen.«

Die zweite Gruppe hält dagegen, dass der *Spiegel* noch nie weitergedacht habe als die Bundeswehrführung und dass eh niemand mehr wisse, was links oder rechts bedeute. Sie freuen sich, dass nun nicht mehr nur die zuständigen Redakteure über die Politik berichten, sondern ausgezeichnete Reporter aus dem Gesellschaftsressort, die zwar weniger Hintergrundwissen haben, dafür aber besser schreiben können. Und habe nicht Enzensberger schon 1957 konstatiert: »Das Blatt hat keine Position. Die Stellung, die es von Fall zu Fall zu beziehen scheint, richtet sich eher nach den Erfordernissen der Story, aus der sie zu erraten ist: als deren Pointe. Sie wird oft wenige Wochen später durch eine andere Geschichte dementiert, weil diese einen anderen ›Aufhänger‹ verlangt.« Aust nahm Enzensbergers Diagnose 1997 noch mal ins Blatt, in eine Jubiläumsnummer zum Fünfzigsten. Für ihn war es wohl ein Lob.

Die dritte Gruppe ist mit Abstand die größte. Es sind die, die gar nichts sagen. Die sich schon deshalb ganz wohl fühlen, weil das Gehalt hoch ist, reichlich Spesen gemacht werden dürfen, der Kaffee aufs Zimmer gebracht wird und es im Bekanntenkreis noch immer am besten ankommt, wenn man beim *Spiegel* ist.

In den Wochen nach dem 11. September 2001 ahnen die politischen Redakteure, dass sie den Kampf endgültig verloren haben: Als in New York die Türme des World Trade Center zusammenbrechen, sitzt die Parlamentsredaktion in Berlin und sorgt sich um die Koalition von SPD und Grünen. Sie sieht voraus, dass Amerika einen Krieg führen wird, dass sich Deutschland dazu positionieren muss. Dass dann möglicherweise die Regierung zerbrechen wird. Ihre Gegner sitzen in der Hamburger Redaktion und sammeln eifrig erste Erkenntnisse dafür, dass der Anschlag möglicherweise in Hamburg geplant worden war. Sie sehen grimmige Araber in einer kleinen Studentenwohnung sitzen, gefährliche Bartträger, die in irgendwelchen Islam-Workshops den größten Anschlag aller Zeiten planen.

Als in diesen Tagen der Berliner Büroleiter Jürgen Leinemann in Hamburg anruft und Aust vom drohenden politischen Showdown berichtet, erfährt er, dass der Schwerpunkt der Berichterstattung ein anderer ist: Aust geht es vor allem um die Terroristen, ob in Afghanistan oder in Hamburg-Harburg. Die Titel, die nach dem 11. September erscheinen, verkaufen sich denn auch bombig. Das Buch, das unter Austs Herausgeberschaft erscheint und das die Quintessenz der minutiösen Recherchen etlicher Reporter darstellt, wird selbst in den Vereinigten Staaten hymnisch besprochen.

Es ist der Archetyp für eine Form des Journalismus, den die *Süddeutsche Zeitung* als »Cluster-Journalismus« bezeichnet und der heute den *Spiegel* prägt. Dabei tragen ganz viele Reporter so viele Informationen zusammen, dass dahinter die Interpretation kaum mehr erkennbar ist. »Die ungestüme Herrlichkeit des Terrors«, so hatte Stefan Aust einst ein Kapitel seines

Baader-Meinhof-Komplexes genannt, und herrlich ist auch diesmal die Zeit des Terrors – zumindest in journalistischer Hinsicht. Denn seit den Anschlägen vom 11. September füllen *Spiegel*-Redakteure Heft um Heft mit den Untaten islamischer Extremisten: Von der Zusammensetzung der Islam-AG in Hamburg-Harburg bis zu den Lebensläufen der Gefangenen in Guantanamo erfährt der Leser alles über die neue Terrorgefahr.

Im Recherchefieber und bei der Jagd nach neuen Terrornestern der Al Qaida kommt es allerdings manchmal zu journalistischen Kollateralschäden; ein Opfer davon ist die Trennschärfe. Das zeigt sich im Herbst 2003, als Deutschland darüber diskutiert, ob moslemische Lehrerinnen im Unterricht ein Kopftuch tragen dürfen oder nicht. Bei einer Befragung spricht sich nur eine ganz knappe Mehrheit der Bundesbürger dagegen aus, nur die Alten sind klar für ein Verbot und dürfen sich über einen *Spiegel*-Titel freuen, in dem gegen das islamische Bekleidungsritual polemisiert wird, als wäre es die Vorstufe zum Selbstmordattentat.

Unter dem Titel »Das Kreuz mit dem Koran« wird mit »selbsternannten Toleranzwächtern« aufgeräumt und mit jener »gönnerhaften Pseudotoleranz«, von der man ja sieht, wohin sie führt: laut *Spiegel* geradewegs in den Gottesstaat, den man direkt vor der Haustür entstehen sieht. In Kreuzberg würden Türken ihre jugendlichen Töchter wegsperren, und in Hamburg kursierten Videos, auf denen muslimische Tschetschenen vor laufender Kamera russische Soldaten ermorden. Vom Kopftuch zum Kopfabschneiden ist es für den *Spiegel* nur ein kurzer Weg.

Ausgerechnet der *Spiegel*, bei dem es gerade mal eine Ressortleiterin gibt und wo die Frauen ansonsten wenig zu sagen haben, zitiert Alice Schwarzer als Kronzeugin dafür, dass das Kopftuch Ausdruck mangelnder Emanzipation sei. Auch das Schicksal des Schriftstellers Salman Rushdie wird noch einmal bemüht und an Immanuel Kants kategorischen Imperativ

261

erinnert: Handle stets so, wie auch du behandelt werden möchtest. Diesem europäischen Humanismus gegenüber stehen für den *Spiegel* »islamistische Selbstmordattentäter«, die »den Tod unschuldiger Frauen und Kinder kalt in Kauf nehmen« – dabei hat es ja in Deutschland noch kein Selbstmordattentat gegeben. Aber das, so die Quintessenz des mehrere Seiten füllenden Aufrüttlers, sei nur eine Frage der Zeit, wenn das Tragen des Kopftuchs erst Schule mache. Das europäische Ideal sei nun mal, so die Autoren, das »skeptische selbstkritische Individuum, das niemals Mittel zu irgendeinem sachlichen Zweck werden darf und das soziale Reflexion, Ironie und Kunstsinn und historisches Bewusstsein vereinigt«. Das schließe »ruchlose Gewaltanwendung gegen Andersgläubige, vor allem gegen andersdenkende Kollektive [...] prinzipiell aus«.

Das klingt hehr, aber selber tut man sich mit der Akzeptanz von Andersdenkenden schon im eigenen Haus schwer. So gefällt die Geschichte, in der jeder Moslem ein potentieller Terrorist ist, nicht allen beim *Spiegel* und am wenigsten denjenigen, die etwas ganz anderes zu dem Thema geschrieben hatten als das, was dann tatsächlich gedruckt wird. Ursprünglich hatten sich nämlich zehn *Spiegel*-Reporter bemüht, alle Aspekte des Kopftuchstreits zu berücksichtigen, auch das Versäumnis der Politiker, die es bis heute nicht zu einer vernünftigen Einwanderungspolitik und einer Integration der von ihnen ins Land geholten Gastarbeiter gebracht hätten. In dem Stück, das nie gedruckt wurde, stand unter anderem zu lesen, dass man schlecht ein Kopftuch verbieten könne, wenn die katholische Kirche gleichzeitig den Frauen den Zugang zum Priesteramt verwehre und der Staat für ebendiese Kirche den Steuereintreiber spiele. »Das Kopftuch ist ein Symbol für das doppelte Versagen der Politik«, so formulierten die Autoren, »bei der Integration von Einwanderern und bei der sauberen Trennung von Staat und Kirche.«

Diese Einsicht sollte offenbar keinem *Spiegel*-Leser zugemutet werden. Statt dessen verfiel der *Spiegel* in dieselbe Schwarzmalerei, die er der Gesellschaft sonst gern ankreidet und die den Islam mit groben Strichen zur Heimstatt des Terrorismus degradiert. Dabei hatten die Autoren ursprünglich Beispiele für eine gelungene Integration gefunden, zum Beispiel eine Schule, an der Maria und Josef beim Krippenspiel von muslimischen Kindern gespielt werden und wo der Islamunterricht in Deutsch abgehalten wird. Was in dem Ursprungsartikel kaum vorkam, waren Geschichten über Selbstmordattentäter und andere Terroristen.

Dieses eher versöhnliche Stück wurde also kurz vor dem Druck so radikal umgeschrieben, dass es sechs von zehn Autoren offenbar vorzogen, damit nicht in Verbindung gebracht zu werden, jedenfalls erschienen ihre Namen nicht mehr darunter. Schließlich war aus dem im D2-Ressort entstandenen Artikel unter tatkräftiger Hilfe des konservativen Feuilleton-Chefs Mathias Schreiber ein philosophisch verbrämter Law-and-Order-Text geworden, der schon in der Unterzeile der Überschrift klarmacht, dass der Kulturkampf im Grunde verloren ist: »Islamisten stellen die Grundwerte der bürgerlichen Demokratie in Frage, die Integration der drittgrößten Glaubensgemeinschaft droht zu scheitern.« Ursprünglich hatte es moderat geheißen: »Mit dem Urteil des Bundesverfassungsgerichts dürfte der Streit um das Kopftuch einer muslimischen Lehrerin erst richtig beginnen: Es geht um Grundfesten der Republik und die Integration der drittgrößten Glaubensgemeinschaft.«

Dass massiv in Texte eingegriffen und sogar die These verändert wird, das ist für viele eine neue Erfahrung. Lange Zeit war es beim *Spiegel* ein ehernes Gesetz, dass jeder Redakteur seine Meinung vertreten darf, wenn sie denn auf eingehender Recherche basiert – selbst für den Fall, dass sie der Meinung des Chefredakteurs widerspricht. Für manche Bereiche des *Spiegel* wie etwa den Kulturteil trifft das auch weiterhin zu, aber es gibt nun Ressorts, in denen man mit der »Schere im Kopf« arbeitet, wie es ein Redakteur ausdrückt.»Wir denken den Hierarchien entgegen.«Viele Themen würden gar nicht mehr vorgeschlagen oder auf eine besondere Art behandelt, weil man um die Vorlieben und Abneigungen des Chefredakteurs weiß. Wer möchte schon wochenlang an einem Artikel sitzen, der dann in letzter Minute aus dem Blatt fliegt und durch den man zudem noch als Querulant auffällt? Viele davon gibt es nicht beim *Spiegel.*

Eines von Austs Steckenpferden ist die Innere Sicherheit. Da fühlt er sich durch seine langjährige Beschäftigung mit dem deutschen Rechtssystem und dem Terrorismus als Fachmann. Es ist ein Gebiet, in dem er auch immer wieder auf alte Bekannte trifft. So lässt es sich Aust nicht nehmen, Innenminister Schily, der ja wie er zumindest nach außen eine erstaunliche Wandlung durchgemacht hat, persönlich zu interviewen, und meistens, so berichten Redakteure, die bei diesen Treffen dabeisein dürfen, ist das erste, worüber sich Aust mit dem Innenminister austauscht, die Leibesvisitation am Flughafen. Die Grabbelei am Gate ist dem Vielflieger ein Dorn im Auge, auch wenn er ansonsten für den »Otto-Katalog« ist, also für zahlreiche Restriktionen im Bereich des Asyl-, Ausländer- und Datenschutzrechts.

Dass die Ausländerpolitik des *Spiegel* zuweilen restriktiv ist, merkten die Leser, als das Blatt ein bis zum Kentern mit Flüchtlingen gefülltes Schiff auf den Titel nahm und damit für alle sichtbar signalisierte, was viele zu fühlen glaubten: Das Boot ist voll. Möglicherweise ist es daher für Redakteure, die den Islam nicht mit Terrorismus gleichsetzen, wenig sinnvoll, Vorschläge zur Integration zu machen, wie sie sich in dem ursprünglichen Kopftuch-Titel fanden. Wenn das Boot voll ist, soll ja gar keiner mehr rein, den man integrieren könnte.

Zum offenen Streit um den Kopftuch-Titel kommt es in der Redaktion nicht. Dafür haben die Redakteure zu oft erlebt, dass es wenig Sinn macht, gegen den Chef zu opponieren. Wenn er sich etwas in den Kopf gesetzt hat, kommt das auch ins Blatt:

Beim Bernsteinzimmer war das so, bei Stolpe auch, und beim Terror ist es genauso. Warnungen, man könnte sich verrennen oder zuviel von einem Thema machen, verfangen genausowenig wie die Feststellung, dass der Terror andere Bereiche der Gesellschaft weitestgehend aus dem Blatt gedrängt habe.

41. In Haims Reich

Es sind nicht unbedingt die großen Politiker, die Aust faszinieren, sondern die großen Unternehmer, und darunter vor allem die, die aus dem Nichts kommen. Die sich von ganz unten nach ganz oben durchgebissen haben. Die also ein bisschen so sind wie er selbst. Nur noch erfolgreicher.

Es ist eine Welt der Selfmademen, der Privatflugzeuge, der großen Bürofluchten, der achtstelligen Jahresgehälter. Eine Welt, in die Stefan Aust bei allem Erfolg nicht vordringen kann, was nicht nur an ihm liegt, sondern am *Spiegel* und den Bremsern dort. In regelmäßigen Abständen dürfte Stefan Aust von dem unangenehmen Gefühl heimgesucht werden, dass der Posten des *Spiegel*-Chefredakteurs nicht alles sein kann. Dass dieser Job für einen wie ihn ein bisschen wenig ist, weil beim täglichen Ausdenken von Titelbildern ein Talent brachliegt, mit dem man es andernorts und vor allem in den USA (wohin es Aust oft zieht) zu Milliarden, mindestens aber zu einem Privatflugzeug bringen kann. Hierzulande aber steht dem Glück als ins wirklich Mächtige changierender Fernsehunternehmer das Bedenkenträgertum der anderen *Spiegel*-Mitarbeiter im Weg, die Aust immer dann reinreden, wenn es den *Spiegel-TV*-Macher zu Großtaten auf dem Fernsehmarkt drängt.

Unternehmerisch funktioniert das größte Nachrichtenmagazin Europas nämlich im Grunde wie ein mittelständischer Laden. Es gibt wenig Rücklagen für Akquisitionen, und wenn doch mal eine möglich wäre, dann zögern die Gesellschafter, zum Zug zu kommen. Das Argument ist meistens, dass man die Marke *Spiegel* nicht verwässern wolle, das Image nicht beschädigen. Aber natürlich spielt auch eine große Rolle, dass weniger noch als Gruner + Jahr die Mitarbeiter auf die jährliche Gewinnausschüttung verzichten wollen. Der *Spiegel* ist wie eine Musikkapelle, so hat ein früherer Chefredakteur formuliert, deren Musiker nach dem Auftritt die Einnahmen aufteilen und nach Hause gehen.

Ein Dilemma für Aust, der vom Journalisten längst zum Medienunternehmer gereift ist und in seiner Funktion das »Wie es sein könnte« ständig vor Augen hat. So muss er mit ansehen, wie sein Freund Karlheinz Kögel mit dem Billigreiseanbieter L'tur und der Einschaltquotenmessanlage Media Control so reich wird, dass er es sich leisten kann, einen völlig sinnlosen Medienpreis zu verleihen, oder wie Haim Saban, der Hauptaktionär der ProSiebenSat.1 Media AG, es mit wenigen klugen Akquisitionen vom ägyptischen Basszupfer zum milliardenschweren Medienunternehmer geschafft hat. Selbst der zum Verdunkeln neigende Leo Kirch scheint es Aust angetan zu haben. Im Interview erzählt der als Medienmogul fest zum bundesdeutschen Unternehmerensemble gehörige Kirch dem *Spiegel*-Chef, dass er bei keinem noch so halsbrecherischen Deal Angst hatte, selbst nicht davor, vom Imperium des noch größeren Moguls Murdoch geschluckt zu werden. »Ich kann Rupert nicht böse sein, auch wenn er mich fressen will. So ist er nun mal [...] Dann frisst er mich eben. Der Herr hat's gegeben, der Herr hat's genommen. Die Knochen wird auch Murdoch mir schon lassen.«

Solche Räuberpistolen sind ganz nach Austs Geschmack, und immer dürfte ihn dabei der Gedanke begleiten, dass er selbst aus ähnlichem Holz geschnitzt sein könnte wie diese ganzen Showtalente. Tatsächlich nimmt sich der *Spiegel* von Sabans Büro im sechsundzwanzigsten Stock eines Geschäftshauses in Beverly Hills oder vom hohen Schuldenberg Leo Kirchs aus besehen als eine eher mickrige Angelegenheit aus. Insofern trägt Austs ständige Hinwendung zu den Männern mit den unbegrenzten Möglichkeiten fast schon masochistische Züge.

Die Redakteure wissen darum und nehmen auf das Faible ihres Chefs für Männer mit großer Brieftasche nobel Rücksicht. Als grobe Arbeitsmaxime gilt, dass man lieber nichts Schlechtes über Menschen schreibt, die mehr verdienen als Aust oder sogar ein eigenes Flugzeug haben.

Das Mitgefühl der Redakteure mit ihrem Vordersten hält sich allerdings stark in Grenzen, schließlich verhält sich ihr Gehalt zu dem von Aust in etwa so wie das Privatvermögen von Rudolf Augstein zu dem des US-Börsengurus Warren Buffet. Er hat doch alles, sagen sie und meinen die Pferde und den Porsche.

Das ist typisch für den engen Horizont, den Aust so gern beklagt. Am liebsten würde er sie wohl mal mitnehmen zu so einem echten Tycoon, damit sie alle mal sehen, wozu von Politik und Mitarbeitern ungebändigter Schaffensdrang führen kann. Mitnehmen zu einem Typen wie dem amerikanischen Medieninvestor Herbert Allen, der einmal im Jahr ein mythisches Treffen auf seinem Anwesen in Sun Valley im ländlichen US-Staat Idaho veranstaltet, bei dem sich Unternehmungslustige vom Schlage eines Rupert Murdoch und eines Bill Gates so nahe kommen, dass danach die Wirtschaftszeitungen immer ganz voll sind mit Meldungen über bahnbrechende Firmenzusammenschlüsse. Dorthin wird Aust zwar nicht eingeladen, aber er durfte Allen zu einem anderen Zeitpunkt gegenübersitzen. Menschen, die dabei waren, erzählen, der Termin habe etwas Weihevolles gehabt. Vor allem für Aust.

Solche Erlebnisse hinterlassen ihren Eindruck, und möglicherweise fühlt Aust etwas von Herbert Allen in sich, als er eine Idee hat, von der er eigentlich wissen müsste, dass sie über das Ideenstadium nicht hinauskommen kann: Der *Spiegel* soll sich gemeinsam mit dem Springer-Verlag, dem Bauer-Verlag und der HypoVereinsbank an der insolventen Kirch-Gruppe beteiligen.

Um zu verstehen, was dieses Ansinnen in einem *Spiegel*-Redakteur klassischer Prägung anrichtet, muss man die Mitspieler genauer anschauen: Der Springer-Verlag verlegt mit Boulevardtiteln wie *Bild* und *B.Z.* so ziemlich das Gegenteil dessen, wofür der *Spiegel* steht. Das gleiche gilt für Bauer, in dessen Blättern es vorzugsweise entweder um Kopulationsmethoden der einfachen Bevölkerung geht oder um Rosenkriege in europäischen Königshäusern. Beides oft auf dünner Faktenlage.

Schon das Gerücht, der Helikopter von Heinz Bauer sei bereits auf Austs ländlichem Anwesen in Nordniedersachsen gelandet, sorgt in der Redaktion für lange nicht mehr dagewesene Formen des Aufbegehrens. Manche grummeln sogar hörbar vor sich hin und mahnen vor dem Verlust der Unabhängigkeit. Immerhin hat der *Spiegel* ja ein Medienressort, in dem man die Produkte von Springer und Bauer leidenschaftlich und kompetent verreißen könnte – das tut man zwar schon lange nicht mehr, aber man möchte sich gern die theoretische Möglichkeit offenhalten.

»Es ist die politische Grundhaltung des *Spiegel,* aufgeklärte und unvoreingenommene, bürgerrechtsorientierte Publizistik zu betreiben, investigativ und ohne Rücksicht auf befreundete politische Gruppierungen. Das sind Maximen, auf die man sich mit den beiden anderen beteiligten Unternehmen dann erst mal verständigen müsste«, donnert der Vorsitzende der Mitarbeitergesellschaft Thomas Darnstädt in einem Interview mit dem *Tagesspiegel,* das für die Chefetage im *Spiegel*-Verlag eine Majestätsbeleidigung darstellt, weil Darnstädt, unter allen

Spiegel-Redakteuren offenbar der todesmutigste, frank und frei Austs unternehmerischen Sachverstand in Frage stellt. »Hier geht es um die Konkursmasse des größten Wirtschaftsbankrotts in der Geschichte der Bundesrepublik, und den sollen wir uns als mittelständisches Unternehmen ans Hemd kleben?« fragt Darnstädt und verweist darauf, dass man angesichts der Medienkrise beim *Spiegel* spare und selbst betriebsbedingte Kündigungen nicht mehr ausgeschlossen seien. »Es gibt eine natürliche Distanz gegenüber den Verlagsunternehmen Bauer und Springer. Auch, dass man sich mit einer Bank gemein macht, ist nicht gerade spiegelig.«

Tatsächlich ist die Idee wenig später vom Tisch, und die Redaktion hat das Gefühl, sich erstmals gegen Stefan Aust und den synchron tätigen Geschäftsführer Karl Dietrich Seikel erfolgreich aufgelehnt zu haben. Thomas Darnstädt kann beruhigt nach Spanien fliegen, wo die Frau des aufsässigen Sprechers der Mitarbeiter KG ein Jahr zuvor den neugeschaffenen *Spiegel*-Korrespondentenposten in Madrid übernommen hat. Möglicherweise nicht, weil der *Spiegel* in Spanien unbedingt eine Korrespondentin braucht, sondern um auch Darnstädt mittelfristig außer Landes zu schaffen. Das Vorhaben scheitert. Obwohl Darnstädt nun oft in Spanien weilt, wird er als Sprecher der Mitarbeiter wiedergewählt.

Stefan Aust bleibt das Gefühl, prinzipiell richtig gelegen zu haben – jedenfalls wenn man den Aspekt der journalistischen Unabhängigkeit ausblendet, aber das gelingt ihm zuweilen ganz gut. Bereits ein Jahr nach dem Verkauf von Kirchs Senderkette ProSiebenSat.1 an Saban ist das Unternehmen an der Börse bereits das Dreifache wert. Der *Spiegel* hätte also virtuell Gewinn gemacht und ganz praktisch eine sichere Abspielstation für all die *Spiegel-TV*-Produkte gehabt.

Kein Wunder, dass Saban bester Laune ist, als Aust und ein Kollege anreisen und er den Journalisten aus Hamburg erzählen kann, dass er eine lahmere Veranstaltung als dieses

Deutschland selten gesehen habe.»Das war ein Geschäft ohne Risiko, ein No Brainer, wie wir hier sagen«, sagt Saban dort, und weiter:»Vergessen Sie mal die Konzerne. Deutschland hat laut der berühmten *Forbes*-Liste die zweitgrößte Anzahl von Milliardären nach den USA. Es ist absolut unglaublich, warum da niemand zugegriffen hat. Ich verstehe das nicht. Wirklich nicht.«

Das ist wohl auch Austs Meinung, obwohl er selbst im Vergleich zu den so häufig im *Spiegel* gewürdigten Harakiri-Unternehmern gern unter nahezu planwirtschaftlichen Bedingungen arbeitet. Eigenes Kapital musste er, mal abgesehen von der Pferdezucht, nie aufs Spiel setzen, was von einem Sicherheitsdenken zeugt, das möglicherweise mit seiner Herkunft zu tun hat. Bloß nicht in die ärmere Gegend nach Stade zurück.

Auch das dürfte zu einem gewissen Minderwertigkeitskomplex beitragen, wenn Aust großen Männern wie Saban gegenübersteht. Mit dem Golfkart lässt er sich durch Haims Reich spazierenfahren, im Anschluss daran gibt es Mittagessen.»Ehefrau Cheryl, seine Kinder und die Schwiegereltern speisten mit«, reportiert anschließend anerkennend die *Süddeutsche Zeitung,* die ja sonst wenig gut findet, was Aust macht, aber diesmal ins Schwärmen gerät:»In der Nachbarschaft wohnt der Schauspieler Denzel Washington, und bald zieht auch Eddie Murphy ins Viertel.«

Back in Germany verfällt Aust angesichts seiner im Vergleich zu Sabans Disneyland bescheidenen Stadtvilla im Treppenviertel von Blankenese, von wo man einen schönen Blick auf die Elbe hat, nicht gleich in Depressionen. Für hiesige Verhältnisse hat er ja bereits mächtig was geschafft. Er ist Chefredakteur des *Spiegel* und fast lieber noch Geschäftsführer von *Spiegel-TV,* das unter seiner Führung einen gehörigen Expansionsdrang entfaltet und über die Jahre neben RTL und Sat.1, die das Programm wegen der Lizenzauflagen ausstrahlen müssen, auch immer mehr freiwillige Abnehmer findet.

Aust weiß, dass der *Spiegel* immer Rudolf Augsteins Lebenswerk bleiben wird, da kann er noch so erfolgreich Auflage machen. Aber *Spiegel-TV*, das ist seine Baustelle – und, wer weiß, wenn sie irgendwann fertig ist, könnte das Ergebnis genauso groß sein. Zumindest wirtschaftlich. Noch aber ist es nicht soweit, noch macht die Subunternehmung trotz der Beschäftigung Hunderter beflissener junger Menschen keine großen Gewinne. Aber man macht Programm, das ist ja auch was. Im ZDF lächelt täglich der von a+i produzierte Johannes B. Kerner seine Gäste an, darunter auch schon mal Stefan Aust; bei Vox läuft unter dem Siegel der Aufklärung die Onaniervorlage *Wa(h)re Liebe*, und die Aspekt Telefilm-Produktion, an der der *Spiegel* mehrheitlich beteiligt ist, zeigt im öffentlich-rechtlichen Fernsehen Filme wie *Alpenglühen*, in dem Götz George und Christine Hörbiger einander näherkommen. Es ist also für alle Altersklassen etwas dabei.

Neben dem *Spiegel-TV*-Magazin (RTL) und der *Spiegel-TV-Reportage* (Sat.1) gibt es *Spiegel-TV-Special*, *Spiegel-TV-Themenabend*, *Spiegel-TV-Nachrichten* (alle auf Vox), und es gibt DVDs mit dem *Dritten Reich in Farbe* zu kaufen, den *Kalten Krieg in Farbe*, die *Hölle des Pazifiks* oder den *Feuersturm – der Bombenkrieg gegen Deutschland*. Auf diesen Trümmern des zerstörten Deutschlands, mit denen schon *Spiegel-TV* startete, baut Aust auch seinen Traum: endlich einen eigenen Fernsehsender.

42. Anderer Sender, andere Sitten

Als Ausweis betriebswirtschaftlicher Unermüdlichkeit kann die Komplexität des Organigramms einer Firma gelten. Je mehr Kästchen und Verbindungsstriche so ein Diagramm hat, desto umtriebiger das Management. Unter Aust hat die Anzahl von Tochtergesellschaften deutlich zugenommen, zuletzt durch die Gründung von XXP. An dem Fernsehsender ist der *Spiegel* zu 50 Prozent beteiligt, die andere Hälfte hält Alexander Kluges dctp, an der der *Spiegel* wiederum 12,5 Prozent hält. Das sind Verschachtelungen, wie Aust sie offenbar liebt.

Ein eigener Fernsehsender ist für *Spiegel-TV,* das von der Lizenzvergabe der Landesmedienanstalten genauso abhängig ist wie von der Stimmung Alexander Kluges, eine zukunftssichernde Angelegenheit, durch die sich endlich die Möglichkeit ergibt, die riesigen Programmvorräte zweitzuverwerten. Weil die *Spiegel-TV*-Mitarbeiter ständig unterwegs sind und monatlich mehrere tausend Sendeminuten drehen, ist das Dokumentarfilmarchiv bereits eins der größten in Deutschland und das Monopol der öffentlich-rechtlichen Rundfunkanstalten auf politische Berichterstattung schon längst gebrochen. Zu Themen wie der Wiedervereinigung und dem Nationalsozialismus haben die *Spiegel*-Leute mehr auf Lager, was auch der unermüdlichen Recherche von Redakteuren wie Michael Kloft geschuldet ist, der immer wieder lang verschollene Bilder aus Kriegszeiten ausgräbt, darunter Farbaufnahmen aus dem Dritten Reich, die diese Zeit plötzlich unangenehm modern wirken lassen.

Die XXP-Gründung im Sommer 2001 scheint also ein sinnvolles und effizientes Unterfangen zu sein, schließlich kann man den Sendebetrieb allein schon durch die Ausstrahlung von Wiederholungen von *Spiegel-TV*-Reportagen aufrechterhalten.

Laut Stefan Aust produziert die Fernsehtochter wöchentlich etwa tausend Minuten Filme. Bevor es XXP gab, gingen die Beiträge nach der Ausstrahlung ins Archiv, nun laufen sie immer wieder. Zudem lassen sich zwischen Magazin und Sender Synergieeffekte schaffen, wenn etwa im *Spiegel* für das Programm geworben wird und die *Spiegel*-Redakteure im Fernsehen mit Experten über ihre Geschichten sprechen.

Hinzu kommen Kooperationen mit der englischen BBC und Produzenten nüchterner Fernsehkost wie *Süddeutsche Zeitung TV* oder *NZZ TV* von der *Neuen Zürcher Zeitung*. Ähnlich wie bei Arte sind Filme und Beiträge thematisch zusammengefasst, nur nicht zu Themenabenden, sondern zu Thementagen. Der Montag widmet sich etwa der Gegenwart, der Dienstag der Vergangenheit und der Freitag »Ländern, Reisen, Metropolen«. Anderer Sender, andere Sitten.

Das Programm sei für Menschen, »die sich sonst fast vom Fernsehen abgewandt haben«, sagt der Gründungschefredakteur Cassian von Salomon, und wirklich wurde es ja Fernsehzuschauern, die an anderem Interesse haben als an Volksmusiksendungen, Günther Jauch und Fußball, über die Jahre systematisch schwergemacht. Selbst bei ARD und ZDF werden die nicht mehr gut bedient, die Öffentlich-Rechtlichen senden ihre Dokumentationen mittlerweile meistens in der Nacht, damit sie im Abendprogramm mit Quiz und Karnevalssitzungen die Privaten kopieren können.

Doch wie das oft so ist bei unkonventionellen Entscheidungen, wird Austs Sendergründung zunächst von Häme begleitet: »Es ist ungefähr so«, schreibt die *Süddeutsche,* »als drucke der *Spiegel* seine besten Geschichten noch einmal.« Dabei wäre ja auch das kein schlechtes Unterfangen.

Auch im Haus gibt es Gegenwind, denn natürlich befürchten die Mitarbeiter, dass der Sender viel zu viel Geld kostet, aber nichts einbringt, obwohl er mit gerade mal 20 Millionen Euro im Jahr betrieben wird – was angesichts der etlichen Millionen, die etwa beim Aufbau des Nachrichtensenders n-tv verbraten wurden, ein Schnäppchen ist. Dennoch: Hat der Verlag nicht eben erst aus Kostengründen das Magazin *Spiegel-Reporter* eingestellt? fragen die Skeptiker. Auch da sei man mit hohem Anspruch gescheitert.

Eine Hypothek ist anfangs auch, dass der Sender zunächst von 15 Uhr bis 7 Uhr morgens auf einem Platz im analogen Berliner Kabelnetz sendet, wo sonst der Einkaufskanal QVC Zellulitis-Cremes und Schrubber anpreist. Doch Aust gelingt es in kurzer Zeit, bundesweit wertvolle Frequenzen zu sammeln, so dass der Sender nur drei Jahre später einen Marktanteil erreicht, bei dem zwar immer noch eine Null vor dem Komma steht, der aber gleichauf ist mit dem privaten Newssender n-tv, der schon seit über zehn Jahren vor sich hin sendet.

»Aus einem Reporterreich ist mit XXP ein Programm geworden, das in Wahrheit der private Nachrichtensender ist, als den sich N24 und n-tv nur ausgeben«, übertreibt die *FAZ* nur leicht.

In der Tat ist Aust mit XXP ein Dreierschlag gelungen. Er hat nicht nur einen bildungsbürgerlichen Mehrwert geschaffen und durch das fleißige Sammeln von Sendefrequenzen ein Investment mit Zukunft, er hat auch seinem Lebenswerk ein weiteres Stück hinzugefügt.

Spiegel-TV steht Aust immer noch näher als dem Magazin, das für seine Art der direkten Mitarbeiterführung einfach zu groß scheint. Bei sechshundert Mitarbeitern kann man schließlich nicht jedem sagen, was er besser machen soll, und möglicherweise weiß es Aust auch nicht in jedem Fall. Beim viel kleineren *Spiegel-TV* aber hat sich Aust jahrelang Respekt verschafft, indem er seine Mitarbeiter nicht nur kritisierte, sondern selbst den Praktikanten gleich mal im Schneideraum zeigte, wie es geht.

Das ist beim *Spiegel,* wo es etliche Ressortleiter gibt, naturgemäß schwierig, weswegen es hier vor allem die kleinen Bereiche sind, in denen sich Aust austobt: in der Titelgraphik etwa, wo nur wenige Kräfte tätig sind. Und das ist ja eh die Abteilung beim Magazin, die dem Fernsehen am nächsten ist.

43. Die Schuhe sind zu groß

Es gab Zeiten, da hatte Rudolf Augstein die Nase voll vom *Spiegel*. Da machte ihm das Blatt keinen rechten Spaß, da hätte er den Laden am liebsten verkauft. Keine Scherereien mit Politikern, die ihn wie Franz Josef Strauß am liebsten als Vaterlandsverräter im Gefängnis sähen, keine nervigen Ressortleiter mehr mit all ihrer journalistischen Aufgeregtheit, keine Debatten mehr mit dem krümelzählenden Mitgesellschafter Gruner + Jahr über so schnöde Dinge wie Rendite. Nur noch Spaziergänge im Schwarzwald mit dem geschätzten Philosophen Martin Heidegger oder im schönen Archsum auf Sylt.

Im Oktober 2000 fühlt sich Rudolf Augstein noch mal richtig glücklich, was nichts mit dem *Spiegel* zu tun hat, sondern mit seiner fünften Ehefrau, der fünfundzwanzig Jahre jüngeren Galeristin Anna Maria Hürtgen, die er im dänischen Tondern heiratet. Nach der kurzen Prozedur für 500 Kronen (umgerechnet 133 Mark) geht es im Hubschrauber zurück nach Hamburg. Bloß keine Öffentlichkeit.

Augstein, dem schon als junger Mann vor allem Weltekel als Antriebsfeder für sein Schaffen unterstellt wurde, wird im Alter nicht menschenfreundlicher. Im *Spiegel* lässt er sich kaum noch blicken, die Titelbilder werden in sein Haus an der Alster oder in seine Feriendomizile in Südfrankreich oder auf Sylt gefaxt. Einmal wünscht er sich das Thema Hitler und Frauen, weil er gerade die Biographie von Magda Goebbels gelesen hat – aber die findet man beim *Spiegel* etwas zu seicht für einen Titel. Statt wahnsinniger Politiker macht man lieber was über wahnsinnige Kühe mit BSE. Augstein tobt und droht im kleinen Kreis wieder einmal, Aust zu entlassen.

Durch eine Krankheit fast erblindet, kann Augstein seine Schöpfung nicht mal mehr selbst lesen, und so lässt er sich die Artikel von einer jungen Frau vortragen, oft in seinem Lieblingsrestaurant um die Ecke, da haben auch andere Gäste etwas davon. Und manchmal schläft Augstein mittendrin ein.

Wenn er selbst schreibt, erscheinen seine Artikel in großer Aufmachung, dabei sind sie zuweilen schon nach wenigen Absätzen vorbei – auch wenn der körperlich Gebrechliche noch hellsichtige Sätze formuliert. Sein letzter Kommentar unter der Überschrift »Präventiv-Kriegstreiber« antizipiert bereits die Irakpolitik der USA: »Nur eine Form des Krieges ist Einzelstaaten erlaubt: Die Selbstverteidigung gegen eine tatsächliche Bedrohung. Bedroht Bagdad die USA?«

Die Anzeichen, dass das Ende naht, lassen manchen Zuspruch für seine Arbeit allmählich strategischer werden. Nach Augsteins Nachruf auf die *Zeit*-Herausgeberin Gräfin Dönhoff schreibt Frank Schirrmacher, Herausgeber der *FAZ* und möglicherweise nicht frei von Gedanken an den nächsten Karriereschritt, einen Leserbrief: »Der Nachruf auf die Gräfin war ein meisterhaftes Stück, um das ich den *Spiegel,* vor allem aber den Autor beneide.«

Über Augsteins Ende ist in der Redaktion schon oft spekuliert worden. Bei einem seiner letzten öffentlichen Auftritte zur Verleihung des Börne-Preises in der Frankfurter Paulskirche, anderthalb Jahre vor seinem Tod, wurde er bereits von Frau und Tochter gestützt. Selbst den Demonstranten, die vor der Kirche protestierten, weil Augstein beim *Spiegel* früher alte Nazis beschäftigt hatte, erschien der Herausgeber so siech, dass sie vor lauter Mitleid ihre Plakate wieder einpackten.

Am 7. November 2002 vermelden die Nachrichtenagenturen, dass Rudolf Augstein nach einer Lungenentzündung gestorben ist. Die *Tagesschau* berichtet von bundesweiter Trauer und Bestürzung, was angesichts von Augsteins langwährender Krankheit nicht sonderlich treffend ist, denn überraschend kam der Tod nicht. Und weil mit dem Ende zu rechnen war, herrscht auch bei den Mitarbeitern am Tag von Rudolf Augsteins Ablebens weniger eine bestürzte als vielmehr eine ehrfürchtige Trauer um den »Alten«, wie man ihn beim *Spiegel* nannte, nicht despektierlich, sondern respektvoll und fast zärtlich. Der Gründer und Herausgeber des *Spiegel* ist zwei Tage nach seinem neunundsiebzigsten Geburtstag gestorben, und die Nachrufmaschine der Medien wird umgehend in Gang gesetzt. Die Zeitungen sind voll mit langen Erinnerungen von Weggefährten, von denen es plötzlich mehr gibt, als Augstein zu Lebzeiten bemerkt haben dürfte. An seinen Freunden, hatte er einst gesagt, schätze er vor allem, dass es wenige seien.

In Hamburg, wo Augstein Ehrenbürger war, wehen die Flaggen auf Halbmast, Bundespräsident Johannes Rau nennt Augstein einen »großen, vielleicht den größten Publizisten der Bundesrepublik«, und CSU-Chef Edmund Stoiber spricht versöhnlich, aber unpersönlich von einem »streitbaren großen Publizisten und Journalisten«. Natürlich kondoliert auch Bundeskanzler Gerhard Schröder mit großen Worten. Augstein habe die öffentliche Meinung wie kein Zweiter mitgeprägt und gestaltet. Sein Urteil habe Gewicht besessen und sei beachtet worden.

»Der hier liegt, starb zu früh« wollte Augstein auf seinem Grabstein stehen haben oder auch ganz bescheiden einen kleinen Vermerk, dass der *Spiegel* der Gesellschaft mehr genutzt als geschadet habe. Daran erinnert Stefan Aust, der für *Spiegel-TV* einen Beitrag über den Tod des Herausgebers produziert, in dem er dessen Großtaten Revue passieren lässt. Aber auch weniger Hagiographisches kommt darin vor, etwa Augsteins peinlicher Wahlkampfauftritt in Paderborn oder die übergroße Nähe zu Helmut Schmidt. So erweist sich Aust noch nach Augsteins Tod dem Herausgeber besonders nahe, der über Verstorbene durchaus despektierlich reden konnte.

Über den »Tannewetzel«, wie Augstein den Tod nannte, hatte er einst mit dem Reporter Gerhard Mauz gesprochen und ihm geschildert, wie er sich die erste *Spiegel*-Ausgabe nach seinem Tod vorstelle. Auf dem Cover brauche nur sein Bild, sein Name sowie Geburts- und Todesjahr zu stehen, das reiche für die Werbung. Eigentlich müsse sich das Heft dann gut verkaufen, vermutete Augstein. Und genau so erscheint der *Spiegel*, der sich in der Tat überdurchschnittlich gut verkauft, ein letzter Dienst des Gründers an seinem Blatt.

Ganze sechsundzwanzig prominente Nachrufe sind in der Trauerausgabe versammelt, als gelte es, auch in diesen speziellen Tagen die Konkurrenz aus dem Feld zu schlagen. Von Alice Schwarzer über Frank Schirrmacher, von Michail Gorbatschow bis Joschka Fischer dürfen alle noch einmal erzählen, wo und wann sie Augstein getroffen haben, und sich dadurch selbst ein wenig erhöhen.

In die Nachrufe, die in den Tagen nach Augsteins Tod in sämtlichen Zeitungen erscheinen, mischt sich schon hier und da die Frage nach der Zukunft des *Spiegel*. Wer wird der neue Herausgeber? Wird es überhaupt noch einen geben? Wie sicher ist Chefredakteur Aust, und werden nun die Augstein-Kinder, Jakob oder Franziska, die Macht übernehmen? »Wer füllt die Meinungslücke, die Augstein hinterlässt?« fragt Theo Sommer in der *Zeit*. »Aust, der vom Fernsehen kommt, kann vieles, aber hat er überhaupt eine Meinung?«

Die hat er, und zwar eine deutliche, die er – was eigentlich nie vorkommt – diesmal sogar im *Spiegel* schreibt. Im Editorial des Augstein-Gedenkhefts erweist sich Austs ganzes Genie in der Erhaltung seiner Macht. Während die Nation noch rätselt, wer nun Herausgeber wird, feilt er an einer Hausmitteilung, mit der schlagartig alle Spekulationen beendet sind. »Nach ihm wird es keinen Herausgeber geben, der diesen Titel verdient«, schreibt Aust. »Die Schuhe sind zu groß. Sie sich anzuziehen wäre eine Anmaßung.« Da kann niemand widersprechen.

Dabei ist es gar nicht an Aust, zu entscheiden, ob es einen Nachfolger für Augstein geben wird. »Fällt Rudolf Augstein, aus gleich welchen Gründen, als Herausgeber fort«, heißt es in Paragraph 6, Absatz 2, des Gesellschaftervertrags, »so üben die Geschäftsführung der Rudolf Augstein GmbH und die Chefredakteure des *Spiegel* die Rechte eines Herausgebers solange gemeinsam aus, bis die Gesellschafterversammlung der Rudolf Augstein GmbH einen oder mehrere neue Herausgeber bestimmt hat.«

Anders als vertraglich vorgesehen, machen die Gesellschafter aber gar keine Anstalten, einen neuen Herausgeber zu installieren, weil weder Gruner + Jahr noch die Mitarbeiter KG große Lust auf einen weiteren Machtfaktor im Haus haben, nun, da einer weggefallen ist. Für Augsteins Kinder Franziska und Jakob kommt die Vakanz zu früh, allein können sie sich nicht durchsetzen.

Aust ist nun der Erste Mann beim *Spiegel*. Schon auf dem Foto in seinem bemerkenswerten Beitrag zum Tod des Chefs sitzt er dem Mittelpunkt viel näher als der *Spiegel*-Gründer selbst. Auf einem zweiten Bild flüstert er dem Herausgeber ins Ohr, es sieht so aus – und soll wohl auch so aussehen –, als wäre er schon lange vor Augsteins Tod der entscheidende Mann gewesen.

Bei Austs Gegnern stirbt so die Hoffnung, dass irgendwann neue Zeiten anbrechen, dass vielleicht die Familie für einen Wechsel an der Spitze des Blattes sorgt. Auf der Trauerfeier im Hamburger Michel setzt Franziska Augstein zu einem letzten verzweifelten Hieb gegen den Chefredakteur an. Obwohl man ihr im Vorfeld verwehrt hat, beim Staatsakt für ihren Vater eine Rede zu halten, geht sie plötzlich mutig nach vorn und spricht mit bebender Stimme ins Mikro. Einen »toten Löwen« nennt sie ihren Vater, dem »selbst der Hase an der Mähne zupft«. Dann erzählt sie noch von der Suche nach dem Bernsteinzimmer, in die Aust viel Energie und Geld gesteckt hat und die ihr Vater reichlich seltsam gefunden habe. Jedenfalls habe er die Banker, mit denen er das Thema besprechen sollte, im Morgenmantel mit den Worten empfangen: »Fürs Bernsteinzimmer den Morgenmantel ablegen? Nein.« Als sie dann noch auf einen Druckfehler im aktuellen *Spiegel* zu sprechen kommt, in dem aus Karl Rudolf Augstein ein Rudolf Karl geworden ist, schauen in der Kirche viele ganz erschrocken und einige eher schadenfroh.

Stefan Aust äußert sich nicht zu Franziska Augsteins Angriff – nur soviel: Die Bernsteinzimmer-Anekdote sei vor seiner Amtszeit entstanden. Er fühlt sich sicher, weiß er doch, dass es niemanden geben wird, der in Zukunft als Herausgeber über ihm thront. Er ist nun praktisch Chefredakteur und Herausgeber, Augstein und Aust in einer Person, auch wenn er es nie so sagen würde.

Doch die Erben lassen nicht locker. Sie reden mit den anderen Gesellschaftern darüber, ob es nicht doch eine Möglichkeit gibt, dem Namen Augstein auch in Zukunft Gewicht zu verleihen – etwa durch die Ausnahmeregelung, wenigstens bei der Bestellung des Chefredakteurs mitreden zu können. Doch das ist das letzte, was der Teilhaber Gruner + Jahr gebrauchen kann, wo man sich stabile Verhältnisse beim *Spiegel* wünscht und auf keinen Fall einen Konflikt über Führungspositionen. Man möchte nicht auf Anteile verzichten, sondern im Gegenteil noch viel mehr Macht beim *Spiegel* haben.

Trotz aller Staatstrauer um den großen Herausgeber währt die Schamfrist nicht lang. Nur vierzehn Tage nach Rudolf Augsteins Tod erhält sein Sohn Jakob einen Brief vom Gruner + Jahr-Chef Bernd Kundrun, in dem der in aller Deutlichkeit feststellt, dass er das Vorkaufsrecht auf weitere Geschäftsanteile ausüben wolle – auch für den Fall, dass die Mitarbeiter KG auf ihr halbes Prozent aus dem Erbenteil verzichtet. Das hätte Kundrun gern auch noch.

Nach Jahrzehnten, in denen Gruner + Jahr bei manchen Entscheidungen nur als stiller Partner mit am Tisch sitzen durfte, sieht Kundrun nun die Gelegenheit gekommen, dem Verlag zu seinem Recht zu verhelfen. In dem Brief bittet er den Testamentsvollstrecker Jakob Augstein um freundliche Kooperation bei dessen eigener Entmachtung. Nichts anderes hat Augstein verfügt, damals, als er vertraglich bestimmte, dass seine Erben dereinst 1 Prozent von ihrem 25-Prozent-Anteil am *Spiegel* abgeben müssen – und zwar zu gleichen Teilen an Gruner + Jahr (25 Prozent) und an die Mitarbeiter, denen Augstein einst die Hälfte des Ladens überschrieben hatte. Im Gegensatz zu anderen Firmenpatriarchen wie dem Bertelsmann-Chef Reinhard Mohn dachte Augstein nicht dynastisch. Positiv gesehen, wollte er seinen Kindern keinen Weg vorgeben, andererseits brachte er sie um die Möglichkeit, seinen Namen beim *Spiegel* in Ehren zu halten und sich an der Spitze des Nachrichtenmagazins zu bewähren. Als er es bereute, war es zu spät.

Dem großen Herausgeber wurde sein letzter Wunsch verwehrt. Er durfte seinen Fehler, den Namen Augstein beim *Spiegel* auf Dauer zu tilgen, nicht wiedergutmachen. Der Machtkampf war entschieden, noch bevor er losging – zuungunsten seiner Kinder.

Das schwant auch Jakob Augstein, doch er denkt gar nicht daran, mit G + J zusammenzuarbeiten. Statt dessen nimmt er den Kampf gegen den Großverlag und dessen Eigner Bertelsmann wieder auf, aus dem sich Rudolf Augstein einst zermürbt zurückgezogen hatte. Allerdings rechnet er nicht mehr mit dem Entgegenkommen des ungeliebten Gesellschafters, sondern hofft auf das Kartellamt, das den Verkauf an G + J verbieten soll. Schließlich, so Augsteins Argumentation, publiziere G + J mit dem *Stern* bereits ein wöchentliches Magazin. Sollte noch mehr Macht beim *Spiegel* hinzukommen, führe das zu einer unerlaubten Konzentration. »Wenn sich *Spiegel* und *Stern* richtig abstimmen, können sie *Focus* in die Zange nehmen«, so Jakob Augstein.

Und nicht nur das. Der Sohn sieht die Unabhängigkeit des Magazins gefährdet, weil es im Gesellschafterkreis zu einer Verengung von drei auf zwei entscheidende Parteien komme. Dann könnten die Mitarbeiter, die sich ja in der Tat selbst als eine Art »Feierabendunternehmer« sehen, so unter Druck geraten, dass letztlich nur noch einer das Sagen habe: Gruner + Jahr.

Die Mitarbeiter stellen sich auf Augsteins Seite, denn ihr Vertrauen in G + J ist auch dadurch gestört, dass der Großverlag jahrelang mit dem Druck des *Spiegel* übermäßig viel Geld verdient hat, weil der Druckvertrag eine so lange Laufzeit hatte, dass technische Innovationen, die das Drucken sehr viel günstiger werden ließen, fast völlig am *Spiegel* vorbeigingen.

Zunächst wird die Schlacht mit Unmengen von Papier ausgetragen; jede Menge Gutachten renommierter Medienwissenschaftler und Juristen werden ausgetauscht, in denen der *Stern* mal als größte *Spiegel*-Konkurrenz firmiert, dann wieder als Illustrierte, die auf einem völlig anderen Segment Käufer sucht. Für Leser beider Blätter eine atemberaubende Verrenkung.

Immerhin wird der Zwist nicht in der Öffentlichkeit ausgetragen, was tröstlich ist, denn nichts hassen sie bei dem Magazin, das so gern Internes ausbreitet, mehr, als wenn die eigenen Geschäftsgeheimnisse publik werden. Aber das lässt sich diesmal nicht verhindern, dafür sieht die Konstellation einfach zu sehr nach *Dallas* aus: auf der einen Seite die kämpfenden Erben des legendären Herausgebers, die um ihr Mitspracherecht fürchten, auf der anderen Seite eine kühl operierende Managerriege vom Großverlag, die auf jede emotionale Regung mit einem Passus aus dem nüchternen Vertragswerk reagiert. In einem Interview mit der *Süddeutschen Zeitung* erklärt G + J-Chef Kundrun, dass man im Falle des Verzichts auf den Erbenanteil »plötzlich keine Sperrminorität« mehr hätte. »Warum sollten wir die aufgeben – das wäre doch unklug.« Was Kundrun geflissentlich unerwähnt lässt, ist, dass G + J in redaktionellen Belangen nie eine Sperrminorität besaß. Die Überlegung, dass G + J seine Macht ausnutzen könnte, um den Markt zu bereinigen, bezeichnet Kundrun als »grob unseriös« und »an den Haaren herbeigezogen«. Zudem deutet Gruner + Jahr an, dass Rudolf Augstein die Briefe, mit denen er den Verkauf des umkämpften Prozents rückgängig machen wollte, nur auf Drängen seiner Kinder geschrieben habe. Damit ist man schon recht weit unter der Gürtellinie gelandet.

Obwohl *Spiegel* und *Stern* bei den aktuellen wöchentlichen Magazinen zusammen einen Lesermarktanteil von drei Vierteln haben, winkt das Kartellamt die Verschiebung zuungunsten der Augstein-Erben durch. Zwar verenge sich »der entscheidungsfähige Gesellschafterkreis von drei auf zwei Teilhaber«, allerdings »verändere sich durch die Aufstockung der Anteile nicht die Marktmacht von Gruner + Jahr«. Damit folgt die Begründung des Kartellamts der Argumentation der G + J-Anwälte, die darauf abzielte, dass etwa die Bestellung eines Chefredakteurs keine wirtschaftlichen Auswirkungen habe. Da kann man durchaus anderer Meinung sein, wenn man bedenkt, dass es letztendlich die Inhalte und die Titelbilder sind, die über Erfolg oder Misserfolg entscheiden. Doch bei genau dieser Personalie haben Augsteins Kinder nun nicht mehr mitzureden, und das kann einem nur recht sein: Stefan Aust.

44. Angst ist die Währung

Wenn Aust der kleine König ist, dann ist Gabor Steingart sein Kronprinz. Würde man den Karriereplan des geborenen Ungarn mit seinem tatsächlichen Werdegang vergleichen, ergäben sich wohl erstaunliche Parallelen. Der Wirtschaftsfachmann und Leiter des Hauptstadtbüros des *Spiegel* ist eindeutig kein Anhänger der Chaostheorie, sondern ein Freund extrem kurzer Wege – vor allem, wenn sie nach oben führen.

Noch vor zehn Jahren war Steingart ein Jungredakteur unter vielen, dessen besondere Forschheit im Gewimmel der *Spiegel*-Talente nicht weiter auffiel. Höchstens sein Gesicht, das immer noch eine Spur mokanter wirkte als das der anderen, selbst wenn es Rudolf Augstein war, dem er gegenübersaß.

Richtig steil wurde der Weg, als Aust kam, unter dem sich Steingart schnell zum Ressortleiter der Wirtschaftsabteilung hochdiente. Aust schätzt an Steingart wohl nicht nur dessen Fähigkeit, in der Konferenz schlagfertig die Kollegen aus dem Feuilleton bloßzustellen, sondern auch die effiziente Arbeitsweise.

So erwies sich Steingart ein ums andere Mal als Mann für die ganz harten Fälle, etwa für den, dass am Freitagmorgen die Titelgeschichte aus was für Gründen auch immer abstürzt und bis zum Redaktionsschluss am Abend Ersatz hermuss. Steingart verschwindet dann in sein Zimmer und kommt pünktlich mit vielen beschriebenen Seiten wieder heraus, bei deren Lektüre nur ganz geübte Leser merken, dass es sich um einen Schnellschuss handelt. Das Thema ist eigentlich egal, aber je näher es an der Wirtschaft ist, desto besser.

Mit anderen Worten: Steingart ist Austs beste Kraft, weswegen er wahrscheinlich auch nicht sein Stellvertreter wurde. »Aust würde keinen selbstbewussten Mann neben sich dulden«, so sagt ein *Spiegel*-Hierarch,»und ein selbstbewusster Mann würde auch nicht neben ihm arbeiten wollen.«

Die Leitung des Hauptstadtbüros, mit der Steingart betraut ist, ist aber natürlich auch ein ganz wichtiger Posten, weil man von dort junge Nachwuchskräfte auf die Politiker hetzen kann, was mehr Spaß macht, als in Hamburg zu sitzen, wo ja wenig Politik stattfindet, außer im Rathaus. Es gibt sogar nicht wenige, die behaupten, Steingart sei im Grunde genommen wichtiger als Aust, weil der sich aus Politik nicht soviel mache. Es heißt, Aust habe sich 1998 eine große Koalition gewünscht mit seinem Bekannten Volker Rühe als Vizekanzler. Das sage alles.

Dass Steingart wer ist beim Nachrichtenmagazin, zeigt auch der häufige Abdruck seines Fotos und seines Namens. Denn zuweilen ist das, was im *Spiegel* steht, weniger ein Abbild der Welt als eines vom Innenleben des Blattes. Das erste, was viele *Spiegel*-Redakteure in ihrem Magazin lesen, sind nicht die Texte, sondern die Autorennamen unter oder über ihnen: Welcher Kollege hat viel geschrieben, welcher wenig, welcher schon lange nicht mehr, welcher auf einmal doch. So halten sich alle über die Hackordnung auf dem laufenden.

Am allerwichtigsten aber ist für die Redakteure die Hausmitteilung und die Frage, wessen Foto dort erscheint. Selbst altgediente Reporter können sich von ganzem Herzen freuen, wenn ihnen die Ehre zuteil wird, mit Bild im *Spiegel* zu erscheinen, am besten an der Seite eines Prominenten. Wenn zwei Redakteure auf dem Bild sind, kommt es darauf an, wen der Promi anschaut. So gerät schon mal ein Bild ins Blatt, auf dem ein Redakteur an der Seite von Thomas Gottschalk steht – stolz und selig lächelnd, ganz so, als wollte er den Lieben daheim signalisieren, wie weit er es gebracht hat. Selbst für Stefan Aust, der ja mittlerweile selbst eine gewisse Prominenz erreicht hat, gibt es im Alltag noch Höhepunkte, etwa als ihn der Boxer Henry Maske in seinem Büro besuchte.

Vergleicht man die Anzahl der Bilder, die von den Redakteuren abgedruckt werden, liegt Gabor Steingart im vorderen Bereich. An der Seite der Minister erscheint er stets mit skeptischem Blick, als wollte er seine Kritikfähigkeit mimisch unterstreichen.

Es gibt noch andere Bilder von Steingart. Eins zeigt ihn in einem teuren Anzug neben einem Flugzeug. Damals ist er zum Balkan geflogen, weil er ein Buch über ein taubstummes Roma-Mädchen geschrieben hat, das nach der Flucht aus Montenegro mit seiner Familie in einem Ghetto in Hamburg lebt. Das Buch heißt *Die stumme Prinzessin,* und darin erzählt Steingart aus der Sicht des Mädchens, wie trist Deutschland ist und dass hier sogar die Gänse traurig dreinschauen.

Viele waren überrascht, dass Steingart dieses Buch geschrieben hat. Er war eher dafür bekannt, dass er die Globalisierung liebt und den Sozialstaat abschaffen will – zugunsten von möglichst viel Freiheit für die Arbeitgeber. Niemand wusste, dass er sich für arme Flüchtlingsmädchen interessiert. Vielleicht tut er das auch gar nicht. Vielleicht wollte er nur zeigen, dass er alles kann: Globalisierung und Zigeuner. Siemens und Montenegro. Armani und Armut.

Steingart ist schließlich Marktwirtschaftler und weiß, dass Konkurrenz das Geschäft belebt. Daher betraut er mit den Artikeln meistens nicht einen Redakteur, sondern möglichst viele, weil unter vielen zwangsläufig einer ist, der das besonders gut kann. Und so hat jeder stets vor Augen, dass seinen Job auch ein anderer erledigen könnte.

Dass durch diese Art der Multi-Autorenschaft, bei der unter einem Artikel schon mal acht Namen auftauchen, unterschiedliche Ansichten miteinander kollidieren, gleiche Steingart dadurch aus, so sagen seine Mitarbeiter, dass ganz am Schluss seine eigene Meinung wiedergegeben wird. Manchmal, mosern manche, stehe auch gar keine drin. Und manchmal führt diese revolutionäre Art der Blattmacherei zu Kapriolen, die für stringente Menschen schwer nachzuvollziehen sind.

So besteht bis heute Unklarheit darüber, welchen Kanzler Steingart eigentlich wollte, als er die Wahl zwischen Edmund Stoiber und Gerhard Schröder hatte. Nur soviel scheint festzustehen: Es hing ganz stark davon ab, wer in den Umfragen gerade vorne lag. Als es 2002 kurze Zeit so aussah, als könnte Stoiber Schröder schlagen, machte der *Spiegel* erst eine große Titelgeschichte mit dem Kandidaten und dann ein langes Interview. In dem Gespräch mit Aust und Steingart und zwei weiteren *Spiegel*-Redakteuren durfte Stoiber es ordentlich menscheln lassen (etwa bei der Wiedergabe bleibender Kindheitserlebnisse). Stefan Aust stellte damals noch seine Lieblingsfrage, ob »Deutschland das Land der eingeschlafenen Füße« sei. Das sehe er anders, hatte Stoiber gesagt, und es klang, als spräche schon der nächste Regierungschef.

Ein neuer Kanzler hätte für Steingart Vorteile gehabt. Er war gerade neu in Berlin, und Stoiber wäre auch neu gewesen. Beide hätten praktisch bei Null angefangen.

Es kam aber nicht so. Statt dessen kamen die Flut und der Irakkrieg. Erst stand Schröder öffentlich auf den Dämmen der Oder, mit deren Pegel auch seine Umfragewerte stiegen, dann kam er praktisch zeitgleich mit dem Volk, das er weiterregieren wollte, zu der Überzeugung, dass sich die Deutschen nicht am Irakkrieg beteiligen sollten. Und plötzlich rückte der *Spiegel* wieder ganz nah an ihn ran.

Doch Schröder kann nachtragend sein. Und so war das Gefühl, dass alles wieder gut ist, das Steingart und Aust wenige Monate nach Schröders Wiederwahl beim schweren Rotwein im Kanzleramt durchströmt haben dürfte, womöglich trügerisch. Jedenfalls tischte Schröder den beiden zum Wein noch eine exklusive Nichtmeldung über einen deutsch-französischen Geheimplan zur Befriedung des Iraks auf, der so geheim war, dass nicht mal Joschka Fischer davon wusste. Der erfuhr erst durch seine Parteifreundin Renate Künast davon, der Aust die Top-secret-Sache im ICE nach Hamburg anvertraut hatte. »So ein Scheiß«, mit diesen Worten soll Fischer dem Kanzler daraufhin die Meinung gesagt haben.

Schröder wollte seinem Außenminister und dem *Spiegel* möglicherweise nur einen reinfummeln – was ihm gelang. Denn prompt machte der *Spiegel* einen Titel, der für viel Schadenfreude im Regierungsviertel sorgte – auch bei Angela Merkel, die findet, dass der *Spiegel* so schön unberechenbar geworden sei. Vor allem für die Sozialdemokraten.

So konnte auch der ehemalige Ministerpräsident Niedersachsens, Sigmar Gabriel, nicht wirklich damit rechnen, dass ihn der *Spiegel*, der ihn eben noch als einzige Integrationsfigur in der SPD neben Schröder lobte, plötzlich als »Siggy Pop« fallenließ. Mal was anderes.

In Zeiten, in denen Ideologien verschwinden, nichts mehr links und nichts mehr rechts ist, könnte Steingarts erratisches Jobverständnis genau das richtige sein. Allerdings gibt es auch bei ihm ein paar Grundfesten, an denen er nicht rütteln lässt und die ihm den Ruf des Neoliberalen eingetragen haben.

Die Lohnnebenkosten müssen runter, die Sozialausgaben gekappt und der Föderalismus weitgehend abgeschafft werden – das ist, kurz gesagt, Steingarts Programm, und weil das doch wieder so hartherzig klingt, hat sich Steingart für seinen Bestseller *Deutschland – Abstieg eines Superstars* eine Metapher aus dem Tektonischen ausgesucht. Im produktiven, glühenden Inneren unserer Volkswirtschaft, so Steingart, finde derzeit eine Kernschmelze statt. Gemeint ist, dass es durch Abwanderung und Pleiten von Firmen bald zappenduster wird, obwohl ja bei Kernschmelzen ungeheure Energie frei wird. Aber Steingart ist kein Atomwissenschaftler.

Der produktive Kern beim *Spiegel* sind in Steingarts Verständnis vor allem die Reporter, die gleich gruppenweise beim *Spiegel* einfielen, nachdem man die unglückliche Zweigstelle *Spiegel-Reporter* nach einem Blick auf die Bilanz geschlossen hatte. Diese hochvolatilen Kräfte, die jederzeit fähig sind, einen

Egon-Erwin-Kisch-Preis zu erringen, setzt Steingart gern im Politikressort ein, was die dortigen Kollegen, die nicht alle im Edelfedergeschäft zu Hause sind und bisher auch nicht sein mussten, zuweilen frustriert. Denn seitdem Steingart verstärkt mit denen arbeitet, die sehen, was ist, bleibt bei denen, die sehen, was es bedeutet, merklich die Lust auf der Strecke. Tatsächlich erschwert die Querbesetzung zuweilen den journalistischen Alltag. Manchmal beackern gleich drei Redakteure eine Partei, in deren Gremien man oft nicht mehr genau weiß, wem man denn jetzt was anvertrauen soll.

Normalerweise sind Kündigungen beim *Spiegel* selten, weil das geliehene Prestige und das gute Gehalt darüber hinwegtrösten können, dass man schon lange keinen Artikel mehr im Heft hatte. Doch seitdem Steingart der Chef im wichtigsten *Spiegel*-Büro ist, gehen viele freiwillig. Gleich sechs Redakteure verließen innerhalb kurzer Zeit das Haus. Manche, so heißt es, wurden regelrecht rausgemobbt, ihre Themen abgelehnt, ihre Artikel nicht gedruckt. So erging es auch dem stellvertretenden Büroleiter Ulrich Deupmann. Deupmann wechselte später zur *Bild am Sonntag* und kam dort bei der Affäre um Florian Gerster und dessen seltsames Gebaren in der Bundesagentur für Arbeit dem *Spiegel* zuvor.

Weil die Fluktuation so hoch ist, führt Steingart viele Bewerbungsgespräche. Er fühlt sich dann wie ein Fußballtrainer, der für seine Mannschaft die Besten will, die auf dem Markt sind. »Wir sind der FC Bayern München«, sagt er und meint damit ganz offensichtlich den alten FC Bayern, der noch auf die Meisterschaft abonniert war, nicht den neuen, bei dem nicht alles zusammenpasst.

Das Problem aber ist, dass die besten Journalisten nicht unbedingt einem Fußballtrainer im Bewerbungsgespräch gegenübersitzen wollen. Das macht es schwierig.

Wenn man Steingart darauf anspricht, sagt er, es sei nicht leicht, die richtigen Leute zu finden. Die ganze Redaktion der

Zeit habe er sich neulich angeschaut, nicht einer sei dabeigewesen, den er haben möchte. Zuweilen beruht die Abneigung auf Gegenseitigkeit. Viele gestandene Politik-Journalisten wollen nicht zum *Spiegel,* weil sie keine Lust haben, sich ins Heer der Info-Soldaten einzureihen, die schon mal zu zehnt an einer Geschichte sitzen.

»Die Währung des *Spiegel* ist Angst«, zitiert Steingart den Reporter einer Wochenzeitung, »Angst nach innen und Angst nach außen.« Er findet den Satz sehr treffend. Mit der Angst nach außen ist die Angst der Politiker gemeint vor den Geschichten, die der *Spiegel* so ausgräbt. Aber – das müsste Steingart selbst sehen: Da ist nicht mehr so viel. Rudolf Scharping, Florian Gerster, Helmut Kohl, Bundesbankpräsident Ernst Welteke – da waren andere mehr oder weniger schneller, auch wenn Aust darauf beharrt, dass der Spendenskandal der CDU mit dem Panzerdeal von Karlheinz Schreiber losging, den der *Spiegel* als erstes im Blatt hatte.

Aber das mit der Angst nach innen, das stimmt uneingeschränkt. »Einmal im Jahr werden alle ans Fenster gerufen, dann wird eine Leiche auf den Hof geschmissen, und alle schauen, wer da liegt«, sagt ein eher unängstlicher Redakteur.

Für Steingart, den Superstar des *Spiegel,* ging es bislang nur aufwärts, und bis vor kurzem sah es so aus, als sei er der natürliche Nachfolger von Aust. Nur das mit den Kündigungen ist nicht so schön. Darüber machen sich auch die Gesellschafter Gedanken, die entscheiden, wer der neue Chefredakteur wird, und die natürlich keinen wollen, unter dem der halbe Laden desertiert.

45. Der Schulterschluss mit Springer

Ein Journalist, den Steingart bewundert, ist *Bild*-Chefredakteur Kai Diekmann, dessen Karriere parallel zu der von Steingart verlief – nur noch steiler: vom Mitarbeiter im Pressestab der Bundeswehr zum Leiter von Deutschlands größtem Boulevardblatt. Diekmann ging einen Weg, der mal ganz weich war und mal steinig. So schrieb er einst das Kohl-Buch *Ich wollte Deutschlands Einheit* und wurde so der Lieblingsjournalist des Kanzlers. Dass Diekmann auch mal über das »Näschen« von dessen Frau Hannelore berichtete und davon, wie ein Escada-Kostüm ihren schlanken Körper umspielt, gefiel Kohl wohl besonders. »Der rasende Untertan« wurde Diekmann von der Zeitschrift *Tempo* aufgrund solcher Annäherungen getauft.

Andererseits überlebte Diekmann selbst eine Auseinandersetzung mit dem damaligen Springer-Vorstandsvorsitzenden Jürgen Richter. Richter hatte Diekmann wegen seiner Kontakte ins Kanzleramt bei *Bild* hinausbugsiert, woraufhin der zwecks Frustabbau erst mal mit einem Ford Bronco quer durch die USA fuhr. Letztendlich spülte der Machtkampf Richter hinweg, und seither kommt Diekmann manchem in der Branche so vor, als habe er in Drachenblut gebadet.

Jedenfalls ist die Bewunderung für den Mann, der mit siebenunddreißig Jahren *Bild*-Chef wurde, im *Spiegel*-Management, vertreten durch Aust und Steingart, eigenartig groß. Dabei hat sich die *Bild*-Zeitung unter Diekmann zu einem Blatt zurückentwickelt, das dem nicht unähnlich ist, an dem sich in den siebziger Jahren Günter Wallraff abarbeitete. Kampagnen gegen die Bundesregierung wechseln sich ab mit Persönlichkeitsrechtsverletzungen und makabren Fotos von Unfallopfern. Darüber kann man in anderen Zeitungen viel lesen, nur beim

Spiegel eher wenig. Dort, so berichten Anwesende bei den Redaktionskonferenzen, werde schon lange zum Maßstab eigenen Schaffens gemacht, was in *Bild* stehe: Polemik gegen Rentenkürzungen, gegen die Ökosteuer und gegen Hartz IV. Das heißt, die *Bild*-Zeitung bestimmt in gewisser Weise, was auf der Tagesordnung steht, und mitunter auch das, was der *Spiegel* hinterher druckt.

Die Annäherung des *Spiegel* an den Springer-Konzern, der Rudolf Augstein laut Gesellschaftervertrag noch als nicht zumutbarer Teilhaber galt, ist mit einem weiteren Namen verbunden: Mathias Döpfner, der promovierte Musikwissenschaftler, dessen Aufstieg zum Springer-Chef alle noch neidischer macht, die schnelle Machtvergößerung lieben.

Schon als Döpfner die Chefredaktion der *Welt* übernahm, hob ein großes Staunen an. Wieso ausgerechnet Döpfner, der eigentlich immer auf der falschen Party war? Zum Beispiel damals, als ihn der Gruner + Jahr-Vorstandsvorsitzende Gerd Schulte-Hillen zum Chefredakteur der kränkelnden *Wochenpost* machte, deren Redakteure so gern darüber schrieben, warum Currywurst-Essen im Osten irgendwie authentischer ist, und deren bürgerbewegte Leserschaft Döpfner nie so recht verstanden hatte. Einen »gedruckten Salon« wollte er ihnen verkaufen, als hätten sie keine anderen Sorgen gehabt.

Dann verabschiedete sich Döpfner politisch schön unkorrekt mit einem zünftigen Saumagen-Essen, G + J verkaufte die *Wochenpost,* und alles wurde noch viel schlimmer. Denn nach dem Tapferkeitsposten in Berlin hatte sich G + J-Chef Schulte-Hillen für seinen ehemaligen Assistenten gleich das nächste Himmelfahrtskommando ausgedacht: die Chefredaktion der *Hamburger Morgenpost,* einer Boulevardzeitung, die vor allem mit einem Quiz namens »Mopeln« und Kleinanzeigen (»Alt, griffig und nicht zu bremsen«) Aufmerksamkeit erregte. Ein Blatt, für das es eigentlich einen braucht, der mit heruntergelassenem Krawattenknoten den ganzen Tag Schlagzeilen raushaut. Keinen wie Döpfner also, der all den Spott, der über ihm ausgekübelt wurde, tapfer an seinen dreiteiligen Anzügen abperlen ließ. Doch obwohl Döpfner so viele Mitarbeiter entließ, dass diese Personalpolitik als Kettensägenmassaker in die Pressegeschichte einging, fiel die Auflage – bloß Döpfners Stern stieg seltsamerweise immer höher.

Claus Larass, der Zeitungsvorstand bei Springer, entdeckte nämlich hinter Döpfners vergeblichem Wirken einen gewaltigen Gestaltungswillen und übergab das marode publizistische Flaggschiff *Die Welt* in seine Hände, wo Döpfner mit unheimlich viel Geld eine Verjüngung bewirkte, die in dem Moment abbrach, als es kein Geld mehr gab. Aber da war Döpfner schon Springer-Chef geworden, was wohl auch damit zu tun hat, dass die Verlegerwitwe, die in Döpfners Potsdamer Nachbarschaft wohnt, in ihm so eine Art Wiedergeburt ihres Axel Cäsar sieht – nur ohne den Hang zur Astrologie.

Jedenfalls ist der Springer-Verlag, einst als journalistisches Altersheim verschrien, seitdem branchenweit dafür bekannt, kometenartige Karrieren zu ermöglichen. Das macht den einstigen publizistischen Erzfeind plötzlich auch für Führungskräfte in eher linksliberalen Unternehmen interessant, gerade wenn man dort nicht so kann, wie man will. »Wir lehnen alles ab, was Springer tut« – dieser Satz von Aust gilt schon lange nicht mehr.

Im Gegenteil. Ausgerechnet unter Stefan Aust, der sich wie kein anderer im publizistischen Kampf gegen Springer hervorgetan hat, rückt der *Spiegel* so nahe an Springer heran, dass manchem im Hause ganz schwindelig wird. Aber der Abschied von ideologischen Vorbehalten wurde dem *Spiegel*-Chef eine Zeitlang auch recht leicht gemacht, denn schließlich war die *Bild*-Zeitung zu ihrem fünfzigsten Geburtstag im Juni 2002 in den Armen der Spaßgesellschaft angekommen. Verona Feldbusch, Dieter Bohlen, Naddel und Küblböck: Piep, piep, piep, auch das Feuilleton hatte *Bild* plötzlich lieb. Höhepunkt der

Kuschelei war der Tag, an dem Kai Diekmann die *taz* machen durfte. Da war bei dem Versuch, sich von überkommenen Ideologien zu befreien, auch gleich die Moral auf der Strecke geblieben.

Mittlerweile sind seriöse Medien wieder ein wenig abgerückt vom größten Boulevardblatt, das einfach zu viele Beschwerden beim Presserat provoziert. Dass manche prominente Schauspieler *Bild* mittlerweile regelrecht boykottieren, scheint seine Berechtigung zu haben.

Doch der *Spiegel* steht in Treue fest zu Springer. Auf seinen Seiten findet sich wenig Kritisches über den Springer-Verlag, obwohl der *Spiegel* auf diesem Gebiet früher führend war. Statt dessen lässt sich Aust für Kampagnen einspannen, die vor allem Springers Image befördern helfen, das des *Spiegel* weniger. So zeterte *Bild* in ganz großer Aufmachung über das Urteil des Europäischen Gerichtshofs für Menschenrechte, wonach bestimmte Paparazzi-Fotos nicht mehr veröffentlicht werden dürfen, wenn sie nur das Privatleben von Prominenten betreffen. »Herr Bundeskanzler, stoppen Sie die Zensur« war ein Aufruf überschrieben, in dem stand, dass nun damit zu rechnen sei, dass demnächst auch über das Fehlverhalten von Politikern nicht mehr berichtet werden könne – etwa über die private Sause des Bundesbankpräsidenten Welteke im Berliner Nobelhotel Adlon. Renommierte Presseanwälte sahen das allerdings nicht annähernd so hysterisch wie *Bild*. Bebildert war der Aufruf mit den Fotos etlicher Chefredakteure, neben den Führungskräften von Billigblättern wie *Freizeit-Revue* und *Das neue Blatt* in erster Front Stefan Aust und Kai Diekmann.

Aust geht mit der Kritik am Schulterschluss mit Springer zumindest nach außen ostentativ nonchalant um. Manchmal seien solche Koalitionen nützlich, sagt er vor Publikum, als der *Spiegel* und Springer in der Berliner Springer-Passage gemeinsam den Film *Die Kinder des Monsieur Mathieu* des Hollywoodproduzenten Arthur Cohn vorstellen – auch das hat es noch nie gegeben. Worin der Nutzen für den *Spiegel* liegt, bleibt den meisten seiner Redakteure schleierhaft. Sie fallen aus allen Wolken, als ihr Chef am nächsten Tag gleich mehrmals in der Klatschspalte von *Bild* auftaucht: einmal mit Diekmann und einmal mit seiner Frau.

Schlimmer als den öffentlichen Schmusekurs finden viele *Spiegel*-Redakteure, dass es konzertierte Aktionen auch im redaktionellen Teil zu geben scheint. Als *Bild* und *Spiegel* am selben Tag mit dem Vorabdruck der Memoiren des ehemaligen US-Präsidenten Bill Clinton starten, sehen die Redakteure ihre Befürchtungen bestätigt, zumal sich auch aus Frank Schirrmachers *Methusalem-Komplott* in beiden Blättern Auszüge befunden haben. Die *FAZ* wiederum, die schon einen Ausschnitt aus Gabor Steingarts Roma-Mädchen-Report gedruckt hatte, veröffentlicht überaus lobenswerte Kritiken über dessen Buch *Deutschland – Abstieg eines Superstars*. Und endlich taucht Superstar Steingart auch auf der Seite 1 der *Bild*-Zeitung als »Gewinner des Tages« auf. So macht man gemeinsam Bestseller.

Auch im Fernsehbereich ist die Zusammenarbeit gedeihlich. Der *Spiegel* produziert für Sat.1 eine Sendung mit der Klatschtante der *Bild,* Christine Hoffmann, die bestens darüber Bescheid weiß, wo wann welcher prominenten Schauspielerin der Slip verrutscht ist, und auch sonst allem Zotigen zugeneigt ist. Und die *Johannes B. Kerner Show,* die von der *Spiegel*-Tochter a+i produziert wird, kann sich wiederum über Publicity bei *Bild* nicht beschweren, wo der Bruder des Redaktionsleiters der *Kerner-Show* praktischerweise Unterhaltungschef ist.

Dass sich die geballte Macht der beiden Pressehäuser nicht nur auf den Unterhaltungsbereich anwenden lässt, demonstrieren Döpfner und Aust im Sommer 2004, als sie beschließen, gemeinsam Politik zu machen. Für Aust mit desaströsem Ergebnis.

Zu dritt sitzen die Meinungsmacher im Berliner Restaurant

Borchardt, wo auch der Kanzler und andere Showgrößen beim Wiener Schnitzel verkehren und der *Stern* einst Stefan Aust schmusend mit Kati Witt entdeckte. Diesmal ist keine Eisprinzessin dabei, sondern Springer-Chef Mathias Döpfner und *FAZ*-Herausgeber Frank Schirrmacher, und auch sonst ist die Veranstaltung eher unerotisch. Es geht um die leidige Rechtschreibreform, die im Herbst 2005 in Kraft treten soll und die das Dreigestirn quasi in letzter Minute kippen will: Schirrmacher, weil seine *FAZ* nach einem ganz kurzen Intermezzo schon immer bei der alten Schreibweise geblieben ist, Döpfner, weil sich das Wertkonservative bei ihm auch orthographisch auswirkt. Bei Aust weiß man nicht so genau, möglicherweise will er einen ganz großen Coup im Sommerloch landen.

Jedenfalls verkünden *Spiegel* und Springer wenige Wochen nach dem denkwürdigen Treffen im Borchardt, bei dem laut *Stern* Kaffee und Wasser in Strömen geflossen sein sollen, in generalstabsmäßigem Ton die Rückkehr ihrer Blätter zur alten Rechtschreibung, obwohl die neuen Regeln gerade mal 2 Prozent des gesamten Wortschatzes betreffen, es also eigentlich Wichtigeres gibt. Auch der Chef der *Süddeutschen Zeitung*, Hans Werner Kilz, wird noch an Bord der Verweigerer geholt, doch der ist von Anfang an eher halbherzig bei der Sache, weil er im Grunde wenig davon hält, wenn eine kleine Clique von Journalisten Dinge revidiert, die sie einer kleinen Clique von Politikern vorwirft.

Doch Aust legt in dieser Frage mit ungeahnter Verve los und schreibt sogar einen eigenen Beitrag, was er sonst nie tut – außer wenn Augstein stirbt. Als ein »weitgehend absurdes, höchst überflüssiges Reformwerk« bezeichnet er das Vorhaben der Kultusminister, »das geradezu zwangsneurotisch logische Regeln in die Sprachkultur einführen« wolle. »Die Rechtschreibreform«, so donnert Aust, sei ein »Werk der Legasthenie«. Zeitgleich legt *Bild* mit einer Kampagne gegen die »Schlechtschreibreform« los, die selbst für *Bild*-Verhältnisse ungeahnte

296

Ausmaße annimmt und bei der Stimmen der Vernunft nicht mehr vorkommen.

In einem Interview mit Schirrmachers *Frankfurter Allgemeinen Sonntagszeitung* setzt Aust noch einen drauf:»Es kann nicht angehen, dass eine kleine Gruppe von Experten eine Neufassung der deutschen Sprache beschließt, ohne zu berücksichtigen, ob die Bevölkerung das eigentlich will oder ob es notwendig ist.«

Der *Spiegel* und Springer schreiben also in Zukunft wieder ß statt Doppel-S, doch ausgerechnet in seinem flammenden Plädoyer im *Spiegel* unterläuft Aust ein Rechtschreibfehler: Dort steht »Rückname« ohne H, was weder nach der alten noch nach der neuen Rechtschreibung korrekt ist. Dass ihn niemand vor der Peinlichkeit bewahrt hat, kann eigentlich nur ein Akt der Sabotage sein, schließlich werden alle Texte beim *Spiegel* zigmal gegengelesen. Es scheint fast so, als hätte Aust mit seinem Eintreten für das Alte doch nicht jedem aus dem Herzen gesprochen. Schadenfroh berichtet denn auch die *taz,* dass Aust auf der montäglichen Konferenz getobt habe.

So verkehrt sich das, was Aust als große Geburtsstunde einer außerparlamentarischen Opposition (diesmal einer bürgerlichen) geplant hat, ins Gegenteil: Teile seiner Redaktion befürchten, dass der *Spiegel* die jungen Leser von morgen vergrault, wenn er ein anderes Deutsch schreibt, als die es in der Schule lernen. Und dass der *Spiegel* an Glaubwürdigkeit verliert, wenn er ständig auf Reformen pocht, aber selber kleinste Neuerungen torpediert.

Und das auch noch ohne Erfolg, denn die Kultusminister denken gar nicht daran, die Reform zurückzunehmen und sich von den Chefredakteuren unter Druck setzen zu lassen, auch wenn die eifrig vorrechnen, dass sie zusammen 60 Prozent der Deutschen mit ihren Publikationen erreichen.»Wir werden nicht das tun, was eine kleine Clique von Journalisten beim Rotwein im Borchardt beschließt«, sagt die Staatsministerin für Kultur, Christina Weiss.

Als erstes rudert die *Süddeutsche* zurück, bei der sich gerade mal 4 Prozent der befragten Redakteure für eine Rückkehr zum alten Deutsch aussprechen. So eine demokratische Abstimmung gibt es beim *Spiegel* nicht, aber auch dort bläst man nach der großspurigen Ankündigung zum Rückzug, bemüht sich jedoch, den Eindruck eines solchen zu verdecken. Man werde zunächst mal die Vorschläge einer weiteren Sprachkommission abwarten, heißt es.

In Wirklichkeit bleibt Aust von der ganzen Aktion nicht viel mehr als das blöde Gefühl, von der *Bild*-Zeitung für deren Kampagne eingespannt worden zu sein. Der Preis dafür ist hoch. Das Ansehen des *Spiegel* hat gelitten, und Austs Kampf um seinen neuen Vertrag wird viel härter als erwartet. Immerhin erhält Aust eine kleine Kompensation: Im Februar 2005 verleiht ihm der Springer Verlag für seine Leistungen als Fernsehjournalist die Goldene Kamera.

46. Ein Kontrakt wird gemacht

Der *Spiegel*, deswegen lesen ihn viele Menschen so gern, kritisiert alles und jeden – nur sich selbst lobt er oft, auch lässt er sich oft loben. Ein beredtes Zeichen für das Bedürfnis nach Anerkennung ist die letzte Seite des Magazins, wo in der Rubrik »Rückspiegel« fast jeder zitiert wird, der den *Spiegel* zitiert – und wenn es ein kleines Lokalblatt ist, in dem eine *Spiegel*-Geschichte positive Erwähnung findet. In der gegenüberliegenden Spalte »Hohlspiegel« wiederum macht sich der *Spiegel* über all die Fehler lustig, die ebendiese Konkurrenz so druckt. Man könnte das schizophren nennen.

Auch intern ist Kritik nicht Kritik, sondern etwas Ausgefeiltes, Strategisches. Es gibt zwar jeden Montag eine große Redaktionskonferenz, auf der früher im Beisein von Rudolf Augstein wortgewaltig gestritten wurde, aber mittlerweile überlegt sich jeder Teilnehmer genau, was er dort sagt und ob es ihm dabei hilft, beruflich vorwärtszukommen. Wer nicht weiß, was das richtige ist, wird vorher instruiert, damit er nicht unangenehm auffällt. So kommt es vor, dass junge Redakteure, die ihre erste Blattkritik machen, vorher gesagt bekommen, was sie kritisieren dürfen und was lieber nicht. Als der *Spiegel* in der Woche der Kohl-Spendenenthüllung mit dem Thema Schlaf an den Kiosk kam, wurde das Debakel in der Konferenz kaum erwähnt. Der Autor des Stücks war der medizinische Berater von Augstein.

Kritik von außen ist auch nicht gern gesehen, dabei war der *Spiegel* mal bekannt dafür, dass er seine größten Kritiker sehr ernst nahm, wenn nicht gar tödlich zu umarmen pflegte, indem er ihnen einfach einen Job anbot. »Nichts ist so kennzeichnend wie der Umstand, dass das einzige Presseorgan, dem es gelungen ist, eine Oberschicht des ganzen Staatsvolkes als dauernde Leser zu gewinnen, der *Spiegel* ist [...] Damit ist nichts gegen den *Spiegel* gesagt, aber alles gegen unser Land«, hatte Erich Kuby 1957 geschrieben. Einige Jahre später wurde er selbst Autor beim *Spiegel,* und legte als solcher noch nach: Der *Spiegel,* so der frischgebackene *Spiegel*-Mann Kuby, sei eine »Windmaschine« und begreife nicht, was seine Rolle politisch von ihm verlange: »Er hat kein politisches Konzept.«

Das sehen viele Leute wieder so – nur zu sagen traut es sich keiner oder nur hinter vorgehaltener Hand. Dann heißt es, dass viele Themen gar nicht erst vorgeschlagen würden, weil man von Aust wenig Verständnis erwarte oder mangelnde Vertraulichkeit fürchte. »Wir haben beim Schreiben doch längst eine Schere im Kopf und fragen uns: Geht das oben überhaupt durch?« zitiert die *Berliner Zeitung* einen Reporter.

Es ist vor allem Austs Nähe zu den Mächtigen aus Politik,

Wirtschaft und Medien, die es seinen Redakteuren zuweilen schwermacht. VW, Mercedes, Telekom, Springer, Bertelsmann – zu all diesen Namen gibt es Geschichten, die von einer gewissen Distanzlosigkeit sprechen und die zusammengesetzt einen journalistischen Alptraum ergeben, der manchen *Spiegel*-Redakteur des Nachts verfolgt: Der Chefredakteur fliegt mit dem Privatflieger von VW auf Einladung der Telekom zur Tour de France, anschließend geht's im Museumswagen von Mercedes zurück, um mit dem Springer-Verlag einen Hollywoodfilm zu präsentieren.

Stefan Aust setzt auf gute Recherche, und manchmal muss sie so gut sein, dass sie nicht einmal vom *Spiegel* zu schaffen ist. Das sei bei allen Geschichten der Fall, so erzählen Rechercheure, die Aust nicht im Blatt haben wolle. Die lehne er dann mit dem Hinweis ab, dass noch weiter gegraben werden müsse – bis sich das Thema irgendwann von selbst erledigt habe. Bei anderen Themen hingegen, beispielsweise wenn es um die Unfähigkeit der Gewerkschaften gehe oder um die Pannen von Umweltminister Jürgen Trittin, tue es auch ein Anfangsverdacht, damit sie ins Blatt kämen.

In den Redaktionskonferenzen beim *Spiegel* herrscht ein Ton des gegenseitigen Schulterklopfens, nur noch ab und zu kommt es mal zu Auseinandersetzungen – etwa zwischen dem Auslandschef Olaf Ihlau und Stefan Aust. Es ist so eine Art Showkampf, der Ihlaus Image als letzter Querulant stützt und Aust nicht weh tut.

Auch gegen Kritik von außen ist Aust allergisch geworden. Als ihn zwei Reporter von der *Berliner Zeitung* interviewen und ihn unter anderem fragen, warum der *Spiegel* bei der Recherche mancher Affären den anderen Blättern hinterherschreibe, kanzelt er die Kollegen mit dem Hinweis ab, sie würden ihn an seine kleine Tochter erinnern, die rede auch von Sachen, von denen sie nichts verstehe. Die Frage, ob es denn mit der Unabhängigkeit des *Spiegel* vereinbar sei, wenn der Chefredakteur mit dem Firmenjet von VW-Chef Ferdinand Piëch zum Interview fliege, bringt Aust noch mehr in Rage.

Die Autorisierung des Gesprächs lehnt Aust später ab. Als die *Berliner Zeitung* dennoch einen kritischen Artikel über ihn veröffentlicht, schreibt er an den damaligen Chefredakteur der *Berliner Zeitung*, Martin E. Süskind, dass er ihn immer für einen guten Journalisten gehalten habe, aber nun nicht mehr: »Dass Sie [...] derartigen gemeinen Unsinn durchgehen lassen, enttäuscht mich.«

Wie kommt es, dass Aust von sich selbst so überzeugt ist? Vielleicht von der Absolution, die ihm Augstein 1999 erteilt hat, als er sagte: »Ich halte an ihm fest, weil er in meinen Augen der Beste ist. Aust ist ein Wirbelwind und bringt frische Luft, ein Aufreißer mit großem Temperament. Und das alles bin ich ja nicht mehr. Insofern brauchen wir ihn, und er weiß das.«

Das Wissen um die eigene Unersetzlichkeit muss Aust auch durchfluten, als es 2004 auf seine Vertragsverlängerung zugeht – nur so ist vielleicht zu erklären, dass sich der machtbewusste Stratege eine Reihe grober Schnitzer leistet, die das über eine Vertragsverlängerung entscheidende Gesellschaftergremium arg verwirren: das Vorpreschen in der Rechtschreibreform, die zur Schau gestellte Freundschaft mit Springer, die Affäre um den Windmühlentitel – und zu allem Überfluss wird auch noch enthüllt, dass man über die vom *Spiegel* betriebene Internetseite der auslaufenden Sexsendung *Wa(h)re Liebe* zu Angeboten gelangt, deren Titel wie »Puff-Live« oder »Hausfrauen allein und sexbesessen« wenige Fragen offenlassen, außer der, ob man beim *Spiegel* diese Art der Markendiversifizierung jemals gewollt hat. Jedenfalls wird es nichts mit der vom langjährigen Geschäftsführer Karl Dietrich Seikel präferierten Geräuschlosigkeit der Chefredakteurs-Personalie.

Möglicherweise ist der sonst so sicher agierende Aust durch

eine Entscheidung aus dem Tritt geraten, die sein Lebenswerk bedroht. Im Frühjahr 2004 klagt *Focus* dagegen, dass *Spiegel-TV* im für unabhängige Programmanbieter reservierten Fensterprogramm bei Sat.1 und RTL sendet. Zur Begründung führen die *Focus*-Anwälte an, dass Gruner + Jahr über seinen 25-prozentigen *Spiegel*-Anteil auch mit einem Viertel an *Spiegel-TV* beteiligt ist und dadurch die erforderliche Unabhängigkeit nicht mehr gegeben sei. Schließlich ist der G + J-Eigner Bertelsmann zugleich Mehrheitseigner von RTL, wo *Spiegel-TV* ausgestrahlt wird. Dass man das so sehen kann, müssen sie selbst beim *Spiegel* einräumen, wo man froh ist, dass die Konstruktion so lange gehalten hat.

Doch jetzt reklamiert *Focus-TV* vor den Oberverwaltungsgerichten Rheinland-Pfalz und Niedersachsen erfolgreich, dass *Spiegel-TV* nicht konzernunabhängig sei. Aust, daraus macht er keinen Hehl, hat es kommen sehen und immer wieder darauf gedrängt, dass Gruner + Jahr seinen Anteil an *Spiegel-TV* abgibt, am besten an die *Spiegel-TV*-Mitarbeiter, die dann endlich ihren Kollegen vom *Spiegel* gleichgestellt wären. Denn dass sie den Gewinn für das gesamte Haus miterwirtschaften dürfen, selbst aber nichts davon haben, sorgt beim Fernsehableger im Chilehaus schon lange für schlechte Stimmung. Jede Kantinenfrau beim Magazin, heißt es dort, verdiene mehr als die Fernsehreporter.

Doch von Verkaufen will Gruner + Jahr nichts wissen und verweist auf ein vom *Spiegel* selbst in Auftrag gegebenes Gutachten, das ungeschickterweise zu dem Schluss kommt, dass die G + J-Beteiligung an *Spiegel-TV* kein Problem sei. Die Erfahrung lehrt zudem: Was G + J einmal hat, gibt der Konzern nicht mehr her. »Wir wären doch mit dem Klammerbeutel gepudert«, sagt ein G + J-Manager.

Der *Spiegel* muss eine schwere Niederlage einstecken. Um einen Entzug der Sendelizenz zu verhindern, einigt man sich mit dem Lizenznehmer, Alexander Kluges dctp, dem Konkurrenten von *Focus-TV* Sendeplätze der *Spiegel-TV-Reportage* bei Sat.1 und Vox zu überlassen, und verliert dadurch viel Geld. Da aber die Lizenzen 2008 neu vergeben werden und dieses Stillhalteabkommen somit nicht von Dauer ist, drängen die Mitarbeiter von *Spiegel-TV* auf eine nachhaltigere Lösung. In einem Brief an den Erbenvertreter Jakob Augstein bitten sie ihn um Unterstützung für ihr Vorhaben, die Anteile von Gruner + Jahr zu übernehmen. Die gewährt Jakob Augstein ihnen gern. Schließlich kämpft er ja ebenfalls gegen Gruner + Jahr, nur eben beim Magazin. Man sitzt also im selben Boot.

Stefan Aust wiederum hat eine ganz eigene Vorstellung davon, wie es mit *Spiegel-TV* weitergehen soll, nämlich mit ihm als Teilhaber. Sein Drängen wird im Kreis der Gesellschafter fast schon als Erpressung empfunden und stößt im gesamten Eigentümerkreis auf Befremden. Plötzlich bekommen selbst die, die ihm eben noch einen Fünfjahresvertrag geben wollten, erhebliche Bedenken. »Aust ist wie ein Kampfhund«, sagt einer der Gesellschafter, »der für seinen Besitzer so lange alle wegbeißt, bis der ihn loswerden will. Dann wird man selbst zerfleischt.«

Bernd Kundrun, der Vorstandschef von Gruner + Jahr, mag es in der Angelegenheit weniger blutig. »Was hätte Rudolf Augstein getan?« fragt er auf der entscheidenden Gesellschaftersitzung, auf der stundenlang über Austs Vertragsverlängerung debattiert wird, und bekommt eine eindeutige Antwort: »Der hätte ihn rausgeschmissen.«

Doch rausschmeißen will Aust niemand, selbst die nicht, die wie Jakob Augstein neben dem wirtschaftlichen Erfolg die publizistischen Warnzeichen sehen: die Abwanderung qualifizierter Redakteure, das Umschreiben nicht genehmer Geschichten, die Nähe zur Wirtschaft. Jakob Augstein sitzt zwar mit am Tisch, doch auf ihn kommt es nicht mehr an bei der Entscheidung, ob Austs Fünfjahresvertrag, der am 31. Dezember 2005 ausläuft, noch einmal um weitere fünf Jahre verlängert wird.

Für Aust, der ein Stockwerk darunter seinem Tagesgeschäft nachgeht, ist das ein tröstlicher Gedanke, denn nachdem mit dem Wirtschaftsressortleiter Armin Mahler nun ein Mann in der fünfköpfigen Vertretung der Mitarbeiter sitzt, der Aust eher wohlgesonnen ist, war Augsteins Sohn quasi der letzte Unsicherheitsfaktor bei diesem Machtspiel. Der seit Jahren als Aust-Kritiker tätige Sprecher der Mitarbeiter KG, Thomas Darnstädt, bekomme den Putsch alleine nicht hin, heißt es im Haus – mal bedauernd, mal erleichtert.

Gruner + Jahr, der vom Kartellamt bestärkte Medienkonzern, gefällt sich unterdessen in dem neuerworbenen Gefühl, die Geschicke des *Spiegel* künftig stärker, wenn nicht gar allein bestimmen zu können. Besonders der ehemalige Zeitschriftenvorstand Rolf Wickmann legt in *Spiegel*-Dingen ungeheure Verve an den Tag – Menschen, die ihm dabei zusehen, schwören, er fühle sich schon als *Spiegel*-Verleger, jedenfalls so gar nicht wie ein Pensionär.

Fürs erste will Gruner + Jahr vor allem, dass Ruhe einkehrt. Diesem Ziel wäre eine Personaldiskussion um Stefan Aust und die Suche nach einem Nachfolger eher abträglich, weswegen G + J für eine Verlängerung ist – fraglich ist nur die Laufzeit des Vertrags. Stundenlang tagt das entscheidende Gremium über Stefan Aust, der zwischendurch hinzukommt und ein neues Projekt präsentiert, an dem schon lange herumgebastelt wird: ein monatlicher *Spiegel international* für Amerika, in dem die besten Geschichten aus vier Wochen auf englisch publiziert werden. Aber in diesem entscheidenden Moment steht den Gesellschaftern der Sinn so gar nicht danach. Teuer und risikoreich ist das Unterfangen auch.

Die Verhältnisse beim *Spiegel* sind auch so knifflig genug. Die Frage, wie man Aust behalten, aber gleichzeitig loswerden kann, harrt in diesen Stunden einer Antwort. Wie man ihm einen Fünfjahresvertrag anbietet, ohne dass es wirklich fünf Jahre sind. Und was man den Journalisten der anderen Zeitungen sagt, die bereits anrufen und fragen, was denn nun mit Austs Vertrag sei. Es ist ein bisschen wie bei einer Papstwahl, bei der alle auf den Rauch warten – und am Ende kommen nur ein paar Wölkchen aus dem Schornstein. Immerhin sind sie weiß.

Drei plus zwei Jahre sind ja auch fünf, denken sich die Gesellschafter und bieten Aust einen Kontrakt an, der nach drei Jahren, also 2008, erstmals gekündigt werden kann. Geschieht das nicht, geht er zwei Jahre weiter. Weil auch die Öffentlichkeit regen Anteil daran nimmt, ob der alte *Spiegel*-Chef auch der neue ist, tickert die Abteilung Öffentlichkeitsarbeit eine Pressemeldung nach draußen, allerdings eine von der Sorte, die nichts Gutes erwarten lässt.»Die Gesellschafter haben sich auf der heutigen Sitzung auf die Eckdaten der Vertragsverlängerungen mit Stefan Aust und Karl Dietrich Seikel geeinigt. Die Vertragsangebote werden umgehend ausgearbeitet und sollen zeitnah verhandelt und zum Abschluss gebracht werden«, heißt es – kein Wort dazu, wie lange Aust noch an Bord bleibt. Manche interpretieren das so, dass es sich bei dem Vertrag um einen unbefristeten handelt. Ausgerechnet auf *Spiegel Online,* sonst eine zuverlässige Nachrichtenquelle, wird das verbreitet. Die Aust in diesen schweren Tagen und auch sonst schwer zugeneigte *FAZ* meldet es ebenfalls.

Aust nimmt das Angebot der Gesellschafter an, das im Grunde genommen zu gleichen Teilen aus Misstrauen und Vertrauen besteht, und lässt sich mit der Unterschrift so viel Zeit, dass manche fürchten und andere hoffen, er haue doch noch in den Sack. Letztlich jedoch ist der neue Führungskräftevertrag, der als einer der kompliziertesten in die *Spiegel*-Geschichte eingehen wird, so voller Möglichkeiten, viel Geld zu verdienen, dass wohl jeder zusagen würde. Unter anderem sieht der Vertrag eine Art Belohnung für den Fall vor, dass Aust einen Nachfolger findet und einarbeitet, was ein schwieriges Unterfangen werden dürfte, denn schließlich haben sich früh gehandelte Kronprinzen meistens vor ihrer Inthronisierung aufgerieben.

Das größte Zugeständnis an Aust dürfte aber der Passus sein, wonach er auch nach seinem Ausscheiden als Chefredakteur des *Spiegel* Herausgeber von *Spiegel-TV* bleibt, und zwar bis 2013. Aust wäre dann siebenundsechzig und damit nicht nur der erste Fernseh-Herausgeber überhaupt, sondern auch der älteste. Und Herausgeber klingt doch viel besser als Chefredakteur. Das fand Augstein von Anfang an.

47. Der Pferdeflüsterer

Es gibt ein paar Dinge, die liegen *Spiegel* und *Spiegel-TV* unter Aust sehr am Herzen. Zum Beispiel, ob die Landstraße B 73 zwischen Hamburg und Cuxhaven, über die Aust zu seinen Pferden kommt, durch eine Autobahn entlastet wird. Oder wie man am schnellsten von Hamburg in die Bundeshauptstadt Berlin kommen kann – eine Strecke, die Aust oft zurücklegen muss: mit dem Transrapid, mit dem Superzug Metropolitan oder mit dem ICE auf ausgebauten Gleisen? Oder ob der Blick, den man vom Villenviertel Blankenese auf die Elbe hat, durch eine Montagehalle des Flugzeugbauers Airbus verschandelt wird. »Manchmal können die Blankeneser den Fortschritt sogar riechen. Kommt der Wind von Süden, wehen ihnen die Dieselabgase von der Flussmitte entgegen«, schreibt der *Spiegel*. Dass Aust in Blankenese wohnt, schreibt er nicht.

Die umstrittene Industrieansiedlung im Mühlenberger Loch bei Hamburg, wo Bauteile für den Mega-Airbus A380 verarbeitet werden sollen, ist auch in anderen Medien ein Thema. Es geht um die Zuschüttung eines Naturschutzgebiets, um die Vergeudung von Subventionen und um mögliche Manipulation von Arbeitsplatzzahlen. Doch in keinem anderen überregionalen Medium wird dem Kampf gegen die Industrieansiedlung so viel Raum eingeräumt wie beim *Spiegel,* der sich sonst gern auf der Seite der Innovationsfreunde zeigt und schwarzmalende Öko-Aktivisten schon mal als Bremser brandmarkt.

Diesmal ist die Rollenverteilung eine andere. In über dreißig Artikeln zieht der *Spiegel* gegen das Airbusprojekt zu Felde. Mal ist der Schierling-Wasserfenchel bedroht, mal sind es die Elbfische, die sich von Kleinkrebsen und Wattwürmern ernähren, mal drohen durch den Bau von Landebahnen und Flugzeugwerften neue Sturmfluten, dann wieder ist im Alten Land mit Kerosinäpfeln zu rechnen. Quer durch alle Ressorts des Magazins zieht sich der Kampf gegen die Flugzeughalle, selbst im Feuilleton wird berichtet – dort allerdings über den architektonischen Aspekt. In den Elbvororten,»da, wo die Reichen wohnen und die CDU die Wahlen gewinnt«, so amüsiert sich die *Zeit,*»herrscht nun helle Empörung, Kaschmirpullis beben, Perlenketten zittern vor Entrüstung: die herrliche Aussicht, die schöne Landschaft.«

Doch obwohl selbst Tierschützer und Umweltaktivisten zu Wort kommen – beides im *Spiegel* eher vom Aussterben bedrohte Arten – und der *Spiegel* über Jahre einen Baustopp immer näher kommen sieht, wird das Süßwasserwatt letzlich zugeschüttet und die Airbusproduktion aufgenommen. Möglicherweise sind Austs Beteuerungen, der *Spiegel* habe keine Macht, gar nicht so kokett, wie es den Anschein hat, sondern auf dieser Erfahrung begrundet.

Auch eine andere Gruppe, obwohl gesellschaftlich eher irrelevant, findet sich ständig im *Spiegel* wieder: die Reiter. Seit seiner Kindheit ist Stefan Aust ein großer Pferdefreund. Damals durften er und seine Geschwister auf den Ponys des Stader Augenarztes reiten, und als sein Vater mal ein bisschen mehr Geld hatte, kaufte er drei Vollblutstuten, die in der Zeitung angeboten wurden. In den siebziger Jahren fing Aust dann an, eine

eigene Zucht aufzubauen. 1974 kaufte er ein braunes Stuten-
fohlen namens Prudenzia, später ein weiteres, das Abendluft
hieß. Die genossen auch seine Freunde und Kollegen, die er
gern mit in das Landhaus nach Lamstedt nahm, das er und seine Geschwister 1972 gepachtet hatten und viel später kauften.
Hier konnten sie beim Ausmisten der Ställe und beim Zäunezie-
hen durchs Alte Land helfen. Frische Luft tut gut. Zum Dank
gab es Deftiges, oft Grünkohl mit Pinkel und Kartoffeln mit
Zuckerkruste. Ein Bernhardiner zum Streicheln sprang auch
noch rum.

Das Gemeinschaftserlebnis beim Kartoffelschälen und Hufe-
säubern war stets eine schöne Abwechslung zum aufgekratzten
Hamburger Medienbetrieb. Doch Aust ging es nicht nur um die
Erholung, er wollte den Erfolg auch beim Züchten. Mit seinen
Stuten fuhr er zum Decken, wobei ein prämierter Hengst die
Stute bespringen darf. Was eine mitleiderregende Angelegenheit sein kann, hat bei fachkundigen Betrachtern in den meisten
Fällen eher eine freudespendende Wirkung. Bei Aust war das
spätestens dann der Fall, als die Hannoveraner aus seiner Zucht
zu erfolgreichen Dressur- und Springpferden heranwuchsen,
von denen er eins an den erfolgreichen Schweizer Springreiter
Willy Melliger verkaufte, für mehr Geld, als Aust dachte, aber
auch für weniger, als er gehofft hatte. Die Zucht blieb dennoch
ein Zuschussgeschäft, schließlich umfasst sie mittlerweile riesige Stallanlagen, in denen rund dreißig Pferde stehen, und eine
große Reithalle, in der Austs Töchter Emilie und Antonia Reit-
unterricht von seinem Bruder bekommen.

Aust selbst reitet meist außerhalb der Halle, am liebsten wild
durch die Gegend. Das ist schön ursprünglich, und beim Busch-
ritt über Stock und Stein kommen ihm zuweilen Gedanken, was
alles ins Blatt gehört.

In der Reiterszene ist Aust ein vielgeschätzter Mann, weil die
Reiter mit dem *Spiegel* ein wichtiges Medium an ihrer Seite wissen, das sich dem Pferdesport ausgiebiger widmet als der Rest

der Massenblätter. »Über eine Million Deutsche verbringen regelmäßig ihre Freizeit im Sattel, jeden Monat kommen 1000 neue Reiter hinzu. Der Pferdesport ist zu einem Milliardengeschäft geworden«, rechnet der *Spiegel* vor, sieht aber leider allenthalben Unbill für den »naturverträglichen Volkssport«, zum Beispiel »im Norden Niedersachsens«, wo ein »adliger Waldbesitzer Jagd auf Reiter« mache. Im Norden Niedersachsens, da reitet auch Aust übers Land.

Manchmal prescht er auch durch die USA, wo es keine adligen Waldbesitzer gibt, auch sonst alles viel freier ist und der Pferdeflüsterer den *Spiegel*-Lesern die Cowboy-Uhr erklärt: Man strecke den rechten Arm aus und zähle ab, wie viele Finger zwischen Sonnenscheibe und Horizont passen. Beim Thema Pferd wird der recht unsentimentale *Spiegel* regelmäßig ganz träumerisch. So darf die viermalige Olympiasiegerin Isabell Werth »über das mystische Verhältnis zwischen Reiter und Pferd« räsonieren und darüber Auskunft geben, ob man »das Pferd wirkungsvoller mit der Hand, mit dem Schenkel oder mit dem Rücken« quält und welche Salben gegen einen wund gerittenen Hintern helfen.

Im Kreis anderer Pferdefreunde erzählt Aust schon mal, dass seine Sportredakteure leider nicht verstehen, wie wichtig der Reitsport ist, und statt dessen lieber Artikel über Fußball und Doping schreiben. Als er noch ausschließlich bei *Spiegel-TV* war, bemühte er sich selbst, wenigstens einmal im Jahr etwas über Pferde zu machen, aber bei den störrischen Kollegen vom Magazin ist das nicht so einfach. Gut, dass es den Sender XXP gibt, der sogar ein eigenes Pferdemagazin im Programm hat und dessen Kamerateam selbst noch die stimmungsvollen Kutschfahrten zum Auftakt eines ländlichen Reitturniers im Bild einfängt. »Die meisten wissen gar nicht, wie viele Leute sich mit Pferden beschäftigen«, sagt Aust – beim *Spiegel* sind es inzwischen jede Menge.

Aust weiß sogar, was diese Leute sonst noch so umtreibt,

schließlich wenden die sich gern an ihn, wenn sie Probleme haben, die sich mit einem Bericht im *Spiegel* vielleicht lösen ließen. Unter Pferdefreunden gewissermaßen.

So schreibt ihm die Frau des deutschen Olympiareiters Klaus Balkenhol, Judith Balkenhol, im Mai 2003 einen Brief (»An die Redaktion *Der Spiegel* Herrn Stefan Aust Persönlich«), in dem sie Aust darum bittet, etwas gegen die Windkraft zu unternehmen, die den Reitern nicht nur beim Reiten in Form großer Windkrafträder im Weg steht, sondern sie auch sonst nicht zur Ruhe kommen lässt – wegen eines Phänomens, das Experten Infraschall nennen und bei dem es sich um so tiefe Töne handelt, dass sie für das menschliche Ohr nicht wahrnehmbar sind. Im Gegensatz zu Giraffen und Elefanten, die können sich damit über Kilometer hinweg verständigen.

Im Umkreis von Windrädern klagen Menschen über ein unbestimmtes Wummern, das ihnen den Verstand raubt, wobei nicht ganz klar ist, ob sie nur ein weiteres Argument gegen die Windräder benötigen, die die Landschaft außerhalb der Pferdeweiden verschandeln, oder ob es sich um echtes Leiden handelt. Judith Balkenhol jedenfalls weist in ihrem Brief an Aust auf die Familie Grothoff hin, die im Münsterschen ansässig ist, Pferde hat und nachts nicht mehr zur Ruhe kommt. »Wir vibrieren uns so langsam in die Matratzen rein«, sagen sie. Auch die robusten Kinder und die stämmigen Pferde seien ruhelos und unausgeschlafen.

Zum Glück gibt es ja nicht nur Gerichte, die für Gerechtigkeit sorgen, und so mündet der Brief von Judith Balkenhol in der Bitte an Aust, »uns gegen die Geißel Windwahn zu unterstützen«. Als Argumentationshilfe belehrt Frau Balkenhol den *Spiegel*-Chef noch, dass »die Windmühlen energiepolitisch nicht relevant sind« und durch »alle 14 000 bisher errichteten WKAs bisher kein konventionelles Kraftwerk abgeschaltet« worden sei, weil »der Wind unstet ist«.

Und am Schluss des Briefes heißt es: »Wir hoffen, Sie beim

CHIO in Aachen zu treffen, und verbleiben bis dahin [...]«
CHIO (Championat Hippique International), das ist das größte
Springreitturnier Deutschlands.

Drei Monate später erscheint im *Spiegel* eine Geschichte unter der Überschrift »Erdbeben auf der Matratze« zur Problema-
tik Infraschall. Darin wird ausführlich das Leiden der Familie
Grothoff gewürdigt, aber auch der Sportsfreund Balkenhol persönlich kommt zu Wort, der »eine eigenartige Spannung« und
Konzentrationsstörungen bei seinen Pferden bemerkt hat, seit
sich in der Umgebung seines Reiterhofs die Rotoren drehen:
»Der Schall geht in den Wald«, so Balkenhol, »und kommt von
dort als Echo zurück.« Als Beleg für die Existenz von Infraschall führt der *Spiegel* unter anderem britische Forscher an, die
als Ursache von Beklemmungsgefühlen in Spukschlössern ebenfalls Infraschall vermuten. Nur in Deutschland, so der *Spiegel*
vorwurfsvoll, werde als »Spinner abgetan, wer über Störungen
durch derlei geheimnisvolle Basstöne klagt«. So aufopfernd
kümmert sich der *Spiegel* selten um Minderheiten.

48. Hohlspiegel oder: Wie man Chefredakteur von Deutschland wird

Manchmal kommt es Stefan Aust so vor, als ob die Journalisten nichts vom *Spiegel* lernen würden. Zum Beispiel, wenn
ihn Reporter besuchen und dumme Fragen stellen oder über
Fehler sprechen wollen, die er angeblich mache. Dann wird er
schon mal ungehalten und ist kurz davor, das Gespräch ab-
zubrechen. Manchmal droht er auch mit dem Anwalt.

311

Oder wenn einer kommt und ihn porträtieren will, dann schreibt er vorsichtshalber einen Brief, dass er »natürlich davon ausgehe«, »dass Sie den ohnehin geschützten Privatbereich respektieren werden«. Das klingt, als sei er nicht nur Chefredakteur des *Spiegel,* sondern Chefredakteur von Deutschland.

Als Chefredakteur von Deutschland hat es Aust nicht leicht. Es ist praktisch eine politische Funktion, ein bisschen so wie die des Innenministers. Wenn er seinen alten Bekannten Otto Schily trifft, dann sind das Gespräche auf Augenhöhe. Hier der frühere RAF-Anwalt, der mit betretener Miene an Ulrike Meinhofs Grab stand und in geschliffenen Plädoyers hart mit dem Rechtsstaat ins Gericht ging. Der heute für einen starken Staat und eine restriktive Ausländerpolitik kämpft, aber dennoch nicht als gewendeter 68er gilt, weil er schon immer feine Anzüge mit Weste und eine Taschenuhr trug.

An seiner Seite der streitbare Journalist, der gegen die USA, gegen Springer und gegen die Atomkraft anschrieb und der heute ein Blatt macht, das ein großes Herz für die Wirtschaftskapitäne hat und ein eher kleines für Minderheiten. Ein Journalist, der auch nicht als gewendeter Linker gelten kann, weil er zwar über Jahrzehnte links gehandelt, aber wohl nie gedacht hat. Wer daraus einen ideologischen Zusammenhang zimmert, ist selbst schuld.

Schily und Aust – beide waren sie früher für die Konservativen ein Sicherheitsrisiko, heute wollen sie gemeinsam Deutschland sicherer machen.

Als dem *Spiegel* Ende 2003 eine geheime Studie der Kölner Gesellschaft für Anlagen- und Reaktorsicherheit vorliegt, in der die Gefährdung deutscher Atomkraftwerke durch Terroristen geschildert wird, sorgt Aust dafür, dass die Geschichte nicht ins Blatt kommt. Er wolle den Terroristen keine Vorlage für neue Anschläge liefern, heißt es in der Redaktion. Den Einwand, dass die Terroristen am Hindukusch nicht den *Spiegel* zur Zielplanung brauchen und sich denken können, dass sich die alten Meiler in Deutschland gut in die Luft sprengen lassen, lässt er nicht gelten. Wer weiß, ob die Al Qaida nicht doch *Spiegel Online* nutzt ...

Andere haben weniger Bedenken. Die *Süddeutsche Zeitung,* die mit ungeheurem Rechercheeifer aufwartet, seit der ehemalige *Spiegel*-Chef Hans Werner Kilz dort amtiert, enthüllt exklusiv das geheime Material, andere Medien greifen die Nachricht auf. Sie erkennen offenbar nicht die Folgen, die Aust sieht. Nicht mal der Bund für Umwelt und Naturschutz (BUND) tut das. Er stellt die Untersuchung einfach ins Internet, wo sie jeder nachlesen kann.

Dass Aust auf eine Geschichte verzichtet, die er exklusiv hat, kommt nicht oft vor und nährt einen Verdacht: Dachte Aust, der nicht beim Bund diente, ans Vaterland oder nur an einen kleinen Teil davon? Zum Beispiel an jenen, wo man richtig gut verdient, kurz: an die Chefetagen der großen Stromkonzerne? Dort jedenfalls sind die Manager froh, dass der *Spiegel* die Geschichte nicht bringt, man hat auch so genug Probleme. Der Atomausstieg nervt, und die freche Windenergiebranche knabbert am großen Kuchen, den E.on und RWE gern unter sich aufteilen. Jetzt noch eine Diskussion darüber, mit welcher Wahrscheinlichkeit ein Atomkraftwerk durch den Angriff mit einem Flugzeug explodiert, ist das letzte, was man brauchen kann.

Doch die Feinde des Stromkartells sitzen nicht nur in der Islam-AG und in Flugkursen, um Start und Landung zu üben, sie sitzen auch beim *Spiegel*. Nicht ganz oben, eher in den kleinen Büros, in denen sich die Akten über E.on und RWE stapeln. Hier entsteht 2003 eine mehrseitige Story (Arbeitstitel: »Der Kampf um den Strommix«), in der der Leser erfährt, warum er trotz Liberalisierung des Marktes so viel für seinen Strom bezahlt und mit welchen Mitteln RWE und E.on ein Quasi-Oligopol geschaffen haben.

Der Leser erfährt es dann aber doch nicht, denn die Geschichte wird nie veröffentlicht. Sie liegt lange ungedruckt herum, wird umgeschrieben, wandert wieder in den Stehsatz. Sie kommt einfach nicht an den entscheidenden Instanzen im Haus vorbei, und irgendwann ist sie tot.

Statt dessen erscheint die bereits erwähnte Geschichte »Der Windmühlenwahn«, in der so ziemlich das Gegenteil steht und in der nicht die großen Stromgiganten die Bösen sind, sondern die kleinen Windkraftanbieter. »Im neuen *Spiegel*«, so sagt ein Redakteur, »ist meistens Goliath der Gute.«

Für den Chefredakteur bedeutet das eine erstaunliche Wandlung: Als Aust noch sein Buch über Brokdorf schrieb, hat er für die Windenergie geschwärmt, dem Atomausstieg entgegengefiebert und angeprangert, dass die Atomkraftbetreiber die Journalisten für ihre Zwecke einspannen würden. Heute ist alles anders. Kollegen, die glauben, dass Windkraft die Zukunft sei, und dem *Spiegel* vorwerfen, er mache sich zum Sprachrohr der Konzerne, sehen die Sache falsch. »Wenn Sie sich mal die Zahlen anschauen, dann werden Sie feststellen, dass Aufwand und Ertrag in keinem Verhältnis zueinander stehen«, sagt Aust einem Mitarbeiter der Medienzeitschrift *Message,* die detailliert berichtet, dass es konkrete Planungen für Windparks in der Nähe von Austs ländlichem Anwesen gibt.

Auch andere Medien sind hellhörig geworden und kritisieren den *Spiegel*-Chef so offen wie noch nie: »Nicht wenige vermuten, der Windjammer im *Spiegel* gehe lediglich darauf zurück, dass sein Chefredateur [...] sein Magazin für einen neofeudalen Privatkrieg instrumentalisiert«, schreibt die *taz.* Mit dieser Titelgeschichte habe sich der *Spiegel* selbst »disqualifiziert«, zitiert die *Süddeutsche Zeitung* Ute Vogt, Parlamentarische Staatssekretärin im Bundesinnenministerium und SPD-Chefin in Baden-Württemberg. Sie sei »oberflächlich recherchiert«, zudem habe der *Spiegel* »gezeigt, dass er kein Gespür hat für die Anforderungen der Zukunft«. Und die *Berliner Zeitung* kommt zu dem Schluss, dass sich die Titelgeschichte so liest, als hätte jemand den ungedruckten Artikel über den Strommarkt »bewusst in sein Gegenteil verkehrt«.

Austs Reaktion auf die Kritik der Journalisten spricht nicht für Souveränität: Dem *Message*-Reporter, der ihn in seinem Büro besucht, droht er mit dem Presseanwalt Matthias Prinz, gegen dessen Wirken (wie im Fall des von Prinz erreichten Urteils des Straßburger Gerichtshofs für Menschenrechte, wonach die Veröffentlichung von Privatfotos von Prominenten weiter erschwert wird) er sonst schon mal an der Seite von *Bild*-Chef Kai Diekmann zu Felde zieht.

Außerdem schreibt Aust einen bitterbösen Brief an den Lamstedter Bürgermeister Werner Otten, der öffentlich äußert, dass es eine Kampagne gegen die Einrichtung von Windkraftanlagen in seiner Gemeinde gibt, und im Gemeindebrief den kritischen Artikel aus *Message* erwähnt. Eine »Journalistenschüler-Postille« sei das, schreibt Aust an den Bürgermeister, dem er »Diffamierung« und »üble Nachrede« vorwirft. »Ich möchte Sie bitten, mir umgehend mitzuteilen, wie Sie gedenken, die Sache aus der Welt zu schaffen.«

Soviel Gegenwind hat der *Spiegel* selten bekommen – nur bei der CDU ist man froh. Aus dem Magazin klaut man Argumente, um das Gesetz für die erneuerbaren Energien zu attackieren. Und tatsächlich überlegen Vertreter deutscher Windkraftfirmen prompt, Investitionen zurückzustellen, weil nach dem Erscheinen des Artikels bei der CDU die Stimmung hinsichtlich des Ökostroms kippt und es nun plötzlich keine Planungssicherheit mehr gibt. Wer will schon Windräder bauen, wenn die nächste Regierung wieder auf Atom setzt? So macht der *Spiegel* in diesem Fall richtig Politik und trägt durch seine Berichterstattung dazu bei, dass etwa in Sachsen-Anhalt Arbeitsplätze in Gefahr geraten und die Titelgeschichte der folgenden Woche um so aktueller ist. Da geht es mal wieder um die wirtschaftliche Misere im Osten.

Wo beim *Spiegel* demnächst der Strom herkommen solle,

fragt ein scheidender Redakteur in einer Art Abschiedsbrief an Stefan Aust. »Die Erde wird wärmer, die Ressourcenbasis knapper, Öl und Gas werden teurer – aber der *Spiegel* schreibt tapfer gegen Atomenergie, Kohlesubventionen und neuerdings auch gegen erneuerbare Energien an – man darf gespannt sein, wie wir, die wir doch immer alles besser wissen, das lösen.« Eine Antwort auf diesen Brief gibt es nicht, aber wenige Wochen später schreibt der *Spiegel,* dass Biomasse das Ding der Zukunft sei.

Stefan Aust gibt anlässlich des Streits eine persönliche Erklärung ab, in der es heißt, dass der *Spiegel* jede Woche »relevante und interessante Ereignisse« aufgreife, die in der Gesellschaft diskutiert würden. Dabei seien auch »bisweilen höchst unterschiedliche Betrachtungsweisen nicht ungewöhnlich«. So habe es in der Redaktion vor Jahren sehr gegensätzliche Einschätzungen über das Buch *Die Globalisierungsfalle* gegeben: »Gegen die Meinung der zuständigen Ressort-Leitung«, so Aust, »habe ich damals entschieden, Vorabdruckrechte für das Buch zu erwerben und Auszüge zu publizieren.«

Man kann das so sehen, aber es fällt ziemlich schwer: Das Buch *Die Globalisierungsfalle,* das bis heute im In- und Ausland rund eine halbe Million Mal verkauft worden sein soll und weltweit Anerkennung fand, haben die *Spiegel*-Redakteure Harald Schumann und Hans-Peter Martin geschrieben, der mittlerweile Europaabgeordneter ist. Schumann ist einer der beiden Redakteure, die nach dem Windenergie-Titel gekündigt haben. Tatsächlich wurden seinerzeit Teile der *Globalisierungsfalle* im *Spiegel* publiziert, aber viel weniger, als ursprünglich vorgesehen, und das, obwohl der *Spiegel* für die Vorabdruckrechte eine beträchtliche Summe bezahlt hatte. Doch die Thesen, dass die Globalisierung nicht nur Gutes bringe, passten nicht so recht in den *Spiegel* von 1996. »Ginge es danach […], so läuft diese industrielle Revolution auf eine Welt hinaus, in der ganz wenige alles, die meisten fast nichts haben.« Mit diesen distanzierten

Worten wurde Schumanns und Martins Beitrag damals in der Hausmitteilung angekündigt. »Als wären wir zwei arme Irre«, so hat es Schumann empfunden. Erst später, als die Protestbewegung Attac ungeheure Erfolge verzeichnete, relativierte der *Spiegel* seine Meinung und schloss sich vielen Argumenten der Globalisierungskritiker an.

Dass Aust der Konflikt von damals heute als Beweis für die innere Pressefreiheit beim *Spiegel* gilt, spricht eher dafür, dass davon in Wirklichkeit nicht viel übrig ist – oder dass sie doch eher von jener Art ist, wie sie der liberale Journalist Paul Sethe definiert hat. Der sagte, Pressefreiheit sei die Freiheit einiger weniger reicher Leute, ihre Meinung zu verbreiten. Beim *Spiegel* reduziert sich »einige wenige« oft genug auf Stefan Aust. Und wenn es nicht seine Meinung ist, die der *Spiegel* druckt, so ist er zumindest der Meinung, dass man eine andere Meinung drucken kann.

Wer Aust kritisiert hat, ist gegangen, und nicht mal seine Stellvertreter, von Augstein einst mit viel Macht ausgestattet, wagen noch Widerspruch. Der eine, Martin Doerry, ist ein Intellektueller, der in einer völlig anderen Welt als Aust lebt. Eine Welt, in der man studiert, das Feuilleton liest und vor der Banalisierung des Holocausts warnt. Es ist eine Welt ohne Stallgeruch. Der andere, Joachim (»Jockel«) Preuß, ist eher wie Aust. Nur dass er sich ständig zu wundern scheint, warum Aust Chef ist und nicht er selbst. Dass es so ist, auch dafür zollt er ihm wohl Respekt.

Auf Kritik von außen reagiert Aust so gereizt, weil es Kritik innerhalb des *Spiegel* kaum noch gibt. Wenn nicht mal mehr die Redakteure vom *Spiegel* bei ihm nachfragen, warum sollte es dann jemand dürfen, der nicht vom *Spiegel* kommt. So gesehen ist Aust vielleicht der einzige, der wirklich glaubt, dass der *Spiegel* unabhängig sei. Selbst von ihm.

Es ist also irgend etwas schiefgelaufen in Austs Amtszeit: Im *Spiegel* selbst sind kritische Stimmen verstummt, er ist innen

317

hohl. Aber drumherum werden die Kollegen plötzlich frech. Die Journalisten, aus denen er *Spiegel*-Leute machen sollte, sind keine mehr – dafür führen sich die wie *Spiegel*-Leute auf, für die er eigentlich gar nicht zuständig ist.

So gesehen hat der Chefredakteur von Deutschland einen guten Job gemacht.

Anhang

Literatur

Anderson, Roger; Bruhns, Wibke; Eckardt, Emanuel u. a.: *Medien-Macher. Journalisten beschreiben die Herrscher der vierten Gewalt*, Hamburg 1996

Aust, Stefan: *Kennwort »Hundert Blumen«. Die Verwicklung des Verfassungsschutzes in den Mordfall Ulrich Schmücker*, Hamburg 1980

Aust, Stefan: *Brokdorf. Symbol einer politischen Wende*, Hamburg 1981

Aust, Stefan: *Hausbesetzer. Wofür sie kämpfen, wie sie leben und wie sie leben wollen* (hrsg. mit Sabine Rosenbladt), Hamburg 1981

Aust, Stefan: *Der Baader-Meinhof-Komplex*, Hamburg 1985

Aust, Stefan: *Mauss – ein deutscher Agent*, Hamburg 1988

Aust, Stefan: *Der Pirat. Die Drogenkarriere des Jan C.*, Hamburg 1990

Aust, Stefan: *Der Baader-Meinhof-Komplex* (erw. und aktualisierte Ausg.), Hamburg 1997

Aust, Stefan: *Der Lockvogel. Die tödliche Geschichte eines V-Mannes zwischen Verfassungsschutz und Terrorismus*, Hamburg 2002

Baumann, Michael (Bommi): *Wie alles anfing*, München 1975

Bickerich, Wolfram: *Franz Josef Strauß. Die Biographie*, Düsseldorf 1996

Born, Michael: *Wer einmal fälscht ... Die Geschichte eines Fernsehjournalisten*, Köln 1997

Brawand, Leo: *Rudolf Augstein*, Düsseldorf 1995

Dahl, Peter P. (Hrsg.): *Seid nett aufeinander. Anatomie eines*

Lustmarktes. 200 Kontaktbriefe enthüllen geheime Trieb-wünsche der St.-Pauli-Leser, Hamburg 1970

Dutschke, Gretchen: *Wir hatten ein barbarisches, schönes Leben. Rudi Dutschke, eine Biographie,* Köln 1996

Dutschke, Rudi: *Jeder hat sein Leben ganz zu leben. Die Tagebücher 1963–1979* (hrsg. von Gretchen Dutschke), Köln 2003

Fischer, Michael: *Skorpion. Ein Medienthriller,* Zürich/München 1999

Greiwe, Ulrich: *Augstein. Ein gewisses Doppelleben,* Berlin 1994

Hoffmann-Riem, Wolfgang u. a.: *Die Kündigung des NDR-Staatsvertrages. Voraussetzungen und Folgen,* Berlin 1980

Jakobs, Hans-Jürgen; Müller, Uwe: *Augstein, Springer & Co. Deutsche Mediendynastien,* Zürich/Wiesbaden 1990

Jürgs, Michael: *Der Fall Axel Springer. Eine deutsche Biographie,* München/Leipzig 1995

Karasek, Hellmuth: *Das Magazin,* Hamburg 1998

Knauer, Sebastian: *Die Recherche,* Frankfurt a. M. 1999

Köhler, Otto: *Rudolf Augstein. Ein Leben für Deutschland,* München 2002

Koenen, Gerd: *Das rote Jahrzehnt. Unsere kleine deutsche Kulturrevolution 1967–1977,* Köln 2001

Koenen, Gerd: *Vesper, Ensslin, Baader. Urszenen des deutschen Terrorismus,* Köln 2003

Kraushaar, Wolfgang: *1968. Das Jahr, das alles verändert hat,* München 1998

Kraushaar, Wolfgang: *Fischer in Frankfurt. Karriere eines Außenseiters,* Hamburg 2001

Kuby, Erich: *Der Spiegel im Spiegel. Das deutsche Nachrichten-Magazin, kritisch analysiert von Erich Kuby,* München 1987

Leinemann, Jürgen: *Höhenrausch. Die wirklichkeitsleere Welt der Politiker,* München 2004

Maupassant, Guy de: *Bel-Ami*, Frankfurt a. M. 1977

Müller, Albrecht: *Die Reformlüge. 40 Denkfehler, Mythen und Legenden, mit denen Politik und Wirtschaft Deutschland ruinieren*, München 2004

Proll, Thorwald; Dubbe, Daniela: *Wir kamen vom anderen Stern. Über 1968, Andreas Baader und ein Kaufhaus*, Hamburg 2003

Radtke, Michael: *Außer Kontrolle. Die Medienmacht des Leo Kirch*, Zürich 1996

Redaktion Atom Press; Zint, Günter: *... und auch nicht anderswo! Die Geschichte der Anti-AKW-Bewegung*, Göttingen 1997

Röhl, Klaus-Rainer: *Fünf Finger sind keine Faust*, Köln 1974

Schröder, Dieter: *Augstein*, Berlin 2004

Steingart, Gabor: *Deutschland – der Abstieg eines Superstars*, München/Zürich 2004

Wallraff, Günter: *Ganz unten*, Köln 1985

Wolfe, Tom: *Ein ganzer Kerl*, München 1999

Zeitschriften

Der Spiegel, Hamburg
Konkret, Hamburg
Stern, Hamburg
St. Pauli Nachrichten, Hamburg 1970
Wir, schülereigene Zeitung des Athencums Stade 1960–1966

Archive

Hamburger Institut für Sozialforschung (HIS)
Stadtarchiv Stade
Staatsbibliothek Berlin
Amerikagedenkbibliothek Berlin
Rundfunk-Archiv NDR

Bildnachweis

S. 16-17, 19-21: © Günter Zint (5)

S. 18: NDR/Panorama (Sendung vom 29.11.1965)

S. 86/87, 189 unten: dpa-Bildarchiv (2)

S. 88-89: © action press / Franziska Krug

S. 90-91: © ZB-Fotoreport

S. 186-187: © Daniel Biskup

S. 188, 189 oben, 190: © dpa-Fotoreport (4)

S. 191: © Ullstein / Herrmann

Register